PIERRE LUNEL

L'ABBÉ PIERRE

Traduzione di Alessandra Benabbi

SPERLING & KUPFER EDITORI
MILANO

L'abbé Pierre

Fotografie: Roger Dick/Archivio personale dell'abbé Pierre

Finito di stampare nel settembre 1991
da Officine Grafiche F.lli Stianti - San Casciano (FI)
Printed in Italy

ISBN 88-200-1207-3
92-I-91

Questo libro è stato realizzato in parte grazie ai diari intimi e agli archivi personali dell'abbé Pierre, depositati presso la Comunità di Esteville.

Indice

à Pierre Lunel

Cher Pierre,

Puisse le travail que tu as désiré faire sur ce que j'avais de documents conservés au long des années, bien mal triés, bien mal classés, te permettre de réaliser quelque chose d'utile.

Tu le sais j'aurai préféré que cela se fasse seulement après la fin totale de ma vie difficile, après la Rencontre de l'Eternel Amour qui seul peut tout connaître et juger.

J'ai pensé en te laissant faire à tous les adolescents du monde en tourmente, filles et garçons face au jour qui se lève sur leur vie entre leurs mains –

Il leur faudra vivre un temps obscur et dur. Le nôtre ne le fut pas moins pour nous, et il a eu ses lumières et ses joies.

Pour toute cette jeunesse, dans le silence que je désire tant retrouver de plus en plus, près des moines qui accueillent ma vieillesse, humblement je veux offrir l'effort de chaque jour pour être servant encore, offrant, Adorant.

A toi, à eux tous
ma plus fraternelle affection

Abbé Pierre +

a Pierre Lunel

Caro Pierre,

possa il lavoro che hai desiderato fare sui documenti che avevo conservato nel corso degli anni, mal smistati, mal classificati, permetterti di realizzare qualche cosa di utile.

Lo sai, avrei preferito che ciò avvenisse soltanto dopo la fine totale della mia difficile vita, dopo l'Incontro dell'Eterno Amore, che solo può tutto conoscere e tutto giudicare.

Lasciandoti fare ho pensato a tutti gli adolescenti di questo mondo tormentato, ragazze e ragazzi di fronte al giorno che nasce, fra le loro mani, sulla loro vita.

Dovranno vivere un tempo oscuro e duro. Il nostro, per noi, non lo fu meno, e ora ha la sua luce e le sue gioie.

Per tutta questa gioventù, nel silenzio che desidero sempre più ritrovare, vicino ai monaci che accolgono la mia vecchiaia, voglio umilmente offrire lo sforzo di ogni giorno per poter ancora servire, offrire, Adorare.

A te, a tutti loro
il mio più fraterno affetto

Abbé Pierre

Al Padre... Perché altri si brucino
come mi sono bruciato io.

In memoria di mia madre, « donna provata »,
queste pagine d'amore che Risollevano
e aiutano a Vedere.

Vivere, è imparare ad amare.
Abbé Pierre

Troppa povertà, tanta ricchezza,
è urgente una spartizione.
Abbé Pierre, Emmaus Francia

Lo chiamavano «Il mangiatore del Buon Dio»

NEL cuore delle Alpi dell'Alta Provenza, fra Barcelonnette e Briançon, la strada serpeggia attraverso foreste di pini e sul fondo di strette gole. In Haute-Ubaye, il ponte di Châtelet supera una profonda fenditura scavata dal torrente nella roccia e incontra due parrocchie: Fouillouse e Saint-Véran, piccole isole di vita nell'oceano del silenzio. A Fouillouse vivono i Grouès, una famiglia di montanari dalle origini mezzo italiane e mezzo provenzali, pastori e contadini come i loro vicini. Sono là da generazioni, isolati dal mondo, di fronte alla natura grandiosa.

Nel 1867, Joseph Grouès ha ventidue anni e il Secondo Impero è sulla via del declino. Che cosa sa di quello che sta succedendo in Francia? Poco o niente: delle voci. Come suo padre e suo nonno, si dedica interamente al mestiere di pastore, alla tosatura dei montoni, a quel dialogo segreto con le vette da cui attinge la forza e un solido buonsenso. A volte la sua mente lascia le montagne e va lontano, molto lontano, al di là del mare, verso un paese misterioso: il Messico! Laggiù, un ragazzo di Barcelonnette, una testa calda, partito nel 1835, ha fatto fortuna... La voce ha percorso la vallata; altri giovani hanno risposto a questa chiamata misteriosa che ha un nome: Eldorado. Fra loro, anche dei Grouès: un cugino, Jean Baptiste, e i suoi due nipoti, due fratelli, Joseph e Auguste. Che cosa sono diventati? Per queste famiglie contadine, molto chiuse, poverissime, il Messico è un sogno.

Le notizie affluiscono, contraddittorie, portate dai soldati in congedo del reggimento di Barcelonnette che si è battuto invano in Messico per la gloria dell'imperatore Napoleone III. Joseph Grouès assilla con le domande questi veterani e la sua fantasia si scalda alle loro vaghe risposte: « Sì, i tuoi cugini... uno è morto, ma l'altro ha fatto fortuna ». Tutte le mattine, la montagna, madre e complice, gli rimanda come l'eco di un'approvazione immensa e silenziosa. In quest'angolo di mondo, in quei pochi villaggi vicini « ci si sposa fra cugini » e tutti sono più o meno parenti. Come non sentirsi allora legati a quelle vite in Messico? Come potrebbero i giovani, durante le lunghe serate, far tacere quelle chiamate, imporre il silenzio a quelle visioni?

Eppure, Joseph sa che non partirà; si dedica interamente alla sua giovane sposa Marie e a suo figlio Antoine. Per loro seppellisce il suo desiderio e, in piedi fin dall'alba, lavora indefessamente in montagna per tutto il giorno. C'è di meglio da fare che accarezzare folli sogni: tosare i montoni, vendere la lana, nutrire i suoi cari, amarli.

Come ogni primavera, dopo la tosatura, lascerà Fouillouse, con i suoi fagotti di lana sulle spalle, per raggiungere a piedi Barcelonnette. Là, se ha qualche spicciolo, prenderà la diligenza, altrimenti andrà a piedi fino a Lione per vendere la lana. Ma ha un'idea in testa: abbandonare quella vita dura, abbandonare Fouillouse, le sue vette e i suoi montoni, per sistemarsi a Lione. La famiglia di sua moglie, i Brottet, non sono forse a Grigny, vicinissimi? Là hanno dei beni, dei contatti. E poi Joseph sente di avere il bernoccolo del commercio e vuole tentare la fortuna.

È senza rimpianti che il pastore, figlio di pastori, diviene venditore ambulante di panni e di tessuti. Gli inizi saranno duri, ma Joseph Grouès è tenace. La concorrenza è feroce, ma lui raccoglierà la sfida, parola di montanaro! Molto più tardi suo nipote Henry (il futuro abbé Pierre), scavando nelle proprie radici, si soffermerà su questo nonno il cui spirito ambizioso e il cui cuore ardente sono il marchio della famiglia. Discende, come dicono, da Giambologna, il famoso scultore di Palazzo Vecchio? Non è sicuro.

Per Joseph Grouès ci sono due comandamenti: lavorare sodo e pregare. Di notte adora il Sacro Cuore, nella chiesa di Saint-Nizier a Lione. La sua fede è profonda, esigente. Donando così il suo tempo a Dio, può darsi che ne sottragga un po' troppo agli affari. Per il suo piccolo Antoine ha voluto una delle migliori scuole di Lione, il collegio dei gesuiti, in via Sainte-Hélène. Antoine imparerà quello che suo padre non ha mai imparato, diventerà un « signore ». Quanto alle due piccole che nasceranno una dopo l'altra, le sistemerà più tardi con dei buoni partiti.

Castelli in aria... Presto gli affari cominciano ad andar male, Joseph si fa concedere dei prestiti, s'indebita; e i creditori lo assillano. Vuole resistere, per i suoi bambini. Antoine promette talmente bene! Prima interno a Sainte-Hélène, poi al collegio di Dôle, studia con accanimento e divora tutto quello che gli capita tra le mani. Léon, il fratello maggiore di Joseph, gesuita a Dôle, ha immediatamente colto le doti dell'adolescente. Gli vuole bene e lo vuole aiutare. Antoine si sente molto vicino a questo zio, suo padre spirituale e suo consigliere di coscienza. Che cosa succederà? Chi, fra Joseph e Antoine, prenderà la più difficile delle decisioni? Lasciare il collegio e abbandonare a quindici anni questa passione per lo studio, per la lettura, per la riflessione, e affrontare la dura realtà della vita...

Come fare? Molto più tardi, Antoine scriverà: « La situazione economicamente difficile dei miei genitori e il fatto di essere figlio unico fecero in modo che non fui mai portato a chiedermi se avessi altra vocazione che il commercio, che mi avrebbe permesso di aiutare mio padre ». Confidenza rivelatrice del carattere di Antoine Grouès. « Fa' il tuo dovere, accadrà quello che deve accadere »: il Dovere come legge di vita. Dato che il padre è sfinito, disorientato, lui lo aiuterà a raddrizzare gli affari. Senza questo sacrificio, che cosa ne sarebbe di sua madre, delle sue sorelline?

Leggere, meditare? Sarà la ricompensa della sera, dopo una giornata di fatiche. Di villaggio in villaggio, attorno a

Lione, per due anni, gli anni più belli della sua adolescenza, Antoine vende tessuti. Spesso il suo sguardo, furtivamente, si porta sul padre, per coglierne sul viso la speranza, la solitudine, la gioia o la tristezza.

Perché, allora, un giorno dell'ottobre 1886, a diciassette anni, anticipa la chiamata alle armi per andare volontario al diciannovesimo dragoni a Saint-Étienne? Su esplicita richiesta del padre, sicuramente, e non senza lacerazione da entrambe le parti. Joseph ha capito che non potrà rimontare la china, che è vano chiedere l'impossibile a questo figlio che ama, sacrificarlo a una chimera. Continuerà da solo, Antoine diventerà soldato e, forse, con il talento e la tenacia, ufficiale. La speranza al prezzo della sofferenza. La scuola è dura. Tra quegli uomini in uniforme, Antoine è il più giovane. Poco allenato, gracile di costituzione, tiene duro soltanto perché ha imparato a stringere i denti e detesta arrendersi. Dato che ama superare la sua debolezza e dominarsi, questi mesi saranno « sotto molti punti di vista, i migliori della (sua) vita ».

Il giovane è piccolo e piuttosto esile. Nel suo viso tagliato con il coltello, col profilo di un uccello da preda, quello che colpisce è lo sguardo, uno sguardo di fuoco che sa addolcirsi, fatto di determinazione e di bontà. Antoine si fa un dovere di domare la sua fragilità fisica, di « fare qualcosa », di « essere qualcuno ». Il « Dovere » lo esige. Durante un'esercitazione, il calcio di un cavallo gli provoca una grave ferita; rischia l'amputazione. Sul letto, febbricitante, lotta, prega. La gamba è salva. Lo scricciolo uscirà aspirante ufficiale dalla scuola, con « ottimo ». « Che gioia per la mamma e per le mie sorelline... e per papà. » Papà! Il grido di un figlio il cui padre sta morendo.

Nella primavera del 1887, Joseph Grouès rende l'anima a Dio ed è sepolto, secondo il suo volere, nella terra dei suoi antenati, a Fouillouse, la terra che aveva lasciato, pieno di speranza, vent'anni prima.

Il soldatino sta in piedi, ben dritto, di fronte alla tomba, circondato dai suoi e dai pastori dai visi squadrati di Fouillouse e della vallata, minuscole figure che si stagliano sulla montagna. Alza gli occhi, ha davanti a sé gli immensi pendii dai quali trae la forza e ai quali fa un giuramento.

Antoine ha ritrovato la casa materna. Sfoglia il fascio di carte pieno di cifre, richiude il fascicolo, si alza, cammina avanti e indietro. La situazione è talmente grave che sarebbe inutile continuare sulla stessa strada. Diventare ufficiale? Non se ne parla più. L'urgenza impone di liquidare immediatamente tutto ciò che può ancora essere venduto, e poi di cercare velocemente un impiego. Quello che il padre ha lasciato alla madre e alle sorelle, ora sistemate a Grigny, sarà appena sufficiente per mantenerle un anno, forse due. I mesi passano, le cose peggiorano. Antoine si dibatte senza riuscire ad allentare la morsa dei creditori. Un giorno il postino porta una lettera... Ancora un debito! Ma no, la lettera ha un francobollo spagnolo. Antoine la apre, con il cuore in gola. È firmata «Félicien»... Félicien è uno dei cugini Grouès che si sono stabiliti laggiù, in Messico, e gli dice: «Vieni, ho un posto per te». Antoine si rivede bambino, alla sera, a bocca aperta davanti a suo padre che parla del Messico con una voce dolce, insolita, in quel tono che gli faceva scorgere come un rimpianto: il Messico, il paese della fortuna. L'occasione è da cogliere immediatamente.

«Mamma, io parto. Papà avrebbe voluto prendere il piroscafo, raggiungere i suoi cugini. Così, sarò io ad andarci. Vi manderò il denaro per vivere, alle piccole e a voi, guadagnerò, e quello che papà non ha potuto darvi ve lo darò io, e voi verrete a trovarmi. Vi voglio bene, pregate per me.»

Febbraio 1889.

A Saltillo, una cittadina brulicante vicino a Vera Cruz, Félicien è puntuale all'appuntamento. I due cugini, che non si sono mai visti, si riconoscono, si abbracciano con effusione. Antoine sgrana gli occhi, pazzo di gioia, come per assorbire lo spettacolo di quella folla eterogenea, rumorosa, di quella moltitudine di *niños* dalla pelle abbronzata che lo urtano e gli si aggrappano alle gambe. Félicien gli dà una grande pacca sulla spalla e ride di cuore: « Benvenuto in Messico, cugino! »

Antoine lo abbraccia ancora, poi ridiventa serio: « Ho bisogno di soldi, sai, per loro ».

La risata di Félicien si smorza.

« Ascolta, Antoine, tanto vale dirti la verità: gli affari vanno male in questo momento... Sai... Ti ho detto di venire, ma bisogna avere pazienza; va, viene, in Messico è così! »

... Due mesi! Dura da due mesi! E Antoine cerca sempre lavoro, invano. Félicien e lui smuovono cielo e terra, e si consolano, la domenica, andando a caccia a cavallo. Ma uccidere il puma non riempie il portafoglio, e la mamma e le piccole che aspettano, laggiù a Grigny...

A forza di pensare che si è sbagliato, di rimproverarsi la ragazzata, l'eccesso di entusiasmo, Antoine comincia a sentire un'immensa stanchezza e la malattia si abbatte su di lui, implacabile. La febbre gialla, a quei tempi, lascia pochi superstiti; non esiste alcuna medicina, né penicillina, né sulfamidici, per fermare il suo inesorabile cammino. Antoine, scosso dai singulti, bollente, delira per settimane e sfiora la morte. In mancanza di medicine, prega intensamente. Con il viso inondato di lacrime, prega ancora, per giorni e giorni, e la morte batte in ritirata.

Eccolo esausto, indubbiamente indebolito, ma forte di una convinzione definitiva, incrollabile: la fede, quella vera, può fare miracoli, abbattere tutti gli ostacoli, vincere la morte quando essa non viene a coronare una vita, ma a stroncarne delle altre, ingiustamente. La fede sottende la vita, la rende sublime. È un uomo diverso, quello che si sveglia convalescente, un uomo il cui primo gesto è quello di spedire una lettera a Grigny, per rassicurare immediatamente la mamma e le sorelle. Aspetta un po', si ristabilisce, poi, un giorno, annuncia la sua partenza a Félicien.

« Dove vai? »

« A guadagnarmi da vivere. »

« Dove? »

« Non lo so. »

« Allora, prendi questo fucile e che Dio ti protegga! »

Antoine Grouès è quell'avventuriero solitario, sotto il sole cocente, che cammina in direzione di Città del Messico... Non avverte nessuna paura, né dei puma o dei serpenti, né delle paludi. La paura si infrange contro la sua fede. Quanto tempo, dei mesi, forse, prima di arrivare a Città del Messico, la città piena di pericoli, con i suoi cercatori d'oro, i suoi cabaret, le sue notti folli. Incontra per caso un messicano che intuisce subito la sua situazione.

Chi è quest'uomo? Un faccendiere. Non se ne sa niente di più. Gli stringe la mano: «Qua la mano, ragazzo, ti assumo!»

La paga è cattiva, ma Antoine è affamato, nell'indigenza più assoluta.

Può forse scegliere?

«Accetto», risponde in uno spagnolo malsicuro.

L'altro lo spedisce per le strade a guidare una dozzina di muli carichi di ninnoli. Questo lavoretto, Antoine lo prende come un dono di Dio e, dato che bisogna mettere da parte del denaro per loro, farà un solo pasto al giorno, mangerà delle radici. Allora, gli ritorna alle labbra il giuramento mormorato alle vette, lassù a Fouillouse, il giorno del funerale di suo padre: «Per te, per loro, sì, vincerò».

Per mesi e mesi, solca la terra messicana da est a ovest, da Sonora a Tamanpilas, attraverso deserti, paludi, montagne, sopportando tutto, la sete, la fame, il caldo, il freddo. Con sua grande sorpresa, la fede matura ancora. Non è più semplicemente questione di pregare per sopravvivere, ma di servire, di amare gli altri al di là dell'amore per i parenti. Si alza all'alba. Cammina per ore e ore, senza mangiare, spesso per tutto il giorno, perché bisogna raggiungere un paese per comunicarsi. Estenuato, arriva sulla piazza e fa chiamare il prete: «Signore, non sono degno di riceverTi». Il prete lo confessa e gli dà la comunione, là, in ginocchio in mezzo alla folla stupita.

Arriva il «mangiatore del Buon Dio», il «Señor Antonio»! Ben presto questa voce lo precede in tutti quei paesi sperduti che la ferrovia non raggiunge. Per questi indiani poveri, il Señor Antonio è quell'uomo buono che distribuisce l'amore ai deboli, ai poveri, ai moribondi.

Quando, un anno dopo, ripassa per Saltillo, Félicien, commosso, abbraccia quel corpo d'asceta temprato a ogni dolore. Nel viso emaciato di Antoine, lo sguardo brucia.

« Sai, Félicien, per la mamma, ce l'ho quasi fatta... »

« Antoine, io devo andare in Francia, vi sono nato, non voglio morire senza aver visto la Francia. »

« Allora vai a trovare la mamma, dille... »

Félicien realizza il suo sogno e porta con sé dalla Francia una giovane sposa di vent'anni, Adrienne Grouès, la sorella di Antoine. È pazzo di gioia!

Due anni dopo, Antoine finisce di saldare i debiti del padre. Poi, nel 1894, arriva il gran giorno. Un piroscafo è all'ancora nel porto di Vera Cruz. Un uomo di trent'anni, in disparte, osserva due donne, una anziana, l'altra giovanissima, mettere piede a terra. Antoine si precipita, le stringe al cuore: « Mamma! e tu... Sei anni, sei anni... Non ci lasceremo più, è finita ». Ma perché sua madre è così affaticata, così vecchia? Troppa sofferenza, troppa solitudine, si dice. Potrebbe forse lasciarla, adesso, per rimettersi sulle strade, dopo averla aspettata, desiderata per così tanto tempo? Mai. Sembra talmente sfibrata. E se l'avesse raggiunto soltanto per partire di nuovo, per morire?... No, non è più tempo di continuare il vagabondaggio. A che pro, dal momento che ormai ha abbastanza denaro per mantenerle?

Per Antoine i grandi viaggi hanno fine. Se si ama una madre come Antoine ama la sua, si moltiplica per dieci, per cento la posta del giuramento. Non vuole soltanto darle i mezzi per vivere, ma coccolarla, darle una bella casa con servitori, anche loro fanno parte della famiglia! perché gioisca degli ultimi raggi della sua esistenza. Fra il lavoro accanito e le visite ai poveri, la guarda, le parla, le accarezza il viso. La sorella minore esce dalla chiesa con l'abito da sposa, superba, al braccio di Jean Maurel, un altro lontano cugino. Sì, ora per Antoine il Messico assomiglia veramente al sogno che accarezzava da bambino.

Sulla facciata di un grande casermone, nel porto di Vera Cruz, un cartello ostenta queste parole altisonanti: EL PUERTO DE LIVERPOOL, una specie di Samaritaine* in cui si danno da fare più persone: *Antoine e Félicien Grouès - soci*.

L'importante, per Antoine, è di essere riuscito con successo in una vera e propria impresa, utile agli altri, a tutti quelli che lavorano là e le cui mogli e figli non moriranno di fame. Cerca di lottare contro la miseria, così presente in Messico, donando se stesso negli orfanotrofi, negli ospedali, e donando anche una buona parte di quel denaro che è di Dio. « Fa' il tuo dovere »: per Antoine il motto resta sacro. Felice? Forse. Ha resistito bene, ha rimborsato i debiti del padre, fatto venire sua madre, ha sistemato le sorelle.

Ma a dimenticarsi di sé, a regalarsi senza riserva, il corpo si usura. Questa regola così bella ha il suo risvolto negativo. La salute di Antoine recalcitra. Attorno a lui, ormai, ogni dovere è compiuto. « Fa' il tuo dovere... » La mamma non ha più bisogno di lui; si è spenta poco dopo il suo arrivo. Le sorelle sono sposate, hanno dei figli. Lui è solo, ha trentotto anni; in compagnia di poveri e di operai, questo è vero, su questa terra di gioie e di lacrime che lui ama. Eppure, una chiamata si fa insistente: il paese, la Francia... L'ha rivista nel 1898, troppo in fretta; sei mesi di felicità. Da allora, soffre di questa nostalgia, di questo male della patria così forte, così pressante. Nel giugno del 1904, quindici anni dopo essere sbarcato pieno di speranza in Messico, eccolo che riparte per non ritornare mai più. Si volta pagina.

Eulalie Perra è una ragazza di venticinque anni, bella, piena di una riservatezza che deve alla sua educazione borghe-

* Catena di grandi magazzini francesi. (*N.d.T.*)

se. Suo padre, Marius Perra, fabbrica tulli e mussoline a Tarare. Ricco, ma senza ostentazione, rubacuori, buontempone, estimatore della buona tavola e dei sigari fini, ride volentieri, felice, sì, ma meno della sua fortuna che della sua dignità di sindaco di Saint-Loup-en-Beaujolais, carica che detiene per eredità. Élisabeth, la mamma di Eulalie, è una donna in gamba, forte di un patrimonio che le viene dalla famiglia, i Chamussy, proprietari di miniere a Romanèche nella Saône-et-Loire, vicino a Villefranche.

Antoine Grouès conosce Eulalie Perra, si piacciono, si scambiano delle promesse. Antoine, da parte di madre, è parente dei Perra, e don Brottet, cugino per entrambi, fa gli sponsali. Marius non è così sciocco da soffermarsi sulla differenza sociale. Antoine ha superato tutti gli ostacoli a forza di braccia. È un uomo di fede, ha un capitale e ama Eulalie. È quanto basta. Le campane suonano a tutta forza quella domenica del luglio 1905, a Tarare. Tutto il paese è riunito davanti alla chiesa. Gli sposi escono in mezzo a grida di gioia. In prima fila, seduta su una poltrona, una bambina handicappata, col viso raggiante, batte le mani. Eulalie guarda Antoine. Lascia il suo braccio, corre verso la piccola, l'abbraccia teneramente e le consegna il suo bouquet. La bambina risponde al suo sorriso.

«Farò il marinaio, il missionario o il brigante»

È così bello vivere a Tarare o a Saint-Loup, con i Perra e la loro corte di amici, in quell'ambiente affabile, con una guida eccezionale come Marius.

Antoine ama Eulalie, arriva Emmanuel, poi un altro bambino. Diamine! Passati i quarant'anni, bisogna fare in fretta, se non si vuole che i piccoli confondano il papà con il nonno.

Nel 1907, Antoine si assenta per sei mesi: il Messico! Un pellegrinaggio? No, ma gli affari laggiù vanno a rotoli. Bisogna che liquidi la sua parte del puerto de Liverpool, che va a gambe all'aria perché Félicien, dopo la sua partenza, è caduto, per ingenuità o negligenza, vittima di imbroglioni che lo hanno derubato senza alcuna vergogna. No, non è ancora tutto perduto, la società è sana, ma non bisogna tirare in lungo. In due mesi si sfinisce talmente tanto che si ammala. Gli sono necessari altri due mesi per vincere la malattia che lo inchioda a letto. E allora prega, di nuovo, come vent'anni prima, non più per la mamma, ma per Eulalie, per Emmanuel, Risette e Noëlle, le piccoline. Ancora una volta, la morte fa marcia indietro. « Félicien, va tutto bene adesso. Sii prudente, conto su di te... Liquidami la mia parte, ne ho urgente bisogno. »

Antoine misura a grandi passi la camera, in lungo e in largo, preoccupato. « Eulalie, non possiamo più restare a Tarare! » Perché bisogna essere indipendenti, trovare una casa e un'attività proprie, anche se è dolce vivere in famiglia, con il nonno e la nonna, nella grande casa ricca.

Quando nasce il secondo maschio, Léon, nel 1911, lasciano Tarare per Lione, in vicolo des Gloriettes al 6, in cima al vecchio quartiere della Croce Rossa. Il 5 maggio 1912, Eulalie Grouès dà alla luce il suo terzo figlio: Henry.

E quel denaro messicano che non arriva! Antoine ringrazia Dio quando, nel 1911, l'Associazione tessile di Lione lo prende come amministratore. Quanta strada fatta in vent'anni! Mentre fa saltare sulle ginocchia i suoi bambini, il cuore gli rimanda l'eco di questo grido: « E gli altri? »

Nel 1914, quando un diluvio di ferro e di fuoco si abbatte sulla Francia, « gli altri » son innanzitutto i francesi, la Francia, la patria. Finita la fedeltà militante alla monarchia della sua giovinezza! Antoine Grouès vorrebbe arruolarsi, andare al fronte, battersi, dire ai medici che glielo vogliono impedire: « No, vi sbagliate, lo posso fare! » Allora, dato che il corpo è sfibrato, prematuramente invecchiato, può servire in un altro modo, nelle retrovie, rispondendo all'appello di sua suocera, Elisabeth Perra, infermiera volontaria all'ospedale di Tarare, che gli dice che mancano infermiere, che ci sono tanti feriti! Per due anni, prima a Tarare, poi al ricovero di Calluire, con i suoi tremila ciechi di guerra, si dona come un pazzo, interamente. I Grouès conoscono le ristrettezze economiche: il denaro non entra, ma ci si può fare un problema di soldi quando i francesi, a migliaia, muoiono al fronte? E poi, attorno a loro, ce ne son tanti nella stessa situazione!... Ben presto diventa impossibile pagare la retta dei piccoli al collegio dei gesuiti di Sainte-Hélène, a Lione. E il prefetto in persona, padre Verny, li dispensa: rimborseranno la quota più tardi. Antoine si sfinisce, curando i malati, i feriti, compiendo il suo dovere nella gioia, giorno e notte; non sente più il corpo, né la fatica che lo mina. Tale è l'effetto anestetizzante dell'urgenza, del dono di sé. Non smette di tossire; Eulalie si preoccupa, lui l'abbraccia: « No, non è niente, vado ». Quella notte lo riportano a casa bollente di febbre, tremante in tutto il corpo. « Congestione polmonare, riposo assoluto », sentenzia il medico. Per lui, la guerra nelle retrovie è finita.

È allora che, nello sconforto, una mano caritatevole si tende verso Antoine. Il conte de Chabannes, che dirigeva le Fonderie di Lione e del Rodano, è appena morto; bisogna trovargli un successore. Un amico interviene a favore di questo padre di cinque bambini, quest'uomo coraggioso che sacrifica tutto alle esigenze della sua coscienza.

A partire da quel giorno del 1916, grazie a questi due incarichi, l'Unione tessile e le Fonderie di Lione, i Grouès non conosceranno mai più l'indigenza. La famiglia può accrescersi: nel 1916 nasce Daniel, nel 1918 Pierre. Sette figli! Il maggiore, Emmanuel, ha dieci anni, Elisabeth nove, Noëlle otto, Léon sette, Henry sei, Daniel due e Pierre qualche mese.

La casa è diventata troppo piccola per tutti questi bambini pieni di vita. Visto che nonno e nonna Perra diventano vecchi e non possono rimanere a Tarare, Antoine e Eulalie li accolgono sotto il loro tetto. La nuova dimora sarà in via Sala al 26, « la strada dei lionesi che han fatto fortuna con le miniere », in pieno quartiere borghese. È la sistemazione definitiva, questa volta, nel cuore di Lione, la « Lione dei lionesi », nella penisola fra la Saona e il Rodano.

« No, questo è per i poveri! »

L'uomo dei traslochi, obbediente all'ordine di Eulalie, rimette a terra uno scatolone di scarpe e di vestiti. Henry, sei anni, che corre fra le casse si ferma a guardare « la roba per i poveri ».

« 'Poveri': che cos'è? »

Henry è un bambino strano, inafferrabile, sconcertante, un miscuglio di monelleria e di serietà. Le sue facezie incantano ma, se fa volentieri il buffone, lo fa senza scoppiare a ridere, una specie di Buster Keaton bambino. Ha addosso l'argento vivo, è birichino, brillante; poi, improvvisamente, la fronte gli si scurisce, lo sguardo diventa inquieto. Allora diviene silenzioso, come chiuso in se stesso. È di una sensibilità estrema, cerca affetto, adorazione. Eccolo che salta in collo alla mamma e la copre di baci, senza gridare, in uno slancio inatteso. La mamma è così buona, ma coccola poco; le coccole, Henry le va a chiedere a Risette, a Noëlle, le sorelle maggiori. Tutti lo adorano. Li fa ridere così di gusto!

Ha un immenso bisogno di affetto, di sguardi, di attenzioni. A tre o quattro anni si ammala, lo portano all'ospedale. Nella camera, a fianco a lui, una bambina che abita nella casa adiacente alla sua. Non si dicono niente, non si diranno mai niente. Ma quando escono, entrambi guariti, ogni giorno lui va a posare un mazzo di fiori sopra il muro che li separa. Emozionato, spia la minuscola manina che appare dall'altra parte, tasta e si impossessa del mazzo. Gli scorre una grossa lacrima sulla guancia. Lei risponde, capisce.

«Perché, perché non ci sono più?»

Henry è appollaiato su una sedia. Svuota il grande vaso di ceramica del caminetto, piange, interroga sua madre.

«Mamma, perché?»

«Tesoro, non sapevo che fossero tuoi, li ho dati allo straccivendolo; sai, i pezzettini di stoffa non servono a niente!»

«Sono miei, mamma!»

Henry Grouès fa del recupero: già a quattro anni!

Il papà lavora molto, lo vedono solo alla sera, ma il nonno Perra, lui, è il complice. Quando i nonni non sono in casa, i bambini possono diventare dei barbari.

Ed è proprio qui la fortuna di Henry, dei suoi fratelli e delle sue sorelle: nel crescere in quel piccolo regno, in cui nonni e genitori amano insegnare ai propri figli ad amare. Amare la vita pienamente, studiare bene, giocare con vivacità, pregare, anche, perché tutto ciò non varrebbe niente senza la preghiera che santifica ogni istante. Di sera, a casa, inginocchiati attorno al padre, tutti pregano in coro.

Nel 1919, Antoine è molto malato; ma la sua fede lo aiuta ad acconsentire al male con un sorriso, ad attendere la tregua per lavorare. Daniel e Pierre sono troppo piccoli, ma Emmanuel, Risette, Noëlle, Léon ed Henry saltano al collo del padre, felice di parlare loro di tutto, anche del Messico, ma prima di tutto del dovere: « Fa' il tuo dovere! » Provano tanta gioia ad ascoltarlo, perché racconta così bene che il dovere non è più un dovere, ma un piacere. E la sua felicità scaccia la presenza del male.

Al suo fianco, piena di attenzioni, innamorata, Eulalie posa su di lui uno sguardo di ammirazione, seppure velato d'inquietudine. Sa che cosa vale l'azione di quell'uomo, vuole donargli la parte più forte di se stessa perché da lei egli riceva tutto. Impotente a guarirlo, lo aiuta, con l'amore, a convivere col dolore. Non sa più dire « io » perché è troppo « tu ». Le loro strade si confondono: comunione di spirito e comunione d'azione. I figli li amano fusi in una sola immagine, quella della coppia.

Henry ha sei anni quando un fatto, in apparenza insignificante, segna la sua vita per sempre.

Eravamo stati invitati un giovedì a una festa in casa di alcuni cugini che vivevano in condizioni molto privilegiate. Avevano sempre gli ultimi giocattoli, le cose più mirabolanti. Quel giorno, io avevo fatto delle sciocchezze. Avevo sgraffignato, prima del pranzo, della marmellata che era sul tavolo. Quando se ne sono accorti, ho mentito lasciando sospettare uno dei miei fratellini. È stata un'azione veramente molto bassa. Alla fine, hanno saputo che ero stato io. I miei genitori mi hanno punito proibendomi di andare alla festa. Quindi sono rimasto a casa. La sera, i miei fratelli e le mie sorelle sono ritornati a casa, tutti eccitati, e sono corsi verso di me per raccontarmi i meravigliosi giochi di quel pomeriggio. In particolare, mi ricordo molto bene di questo: mi parlavano di un tiro al piccione, in cartone, girevole, sul quale si dovevano tirare delle frecce di gomma. E io, piccolo stupido, mi rivedo ancora, come se fosse ieri, imperturbabile, dire a uno dei miei fratelli: « Che cosa vuoi che mi interessi, dato che non c'ero ». E con questo, ho girato i tacchi, molto fiero di me e della mia logica! Una mezz'ora dopo, mio padre mi chiama e mi porta nel suo ufficio. Non mi sgrida, ma mi accorgo che è molto triste. « Henry, ho sentito quello che hai risposto a tuo fratello. Com'è possibile che non ti renda conto di quanto è orribile? Non ci sei che tu ad avere importanza! Ciò è male... » Quello rimane per me un momento indimenticabile: quella sofferenza di mio padre. Non mi puniva, non mi sgridava, ma mi confidava qualcosa di molto profondo in lui: era infelice perché non ero stato buono.*

Quelle parole! Tutta l'anima di un bambino dipende a volte da una sola parola del padre o della madre. Quella tiratina d'orecchie diventa una cicatrice. Henry non dimenticherà mai la passione, la vera sofferenza che gli si rivelarono attraverso le parole di suo padre. Gli hanno parlato cento volte di sacrificio; ma, quel giorno, è stata un'esperienza personale e drammatica. Henry sa ormai che la gioia è anche comunicare con la felicità degli altri, fino all'oblio di sé.

Interno al collegio dei frati minori, con i suoi fratelli, sulla collina di Saint-Irénée, non lontano da casa sua, un giorno fugge improvvisamente, « spinto da una ripugnanza che non poteva nemmeno supporre ». Un « grande » lo insegue, vuole tirarlo in un angolo... « Delle porcherie! » Fugge correndo, convinto che, se verrà ripreso, sarà terribile. Il portiere è stupefatto. Arriva a casa in un bagno di sudore; gli sanguina il ginocchio, è caduto correndo. Che pena! Le sue sorelle lo medicano, lo calmano, lo mettono a letto. Ha la febbre. Il dottore diagnostica gli orecchioni! Felici tempi di malattia, in cui si è coccolati, vezzeggiati. Arriva una lettera che denuncia la fuga. E papà, che cosa penserà? Il padre non ha cuore di punire il figlio; è vacanza, e quando la scuola riprenderà non ritorneranno più dai frati minori, né lui né i suoi fratelli. Che splendida notizia! Finito l'internato. Ritor-

* Abbé Pierre, *Entretiens avec Bernard Chevallier*, ed. Le Centurion.

neranno in via Sainte-Hélène, vicino a casa, alla scuola dei gesuiti così cara al cuore di Antoine. Decisamente, l'audacia, il rischio hanno i loro lati positivi; per quanto poco giusta possa essere la causa, non si può sbagliare. Forse che Henry avrà fortuna? Sorride.

Perché nonno Perra, il complice, è disteso, immobile, sul letto? È dunque quella, la morte? Ma perché quella tristezza sui visi di coloro che lo circondano, inginocchiati? Pregano, e nelle parole che pronunciano si esprime la gioia dell'uomo che raggiunge Dio. Allora perché soffrire, dal momento che vogliono bene al nonno? Sanno bene che ora è nella luce, là dove si è felici! Prendono Henry per mano. Lui guarda a lungo il corpo irrigidito, il viso freddo e calmo, gli occhi chiusi. Bacia il nonno. La morte è una cosa misteriosa ma che non fa per nulla paura...

Un'altra scoperta lo tocca. Fa visita a una grande casa vicina, che chiamano il « Museo per la propagazione della fede ». È piena di immagini e di ricordi di tutti i martiri che hanno accettato la morte in nome di qualcosa di sublime: la fede in Dio. Quel giovedì, piove, Henry medita su quei quadri: « Come è tutto grande in queste vite, voglio fare come loro! » Quando, un giorno, una signora ha chiesto a lui e al suo amico se non sarebbe loro piaciuto diventare preti, il suo amico ha risposto: « Sì! » Henry è rimasto zitto, sbalordito. Non ha mai pensato a quello che avrebbe fatto dopo.

« E tu, Henry? »

« Io non lo so. »

Quel giorno pensa che i preti hanno dovuto essere dei bambini come lui. Fra quei martiri di cui ha fatto la conoscenza, molti sono preti, missionari. Gli capita fra le mani un libro, *Instituts missionnaires* che legge e rilegge. Missionario? Per lui ciò evoca, da lontano, degli uomini vestiti di bianco che fanno delle cose straordinarie. Una voce lo scuote dal suo sogno: « Signorino Henry, è ora di andare a scuola! » Il cameriere è là, vicino a lui, che sorride. Sì, è una coppia a « tenere » la casa: il cameriere e la cuoca.

Gli affari di Antoine Grouès vanno bene, la casa è immensa e ci sono sette bambini! « Missionario, farò il missionario! »

Questo progetto deve restare un segreto; non ne parla, non ancora, o fa soltanto qualche accenno. Quando, un giorno d'estate, su un treno fra Berck e Boulogne, una signora li interroga, suo fratello e lui, su quello che vogliono fare da grandi, lui risponde scherzoso: « Farò il marinaio... o il missionario... o il brigante! »

« Papà, ho un grande segreto... » Antoine Grouès ha letto questo biglietto al ritorno da un viaggio. La sera, va a dare un bacio ai figli, come sempre, prima di addormentarsi.

« Ecco, papà, voglio fare il missionario. »

Un lungo silenzio, poi una voce emozionata: « Sai che questo ci costerà molto, a tua madre e a me... Ma ne saremo molto fieri. »

Pudico, il silenzio ricoprirà come un velo questa sorprendente rivelazione.

È l'età dell'identificazione con il padre. Antoine Grouès, ricco di sensibilità e di finezza, ha compreso che la minima parola, il minimo gesto sono da soppesare, perché gli sguardi dei bambini vedono lontano e nel profondo. I suoi figli e le sue figlie sanno che quest'uomo così malato e così gioioso, sì, si può dire l'una e l'altra cosa nello stesso tempo, così vicino a loro, così fortemente unito alla loro madre, non prende mai un istante di tempo libero per sé. Ogni momento di riposo, il sonno, la tranquillità, li usa per donare agli altri, alle Opere* e, innanzitutto, ai bambini che non hanno avuto amore, o che ne hanno avuto troppo poco. Bisogna trovar loro dei padrini, colmare il bisogno di tenerez-

* Febbraio 1911: Antoine Grouès è amministratore della Società lionese per il recupero dell'infanzia. Dal 1912 è tesoriere dell'Opera dell'adozione; amministratore dei Sordomuti della Croce Rossa; amministratore delle Piccole sorelle dell'Assunzione. Conferenza San Vincenzo di Paola. Hospitaliers-Veilleurs di Cité Rambaud. Un riconoscimento pontificio *Bene merenti*, nel 1934, corona questo dono agli altri, questa lotta.

za degli orfani, dei sordomuti che soffrono di non poter sentire il canto del mondo e di poter dire «ti amo» solo con gli occhi. E i poveri, i miserabili... i figli diletti di Dio. Per tutto questo, i figli di Antoine Grouès amano ancora di più loro padre. E, un giorno, a scuola, non hanno ancora la lezione di religione, Antoine dice a Eulalie: «Porto con me Léon ed Henry». Hanno rispettivamente dodici e undici anni. Antoine li tiene per mano per scendere all'inferno, nei bassifondi, verso ciò che si tiene nascosto, perché, nella società lionese, come in ogni società, si preferisce non vedere, non sentire ciò che rappresenta l'immagine negativa di sé, e che può far male. A Cité Rambaud si riuniscono gli Hospitaliers-Veilleurs, coloro che vogliono vedere senza rimorsi, per tendere la mano, per amare, anche se sono guardati un po' come dei «fuorilegge della beneficenza» dalla gente bene. Per Henry e Léon, improvvisamente, «i poveri» non sono più una parola lontana, ma una realtà vicinissima. Più che una lezione di religione, quel giorno, hanno avuto una lezione d'amore.

Amare... essere amato

DIETRO al bel viso sereno, allo sguardo profondo delle fotografie un po' ingiallite, quali tempeste si stanno preparando!

Impressionabile, sento vibrare in maniera insospettata mille infimi dettagli: gioie, pene, amarezze, fierezze e vergogne che, come le mille onde del fiume al passaggio di una chiatta vanno a infrangersi sulle rive, così colpiscono le corde del mio essere, man mano che il giorno cade, e le lasciano vibrare a lungo. La sola parola « sensibilità » pronunciata in mia presenza mi commuove ogni volta. Mi dico che tutto ciò è basso, eppure non riesco a convincermene. Mi sembra invece che sia grande, lo credo, pur sentendo nel profondo che ho torto. Soffro di questo stato, eppure lo amo; gemendo sotto questi colpi, ne vado fiero. Affascinato improvvisamente da un'idea, da un essere, dimentico tutto; e sognando solo di questo, mi sfinisco, mi infiammo completamente, lasciando che la mia testa lavori orribilmente, esaltandomi senza alcun freno e minandomi lentamente. Soffro e voglio soffrire, fiero di piangere per aver troppo cuore...*

* Dissertazione di Henry Grouès, a sedici anni, sul seguente argomento: « Descrivete il vostro carattere ».

Tempesta in un cervello di cui nessuno riesce a indovinare la natura, nemmeno la nonna, seduta vicino alla finestra, intenta a sorvegliare la strada della scuola mattino e sera. Il suo sguardo inquisitore segue Risette e Noëlle fino all'entrata del pensionato delle Dame del Sacro Cuore, di fronte, in via Boissac. Bisogna pur « accompagnare » queste signorine. I ragazzi, Emmanuel, Léon, Henry e Daniel, arrivati all'angolo con via Sainte-Hélène, si volatilizzano, perché il collegio dei frati minori si trova fuori della visuale della nonna. Che gioia per loro poter bighellonare in pace, all'uscita da scuola, la sera!

Henry, per il momento, non si chiude in se stesso, non ancora. Scherzi da bambino, sempre. Eppure nuovi quesiti, più pressanti di prima, lo assillano; impaziente, vuole una risposta, immediata, e siccome essa tarda a venire, soffre. Gli capita che sia la vita a rispondergli, come quel giorno in classe, quando il direttore ha imposto loro il silenzio: « Sentite, fra qualche giorno avrete tra voi un nuovo compagno. Questo piccolo viene da molto lontano; non è cristiano, i suoi genitori sono agnostici, lui non ha alcuna idea della religione. Dunque, non fate niente, non dite niente che lo possa urtare, scioccare ».

Henry e il nuovo arrivato diventano amici. Il bambino lo interroga: « La religione? Dio? Che cos'è? » Ed Henry risponde come può. « Henry, ho un grande segreto », gli dice il bambino. Henry, sbalordito, lo ascolta: « Da molto tempo sento una presenza immensa, molto più grande di me, la indovino senza vederla; allora ho imparato a memoria una versione latina che trovo bella e, tutte le sere, la recito, ripeto queste parole come un'offerta, un'invocazione ». Henry pensa: Straordinario! Gli insegniamo la fede, la religione, Dio, il catechismo e lui ci rivela: 'Lo pensavo già!' Invoca in modo del tutto naturale l'insondabile mistero di Dio e Dio gli risponde in modo lineare, purissimo, semplicissimo. Com'è facile! Ma allora, perché è così difficile per me che sono cristiano, unito a Dio dai sacramenti, che recito tutte le sere il Padre Nostro... Perché io sono nudo, disarmato, senza risposta?

Perché? Quella domenica mattina, ascoltando la lezione di religione di padre Pontet, un pensiero balugina come un lampo: Tu sei cristiano, ti prepari a impegnare tutta la tua vita in questa fede, ma se fossi nato in una famiglia musulmana, o di qualche altra religione, e se tu non avessi fatto più offerte personali di quante ne hai compiute fino a ora per renderti conto della verità o dell'illusione della tua fede, ti appresteresti a impegnare la tua vita in tutt'altro modo. Quindi, che sicurezza hai di essere nel vero?

Quest'improvvisa rivelazione fa in modo che lui diventi un altro, che quasi non si riconosca più. Di fronte a questo dubbio, a questa *tabula rasa* delle idee che gli hanno insegnato, si sente buttato in mezzo alla strada, orfano, e grida: « Voglio capire! Sono uomo e quindi voglio sapere! » Questo grido, disperazione e sfida, è rivolto a lui solo: « Perché sono qui? A che cosa serve la fede? »

Per tre anni non cesserà di porsi queste domande... Fino al grande segreto. Cercherà dappertutto, avidamente, nell'indisciplina assoluta. Accoglie con felicità i momenti di malattia. Approfitta di queste parentesi per tentare di trovare la via, almeno degli inizi. A tredici anni viene operato di appendicite; alcune complicazioni gli fruttano sei mesi di letture accanite. Ha esaurito tutte le riserve, quando si imbatte in Descartes, il *Discorso sul metodo*. Una risposta precisa. Sì, il mondo è ragione e tutto si illumina, Dio è ragione. Chi non ha mai ceduto al fascino della logica pura, scagli la prima pietra. Il piccolo alchimista crede di aver trovato la chiave del sacro, di aver mutato il piombo in oro. Può riposarsi. Descartes non è in programma per il terzo anno? Henry se ne infischia. È più autodidatta che scolaro, indisciplinato per natura e felice di esserlo, un vagabondo dello spirito. Non ci si può accontentare delle costrizioni quando dentro si brucia. I voti, ah, i voti! È per fare piacere al papà, e quando gli capita di prenderne di brutti si sgrida da solo « in nome del papà ». L'essenziale è inebriarsi del profumo ammaliatore della ragione. È così facile, in questo modo, capire da dove si viene, che cosa si è e dove si va.

Affascinato da questa scoperta, divora tutti i libri di filosofia che gli capitano tra le mani. In quel periodo è molto fragile, spesso malato; tutti cercano sempre di accontentarlo.

Scrive quotidianamente a Gesù, il Capo, nei suoi taccuini intimi, « pagine chiazzate di lacrime, piene zeppe di fiori secchi ». Henry il cartesiano, diventato Henry il romantico, decide un bel giorno, il 3 marzo 1927 (non ha ancora compiuto quindici anni), di affidarsi a Lui, come per aggrapparsi ai bordi del baratro. Nessun essere umano può intromettersi in questo dialogo con Gesù. Questi taccuini sono una radiografia della sua anima giorno per giorno. Attraverso di loro la si segue in questo tormento fra la speranza e la paura, sulla via della conoscenza interiore, della rivelazione dell'Immenso, al termine della ricerca più esigente, più tormentata che ci sia. Senza di loro non è possibile capire questo cammino: l'abbé Pierre nasce lentamente da Henry Grouès adolescente.

Quindici anni! È in seconda, la « classe bella », quella in cui si possono fare un sacco di cose appassionanti prima di essere divorati dall'esame di maturità. Sei mesi prima, alla messa di Natale, ha sentito un'unica voce cantare nel coro dei bambini, una sola, irreale tanto era bella. E quella voce ha incominciato a suonare sulle corde del suo cuore. Dio ha dato una voce divina a quel ragazzo, lui lo vuole per amico. Per una voce? Si trova in uno stato di « estrema ricettività »; questa voce lo « strega »; non vede, non vedrà più nient'altro; la passione è cieca. È bello, intelligente, brillante? Sono domande che Henry non si pone nemmeno. Lo vuole per amico, ecco tutto. Le ragazze? Gli piacciono, ma forse che ci si confida con le ragazze? No! Le conosce poco. A quell'epoca, ragazzi e ragazze crescono separati. Le sole ragazze che Henry conosce sono le sue sorelle. Piccole cotte da bambino ne ha già avute: ma ciò di cui ha bisogno è un'amicizia, un'amicizia vera.

Amici, significa essere tutto in una sola persona, un uno. Che cosa cerca Henry? Il senso della parola « amare ». Niente di più difficile. Lo confonderà per tre anni con una chimera. Ma quest'illusione lo porta a interrogarsi, a scavare in sé così profondamente che il vero senso di questa parola apparirà solo al termine di un cammino di spine, nella sua luce più accecante. La tempesta laverà le impurità in modo che la domanda sul senso dell'amore diventerà una risposta definitiva, l'impegno di una vita. A quindici anni, romantico alla follia, vuole questa amicizia, la esige.

1927: le vacanze di Pasqua. Un pellegrinaggio, con tutti quelli del Sainte-Hélène, lo porta a Roma sulle tracce dei martiri del Colosseo, nel silenzio grandioso delle catacombe. Al ritorno si fermano ad Assisi.

Un nome su una cartina che evoca un santo straordinario ma ancora sconosciuto a Henry, che farà molta fatica a distinguerlo da san Francesco di Sales o da san Francesco Saverio. Eppure, quel giorno va segnato sul calendario: è l'Incontro, il primo, con san Francesco d'Assisi, cioè con il vero senso della parola « amare ». L'« essere con », l'« essere insieme », il goffo desiderio di un'amicizia sublimata ha preparato l'adolescente ad accogliere questa scoperta. È nella sofferenza, nello sbandamento, nell'errore che coloro che vogliono vedere lontano, sempre più lontano, trovano questa apertura verso i segni che preparano all'incontro.

Ad Assisi, la prima notte, Henry non riesce a prendere sonno; si alza e prende una strada a caso, quella della Rocca, le rovine che dominano Assisi. La pace di quella mattina di Pasqua!

Improvvisamente, le campane di tutti i campanili si mettono a suonare a tutta forza e fanno salire in lui la più bella delle musiche, quella che si fonde nell'immensità dei cieli, come se il sole, la luna e le stelle, i ruscelli, gli uccelli, tutti all'unisono suonassero per dire: « Guarda! La vita è sublime, perché è la volontà di Dio! »

Nelle Carceri, questo piccolo convento costruito fra le grotte, lontano, sulla montagna, la guida, un frate, parla loro di san Francesco, della vita di lui, dei suoi compagni. Henry, soggiogato, l'ascolta; le sue labbra si muovono, ripete da solo le parole del frate, sono così belle. Il cuore gli si apre a qualcosa di diverso, ha un'impressione interamente nuova. Quel grido: « L'Amore non è amato », ancora avvolto da un'aura di mistero, quel gesto così semplice di farsi fratello con coloro che soffrono di non essere amati. Henry è ancora lontano dalla fine della sua ricerca, ma questo choc violento, questa folgorazione lo segnano definitivamente.

L'« essere con » mantiene ancora tutta la sua forza. Il passaggio alla « certezza di essere amato e di Essere per Amare »* è lungo. Non « con » e « per » uno solo, ma « con » e « per » la moltitudine di quelli che hanno fame d'amore. Il ricordo di Assisi lavora nell'inconscio. In superficie a rivelarsi sono sempre le malinconie, le pulsioni, l'appello a questo amico che non vuole essere tale e che non risponde. È comunque straordinaria questa mano che si tende nel vuoto, quando significa una cosa così semplice e così bella: « essere amici », in due, capire meglio la vita, perché da soli, così giovani, è troppo difficile.

Ma si soffre a non essere capiti, e fa paura. Henry è spaventato di voler amare tanto.

Presto una mano si tende verso di lui, quella di un altro, di uno più grande di lui, maggiore di due anni: François Garbit. Ha conosciuto François un anno prima, alla basilica di Fourvière, nel giorno del loro giuramento di scout. È questo che li avvicina. Perlomeno, là si sentono alla pari, François appare più giovane, quasi come lui. Henry fa cagnara e si fa malvolere. François brucia le tappe. Eccolo capopattuglia delle Rondini. « Lui viene con me », dice. E l'indisciplinato capisce: François lo accoglie perché la pattuglia delle Cicogne non lo vuole più.

Bello, Garbit lo è, le fotografie lo testimoniano, di una bellezza da far sciogliere. E insieme a questa, verve, intelligenza, brio, un immenso ascendente per la sua età. Un essere affascinante. È da quella bocca disegnata da un artista che esce un fraterno « sono con te ». Henry, emozionatissimo, sco-

* Abbé Pierre, *Entretiens avec B. Chevallier*, op. cit.

pre un essere con una sensibilità uguale alla sua, ma più matura. Nella mano che si tende, una lettera, la prima di una splendida serie che terminerà soltanto con la morte, tredici anni dopo.

Henry acconsente a dividere con lui il suo segreto; sì, le sue domande, le sue disperazioni, le sue paure, le sue gioie, solo François le può capire. L'eco di questo dialogo arriva fino a noi, vivido e bello: attraverso le lettere di François, pubblicate dopo la sua morte dall'amico, con il titolo *Vers le plus grand Amour*, si indovinano quelle di Henry. L'amicizia, la più pura e la più forte, nasce veramente nel cuore di Henry, a sua insaputa; lui, l'adolescente ferito, con questo ragazzo quasi uomo, così padrone di sé. Quando va male, François lo sgrida, lo scuote.

Ogni tanto lo assilla il sogno delle missioni; gli arriva come in un'eco la sua prima confessione di bambino: « Papà, farò il prete ». Si esalta all'idea del sacrificio. Sotto i castagni di piazza Bellecour, a fianco di una pila di raccolte di poesie (ha smesso con la filosofia e si è dato ai romantici, ai simbolisti, ad Apollinaire) sono sparse le opere sulle missioni: *francescano, oblato, domenicano, non so, chiederò a padre Charignon, mi guiderà lui.*

Una lettera... È François.

Lamartine è un frignone... Ti devo dire il mio pensiero nudo e crudo? (fai un salto fino al soffitto, se vuoi), tu non hai mai avuto grandi dolori, è per questo che te ne sei creati di piccoli... Ce ne sono tanti che alla tua età hanno già sofferto! Tutti quei piccoli infelici, nati da genitori sfortunati, che hanno già dovuto far fronte alla vita... Quei ragazzini che, alla tua età, lavorano nelle fabbriche dall'aria avvelenata! E, attorno a te, tutti quelli, e sono tanti! che hanno perso il padre. Ma sai l'orribile freddo che fa al cuore vedere il proprio padre per la prima volta disteso, con le mani giunte, pallido? Succede che in queste circostanze un uomo, uno vero, può piangere, figurati un bambino.

François, bambino, ha pianto. Henry scuote la testa. François non capisce... Sì! ha perfettamente capito, fin dalla prima confidenza, dalla prima lettera, ma è spaventato. Voler vedere lontano, sempre più lontano per l'ineffabile incontro, può significare la morte per un ragazzo di quindici anni. Henry parla molto della morte, dice di desiderarla. E se tutto questo finisse male? No! giura Garbit: con le buone o con le cattive, lo riporterà su questa terra. Tutto vi può concorrere. Henry ama gli scout. François fa del suo meglio: « A te adesso, tu sei il responsabile, eccoti capo-pattuglia ». Un buon CP deve dare l'esempio: fine del cilicio, delle flagellazioni, del desiderio di morte. Essere scout, a quell'epoca, era una cosa seria.

Soprannominato « castoro pensieroso », Henry è responsabile di otto ragazzi, la sua pattuglia delle Cicogne, i suoi « cicognini »: Paul, Toto, Bob Blanc, Martin, Pierre, Eugène, Zozo, il piccolo Pierrot.

Nell'autunno del 1927, si ammala gravemente. Difterite. Lo isolano. Ne soffre, forse, di questa solitudine? Niente affatto. Henry usa la malattia come un momento di raccoglimento, un'ascesi in cui si purificano i sentimenti, le emozioni. Come un marinaio disperso, ha fatto il punto sul quesito che lo assilla: « Perché, per che cosa vivere? »

Il medico consiglia l'aria di mare. A Cannes, da un vecchio prete che ospita giovani convalescenti, Henry si sente solo, molto solo, ma in libertà, di fronte alla grande natura, nel vento, sugli scogli, in mezzo alle onde.

A ogni incrinatura di salute, gli arriva una specie di nostalgica quiete, i nervi gli si rilassano improvvisamente, non c'è più paura, più impasse. Come con i suoi scout in montagna. Il suo dolore dentro non urla più. Non vuole più morire, vuole guarire. È libero, pronto a ricevere dei nuovi « segni », perché il suo spirito, ancora incosciente, trova la gioia altrove, non più in un sogno irrealizzabile e ossessionante. Ride di cuore con i ragazzi che gli sono intorno. Assomigliano ai suoi scout. Legge molto e, un giorno, scova un libro, un grosso libro erudito zeppo di note: la *Vita di san Francesco d'Assisi* di Joergensen. Questo incontro, il secondo con san Francesco, è decisivo. Lui che ha divorato d'un fiato tante pagine per cercare una risposta senza riuscire a trovarla! Descartes è dimenticato; l'entusiasmo per Kant ed Hegel è passato; legge e rilegge questa vita nei minimi particolari. L'emozione provata alle Carceri esplode, più profonda. Scrive a Garbit: « François, bisogna leggere Joergensen! » François risponde: « È sublime ».

« Sì, voglio diventare francescano. »*

Henry fa un passo verso la luce della parola « amore »; non ci sarà più ritorno. Potranno sommergerlo le tempeste: il marchio si imprime e la sua fede, ancora puerile, matura. Ci vorrà del tempo prima di passare dall'entusiasmo all'azione meditata; ma può forse essere altrimenti, a quindici anni? San Francesco ha trovato la via dell'assoluto fattosi Amore nella comunione universale con il creato, con i più poveri fra gli uomini, perché non si possono dissociare l'assoluto e la povertà dei più sofferenti. Questa impossibilità, san Francesco, come Gesù, l'ha vissuta nella sua carne. Questa volta, alla luce di san Francesco, inizia la vera lettura del Vangelo che il vecchio padre Michel gli ha regalato. La strada si rischiara. Henry è uscito dalla notte e non lo sa.

Le lettere di François si succedono, sempre più frequenti, come i battiti del cuore, in quella primavera del 1929. Dietro la volontà di morire di Henry, l'amico indovina, nascosta, la domanda: per che cosa vivere? Il Vangelo riletto alla luce di san Francesco lavora per trovare la risposta, cioè per l'Incontro; un lungo tunnel verso la Luce. In superficie si agitano le passioni che rivelano la loro ultima lotta. La voce di Francesco che cerca di coprire le loro voci è l'amicizia che diventa diamante puro. Henry grida: « Voglio morire, prendetemi ». Come risposta, a mo' degli schiaffi che si danno

* Taccuini, 4 gennaio 1928.

a un annegato, queste parole: « Voler morire a sedici anni! Voler morire quando non si ha ancora fatto niente! Bisogna sapersi meritare la propria morte ».

Henry, la Vita non è fatta per divertirsi, né per piangere, ma per agire! Non la viziamo... È più bella del rumore della tempesta... È più bella delle Pleiadi... più bella della notte nel deserto.*

Tutto l'ascendente, tutta l'autorità, l'intelligenza e la sensibilità di Garbit saltano agli occhi in questa corrispondenza. Questo dialogo è una delle benedizioni della vita di Henry, lo obbliga a parlare veramente, a smettere di ruminare nei suoi taccuini un monologo folle. Le frasi che gli sfuggono perché bisogna rispondere al « grande », le esclamazioni che non riesce a trattenere gli evitano l'asfissia. François sorride. Sì, piccolo, vuota il sacco, è quanto di meglio ti può capitare in questo momento.

Lui solo prenderà parte al segreto.

« Una mano che stringe la vostra. Un cuore che vi vibra vicino; un ragazzo di sedici anni come me, che io possa amare; il mio ideale. È bello e mi si dice che è una cosa bassa. È buono e mi si dice che è una cosa cattiva. Consola e mi si dice che fa piangere. È la mia vita e mi si dice che è veleno mortale. »**

Una notte, Henry si alza e scrive dieci pagine tutte d'un fiato, dieci pagine di sconforto. « No, François, queste non le leggerai, le ho bruciate... troppa solitudine, troppa malinconia, troppa tristezza. »

Henry e François, François ed Henry. Che cosa sarebbe successo se François non fosse stato là per dire a Henry: « Abbi pazienza, anche tu arriverai a conoscere la tua strada. È di-

* *Vers le plus grand Amour*, raccolta di lettere di F. Garbit riunite e pubblicate dall'abbé Pierre dopo la morte di François.

** Taccuini, 22 agosto 1928.

versa dalla mia, forse, ma è la via... Ascolta, amico, parlami di san Francesco, e lui parlerà a te, più in fretta e più forte di quanto ti parli io in questo momento?

« Sì, François, spero che tu capisca il valore che attribuisco al tuo sostegno. Tu mi sei vicino, mi consoli, mi vuoi bene... Tu mi insegni ad amare. I miei genitori, il papà, la mamma, ora li ammiro e mi raggelano, ora li sento lontani da me, in mezzo ad altri sei figli. I miei fratelli, le mie sorelle, non mi capiscono, non mi capiranno mai. »*

« Maledetto chi verrà a violare il segreto », questa frase, seguita da due nomi incisi con il coltello, lassù, sulla corteccia del cedro a Irigny... Il suo fratellino è salito e ha letto. Che cosa significhi non riesce a capirlo. Per capire, per sopportare di sentire l'ineffabile, bisogna essere stato il confidente e avere quasi la stessa età: Garbit, solo, può farlo.

Henry, a sedici anni, è un giovane dai bei lineamenti: sguardo dolce, sognatore, cosa che accresce il suo fascino. Nessun segno di dolore sul suo viso. È tutto dentro. È probabile che i suoi occhi di velluto tocchino il cuore delle ragazze, senza saperlo. Ciò non gli interessa. La vita in famiglia è sempre uguale. Irigny, le estati, i giovedì e le domeniche; il « Vecchio porto », questa casa enorme, la preghiera della sera, le conversazioni con il padre, sempre più magro, sofferente, ma con il sorriso. Gli restano dieci anni di vita.

Continua a occupare il suo tempo libero lavando i mendicanti, cercando famiglia agli orfani. E che sia! Dal momento che preferisce fare questo che giocare al bridge o andare in canoa sul Rodano. Per le famiglie borghesi della « Lione bene » è sufficiente che il signor Grouès sia un uomo d'affari, un vero « padrone ». Henry, a cui le mondanità danno già ai nervi, sta al gioco e non sfugge alle lezioni di danza (non hanno niente di innaturale), anche se non ha nessuna voglia di rispondere alle occhiate delle ragazze. « Forse che mi guar-

* Taccuini, 10 settembre 1928.

dano in modo particolare? No», dice come per convincersene. Non ha mai pensato di avere una ragazza per amica, per confidente, tranne, forse, Risette, la sua sorella maggiore. Fratelli e sorelle lo adorano da quando, piccolino, li incantava con le sue facezie. Malgrado questa ferita così profonda all'interno, resta un burlone, fa il buffone, butta sempre lì una battuta! Con lui la vita è allegra; senza dubbio esagera, per paura che i suoi possano avere dei dubbi sul suo morale. Non bisogna che sappiano. Il folle riso che ha scatenato non si ferma, ma lui non è più là: seduto in camera sua, piange. Irigny è la sua felicità. Irigny, il «Vecchio porto», questo parco con tutti i suoi segreti, i suoi tesori, la capanna di rami in cui si isola, la sua camera con i vecchi oggetti, le foto ingiallite, i gagliardetti, i libri... Descartes, i filosofi, i poeti e tra questi, discreto, il grosso Joergensen di cui accarezza la costa...

Al Sainte-Hélène inizia l'ultimo anno. Henry guarda suo padre, la sera, dopo la preghiera: «L'anima l'ho presa da lui, da questo santo che venero, che sopporta una vita così atroce... Purché ottenga il diploma! Sì, sgobberò, lo otterrò, per lui...»

François ha ragione, bisogna tener duro, bisogna vivere, vivere e lasciare un nome, aspettare ancora quattro anni, dopo il diploma, il servizio militare, poi darsi a Dio. È un anno che non lo vede, e quel suo silenzio gli fa male. «Che enigma quel tipo! È forse insensibile, ha il cuore freddo, inaccessibile perché non sente nulla?* Non sente come sento io.»** E la sua penna non trema scrivendolo. Garbit sarebbe così contento; ma è lontano, ha lasciato Lione per Parigi. Al Sainte-Geneviève, dai gesuiti, prepara il decimo*** o Saint-Cyr, come suo padre.

Per riprendersi, tutto va bene. «Un grafico di vita.» Un

* Dissertazione.
** Taccuini, 5 settembre 1928.
*** Diploma di laurea del Politecnico. (*N.d.T.*)

lavoro accanito. Inesorabile, annota nei suoi taccuini: « Debole in francese e in latino »; colmerà la lacuna, dato che legge moltissimo.

Uno dei suoi professori, un giorno, gli rende un'esercitazione di poesia con questo complimento: « È bello, un po' mistico. Lei ha sicuramente letto Péguy... » « Mistico? Che cosa vuol dire? » replica Henry senza provocazione alcuna. Che cosa importano le parole! Riuscire negli studi, a ogni costo. Il solo pensiero di rendere infelice suo padre gli fa male. E poi, per i suoi scout, anche per loro bisogna essere all'altezza, un capo non può essere inferiore in nulla.

Nel 1914, la Francia si è appena ripresa, ed ecco che di nuovo ricomincia lo sbandamento. Viene in mente una frase di Musset: « La Francia si annoia ». E si vorrebbero « uccidere » gli scout... Mai! In famiglia, se essere di destra significa ribellarsi contro i politici anticlericali, allora si è di destra. Ma destra, sinistra... Che cosa vuol dire tutto questo per Henry?

Ha tirato fuori le unghie. L'azione politica? Esita, esiterà per molto tempo, ma all'interno si fa largo una voce che gli dice: « È troppo presto, bruceresti le tappe, non andresti in fondo al problema ». Si infiamma, è colpa dei letterati che non capiscono niente. « La letteratura è egoismo... una fandonia, una fesseria. »* A piccoli quesiti, piccole risposte. Esiste un unico quesito, uno solo: Amare che cosa significa?

Vangelo, Joergensen. La vita di Gesù alla luce della vita di san Francesco: è talmente più facile adesso che l'ha letta e riletta, e che ha meditato sull'azione del santo di Assisi! Allora, « la grotta o il mondo »? L'adorazione di Dio o la mano tesa verso coloro che soffrono, gli esseri umani, questi piccoli fratelli in Dio? E se l'Amore fosse le due cose insieme, la preghiera e l'azione? L'« essere con » non basta più perché Henry, a forza di interrogare Gesù attraverso san Francesco, incomincia a sentire che amare è « essere insieme con tutto ». Come san Francesco, quando grida: « l'Amore non

* Taccuini, 13 gennaio 1929.

è amato». Tutto ciò che gli arriva dritto al cuore, sì, il crimine, l'unico, è non amare abbastanza, non riconoscere la misura dell'amore di Dio, rifugiarsi nei piccoli egoismi, nelle gioie approssimative che dà una fede un po' sbiadita. Come ci si può accontentare di illusori brandelli di felicità?

Dal novembre 1929 (ha diciassette anni) non più una riga sul suo taccuino. Il primo marzo 1930 si celebrano le nozze d'argento dei suoi genitori; Henry annuncia loro la sua decisione di ritirarsi dal mondo l'anno seguente. Diventerà monaco. La scelta della «grotta» è fatta.

Poi si zittisce. Pensa forse a quella prima confessione fatta a suo padre, otto anni prima? «Voglio diventare prete»... Il silenzio che l'ha avvolto e tutto quello che ha sofferto! Fa una scelta, ed è definitiva, per vedere più lontano, ancora più lontano.

Questo «sì» è l'arcobaleno dopo il temporale. È il «sì» della pace, della serenità, non dell'imitazione romantica dei martiri, ma la risposta dell'anima alla domanda: per chi, per che cosa? «La vita, vecchio mio, ascolta la vita»: le parole di Garbit scavano il loro solco. La vita, agire, sì, ma prima di tutto adorare per imparare ad amare. Sente confusamente che, come per san Francesco, dopo la grotta ci sarà il mondo... La via è tracciata. Henry si farà povero, infinitamente povero nel profondo, per incontrare l'Amore, Dio, che è ogni giorno abbandonato, dimenticato, meno amato.

Questo è ciò che accade all'interno. L'aspetto esteriore, quello, non è cambiato. Anzi, il giovanotto di quasi diciott'anni, bello di viso e di sguardo, frequenta i balli e le lezioni di danza, si mostra amabile, loquace con coloro che gli stanno intorno. Rimane l'idolo dei suoi scout, come dei bambini di Irigny.

Adesso gli capita anche di rilassarsi e di assaporare le convalescenze. In quella primavera, la difterite lo costringe a letto per tre settimane. «Sono il più felice della compagnia!» (17 aprile 1930). Riempie pagine e pagine, prende Joergensen, lo abbandona per una vita di santa Teresa di Lisieux: « Mi entusiasma ».

Improvvisamente, l'angoscia: la maturità fra un mese! Mamma, sei tu? « È appena entrata nella mia stanza per dirmi addio. Stavo scrivendo, lei mi ha sorpreso e quelle lacrime, oh! quelle lacrime nei suoi occhi... »*

A questo figlio che parte per il silenzio, la madre può infine parlare liberamente. La sua tenerezza, i suoi tormenti, i suoi segreti, gli confida tutto, come non ha fatto mai, come non rifarà mai più con nessuno di quelli che restano. Una comunione tanto più sconvolgente in quanto senza dubbio da lei desiderata da tempo.

Anche all'intimità dei taccuini bisogna rinunciare, almeno temporaneamente. « Addio amico mio, mio confidente. Grazie a François, che mi ha permesso di darti vita. E grazie all'altro, il cui nome non pronuncio più da tanto tempo... Grazie, dopo tante pagine solo per lui, di avermi aiutato a trovare Gesù. »**

Gli ultimi istanti sono pieni d'emozione, e riservano ancora gioie e dolori. Henry risulta quarto su cinquanta al concorso Giubileo Pio XI e sfiora la menzione d'onore su un argomento che sembra fatto apposta per lui: « Commentate questo pensiero: la vita è una commedia per colui che pensa e una tragedia per colui che sente ». La dissertazione ha preso forma senza difficoltà, di getto. Ancora un regalo per suo padre.

Nei collegi dei gesuiti, la Congregazione della Santa Vergine ha un'importanza tutta particolare. Ora, padre Verny, direttore della Congregazione, ne ha appena escluso gli allievi che desiderano diventare scout. Il padre, grande mutilato di guerra, energico, un po' brusco, difende attivamente l'azione sociale: oratorio, conferenza di san Vincenzo de' Paoli... ma detesta lo scoutismo. All'ultimo anno di liceo, Henry è « prefetto » della Congregazione, eletto dai suoi com-

* 8 maggio 1930.
** 10 maggio 1930.

pagni. E il suo nome, solo per questo motivo, non è cassato. È l'unico. A lui viene concesso un diritto che agli altri si nega. Gli si gela il sangue. Spedisce una lettera di dimissioni, senza mezzi termini; una vera grana... fino al rettore, fino al provinciale. Vince. Gli allievi scout sono reintegrati nella Congregazione. Ci si può immaginare la sua gioia! Disgustato dall'ingiustizia, ha appena compiuto il suo primo gesto di indisciplina. Henry Grouès ha diciotto anni, sa già dire di no per obbedire alla sua coscienza.

Assisi, è là che è cominciato tutto. E la chiamata è scaturita proprio dall'interno. Allora va a trovarli in segreto, i figli di san Francesco, i francescani, i cappuccini. Propende per i cappuccini: «più vivi, più poveri, molto frati».* La disciplina è dura; lo mettono in guardia, la sua salute è fragile; ma Henry ha sempre disprezzato la sofferenza, dunque... Sua madre accetta, quasi gioiosa, questo slancio verso la più grande coercizione. Ma suo padre ne è sconvolto. Certo, ha benedetto il voto di Henry, e sa che cosa significhi la povertà. Non ha smesso di servire i più poveri. Benedettino o gesuita, ce ne sono stati, e molti, nelle famiglie amiche, lo avrebbe accettato, subito. Ma cappuccino! L'ordine più duro, il più povero... è così buono, il suo smarrimento fa pena a vedersi. Henry non gli parlerà più della sua scelta, dato che lui ne è così toccato. Comprenderà col tempo, e con una dolcezza infinita.

La schiarita cade a puntino: Henry ottiene il diploma. Ha passato tutta l'estate sui libri, ci si è abbrutito. Suo padre non se lo meritava, forse, lui che da sempre è volontà di sapere, di approfondire, di soffrire e di amare?

Entrare in un ordine per un giovane significa affermare che c'è più gioia nel mortificare i propri desideri e i propri

* 23 agosto 1930.

piaceri che nel soddisfarli; cercare la felicità non è concedersi una soddisfazione diretta, quindi effimera, ma assicurarsi il trionfo dello spirito sulle passioni; che muoia in noi la bestia! Henry ha del cuore, sogna in grande: il lavoro, immenso, non lo spaventa. È generoso, ci si butta. La sua decisione è ferma, è Dio che lo vuole. Ma ci sono ancora dei sussulti, dei turbinii nascosti, dei legami da rompere che non vogliono cedere. In un ultimo brivido, immenso, nel tremito di tutto il corpo, cede, per aver raggiunto lo scopo troppo forte e troppo in fretta.

Si pone ancora una volta quella domanda: la grotta o il mondo? Henry si conosce, sa bene che il mondo per lui sarebbe fatto di orgoglio e di ambizione, vede l'immagine delle dita di Bonaparte che si contraggono sul mappamondo: « Da una parte o dall'altra ci vuole un Impero! »

Appena prima di entrare al noviziato dai cappuccini, Henry incontra padre de La Vareille, un gesuita che lavora con e per i poveri nell'estrema periferia, là dove non si va, come convenienza insegna. Incontra là, per la seconda volta, i derelitti, i diseredati, i pidocchiosi, la peggiore miseria, e rivede suo padre che li tiene per mano, suo fratello e lui, laggiù, nella Cité Rambaud...

Diverso, ma altrettanto forte, l'insegnamento sui banchi della facoltà di Lettere di un uomo fuori del comune, di una trasparenza angelica, il fascino dell'intelligenza unita alla semplicità: padre Henry de Lubac. Con padre de La Vareille e padre de Lubac, Henry fa due esperienze indimenticabili, subito prima di imboccare definitivamente la strada « verso il più grande Amore ».

Estate 1931: la vita nel mondo finisce. A che cosa pensare allora?

François è a Saint-Cyr: « Smetti dunque di prendermi a modello, Castoro pensieroso, io non sono da ammirare », gli ha appena scritto. Lui non è da ammirare? Henry pensa alla grazia di quella mano tesa che, nello sconforto, gli teneva la testa fuori dell'acqua: « Credi nella vita, agisci, vai avanti». Perché François, questa creatura eccezionale, dice di non essere da ammirare? Che cosa succede? C'è come una malinconia nelle sue lettere, una sorta di tristezza. Henry lo scuote: «Voglio che tu sia felice».*

Cinque anni fa, fieri, nella basilica di Fourvière, facevano entrambi il giuramento scout, e oggi François, costretto a Saint-Cyr, non è là ad assistere alla vestizione di Henry.

Henry è nominato cavaliere di Francia, il più alto grado scout. Qui, al «Vecchio porto», a Irigny, davanti alla sua pattuglia, ai suoi genitori, ai suoi fratelli, alle sue sorelle e ai «bambini del paese», diventati grandi.

Arrivano gli ultimi campi, quell'ebbrezza, mista a tristezza, di camminare in montagna, di cantare in coro intorno al fuoco. Poi, l'ultima ora, l'ultima sera, l'ultimo fuoco, l'ultima notte e l'ultima stretta di mano, l'ultimo sguardo a chi sta per prendere il suo posto... Gli scout avranno contato molto per Henry Grouès. Anche loro lo avranno aiutato, alla loro maniera, senza saperlo.

21 novembre 1931: ha diciannove anni e tre mesi il giorno in cui prende l'abito da cappuccino nell'umilissimo convento, oggi abbattuto, di Notre Dame du Bon-Secours a Saint-Étienne. To Morel, uno dei più vicini fra i suoi compagni, arriva trafelato, in ritardo. L'ha saputo soltanto qualche giorno prima. La cerimonia è terminata, la cappella è vuota, si spengono i ceri. Suona, chiede del maestro dei novizi, si presenta.

«Posso vederlo?»

Henry arriva sorridente.

«Sei qui!»

To Morel lo guarda: dov'è il giovane buontempone, un po' elegante, che amava le lezioni di danza e i balli? Ha davanti un frate, con la testa rasata, i piedi nudi nei sandali,

* 28 settembre 1931.

vestito del ruvido saio e cinto del cordone francescano. Prima rimane muto per lo stupore, poi improvvisamente scoppia, furioso: « Tu sei pazzo, pazzo. Vieni via, Henry. Che cosa ci resti a fare da questi pazzi? Non è per te, qui! »

Henry gli risponde con un sorriso.

L'adorazione

To Morel si ritira e la porta del noviziato si chiude. « Lascia questi pazzi... Non è per te! » To non può capire che Henry, sulle tracce di san Francesco, continua l'iniziazione intrapresa nell'adolescenza « verso il più grande Amore ». San Francesco, il figlio di papà, si era spogliato dei propri indumenti di fronte al vescovo e alla folla riunita sulla grande piazza di Assisi... Il 23 aprile 1931, Henry rinuncia a tutta l'eredità: « Il Signore mi ha condotto a un atto di povertà che mai fino adesso avevo avuto il coraggio di compiere. E quest'atto, l'ho compiuto... Sono stato povero e sono stato consolato ».

Nella sua cella, Henry rivede le immagini del passato: la tristezza di suo padre, Assisi, To Morel, i suoi scout e tutti quelli che gli vogliono bene, che vorrebbero trattenerlo con la parola o con lo sguardo. Suo padre ormai lo appoggia; e lui sente tanta felicità in quella prima lettera del 4 gennaio 1932: « L'idea del nostro piccolo cappuccino che prega sulla montagna mentre noi combattiamo in pianura mi è di consolazione, di conforto ».

Essere cappuccino significa che il figlio di papà è diventato il figlio di Dio; nella rinuncia alla ricchezza, alla carne, al cuore, all'intelligenza. Eccolo spogliato, solitario, obbediente, povero, casto.

Un figlio di san Francesco dev'essere felice del suo orgoglio ferito, dell'umiliazione di ogni giorno, del corpo mortificato dalle privazioni, del lungo cammino per «essere un santo», di ferita in ferita.

Deve essere povero secondo per secondo, a imitazione di Cristo e di san Francesco. Non avere niente per donare tutto, rinunciare per ricevere. Henry avrà fame, agonizzerà dalla fame, digiunerà perché, dopo il dolore, venga a lui l'Amore.

Il suo nome di religioso è frate Filippo; ha diciannove anni e mezzo, e tutti i giorni vive l'ascesi dei cappuccini novizi di Notre Dame du Bon-Secours. Suo padre gli scrive: «Attenzione! Lasciati vivere semplicemente sotto la paterna direzione dei tuoi superiori, senza cercare di andare al di là; dei passionali come noi rischiano spesso di passare la misura».

Per i primi sei mesi sono solo in due novizi sotto la direzione di un maestro: frate Firmino e lui. Frate Firmino ha trent'anni, viene da un ambiente operaio, ha vissuto a fianco della miseria. Impiegato di banca, ha conosciuto il mondo del lavoro, le lotte sindacali. Ha voluto diventare prete una prima volta e ha fallito. Dai cappuccini sta tentando di nuovo. Quando Henry arriva, egli è già a metà del noviziato. La regola esige che essi vivano gomito a gomito, «vicino del mio vicino, e soltanto di lui», per sei mesi. Frate Firmino esce per primo e, dopo sei mesi di solitudine, frate Filippo lo segue e lo ritrova al convento di Crest.

Riprendono il «gomito a gomito». Durerà sei anni. Frate Firmino, figlio dei poveri, non sopporta il comportamento, che giudica romantico, del «figlio di papà»: la sottomissione idealizzata alla sofferenza, la voluttà nella mortificazione. Frate Firmino se ne irrita: «Io, la sofferenza l'ho vissuta sulla mia pelle fin dall'infanzia. Sono povero, ho sempre conosciuto la povertà; non ho bisogno di ostentarla». La vita quotidiana è seminata di piccoli incidenti. A tavola, Henry mangia più lentamente del suo compagno. Quella volta, ha dimenticato di prendere il tovagliolo. A voce bassa, sorda di collera, frate Firmino si lascia sfuggire: «Io sono solo il figlio di un operaio, ma a casa mia non si sarebbe mai mangiato senza avere in tavola un piatto e un tovagliolo». Henry capisce che il suo comportamento può ferire. Dopo l'uscita dal convento, passeranno sei anni senza che si rivedano. Un giorno, a Besançon, un cappuccino, emozionatissimo, abbraccerà l'abbé Pierre: « Ho seguito tutto quello che hai fatto. La cosa che mi ha toccato di più è quello che hai detto a quel povero: 'Vieni ad aiutarmi' e non 'Vengo ad aiutarti'... »

Negli ultimi sei mesi di noviziato, Henry impara la solitudine. Il corpo può tradirlo, la malattia abbatterlo, ma mai lo sfiora il dubbio o la voglia di tornare indietro. È vero che questa grazia di « essere portato » senza sforzo apparente lo rende estraneo, a volte irritante, agli occhi del maestro dei novizi. Quest'anziano ufficiale di marina sta attraversando una crisi di nervi; Henry bussa alla porta della sua cella, gli posa una mano sulla spalla: « Suvvia, padre, coraggio! » dice al maestro il fraticello di vent'anni.

La fame, il freddo, la solitudine, l'obbedienza, i piedi nudi nei sandali, le notti senza sonno non potranno avere ragione della sua volontà di cercare l'unico cammino, quello del verbo amare. Per scalarlo, ci vuole l'adorazione. Tale è il suo stato d'animo alla fine del noviziato: « Spogliazione totale, integrale, assoluta di ogni conoscenza, di ogni desiderio, di ogni piacere ». (30 ottobre 1933)

Dicembre 1932.
Al convento di Crest, nella regione della Drôme, ai piedi delle montagne, la porta si chiude per la seconda volta dietro al giovane frate. Austere costruzioni, un minuscolo giardino per delle rare passeggiate. La cappella per pregare, la cella per riposare. Il superiore, padre Angelo, è un vecchio rigido, per il quale buon cappuccino è colui che raggiunge l'ascesi con la mortificazione, con la flagellazione tutti i giorni, sui polpacci prima di mezzogiorno, sulla schiena la sera. Padre Angelo conosce una sola parola: l'« austerità », per il corpo come per lo spirito.

Nella sua cella di sei metri quadrati, il cappuccino dorme col saio di lana, cinto dal cordone francescano.

Al risveglio, il suo primo lavoro consiste nello schiacciare le pulci che dormono, sazie di sangue, sulla coperta bianca. Per leggere, o per farsi luce camminando, ha a disposizione una lampada a petrolio. D'inverno, con il gelo, può accendere il fuoco con la segatura nella tinozza sovrastata da un tubo. « Era preistorico », commenta l'abbé Pierre. La sera, il cappuccino si corica alle otto. A mezzanotte suona la campana, ci si sveglia: due ore di preghiera nella cappella.

Una salmodia, senza musica, a memoria, poi una preghiera in silenzio davanti all'altare, nell'oscurità. Alle due, ci si torna a coricare fino alle sei. Di giorno, sei ore di preghiera, divise fra adorazione, orazione e salmi.

Henry subì questa mortificazione del corpo ben al di là della sua forza fisica. Spinto dalla sua volontà di adorazione vuole provare tutto, la fame, il freddo, i piedi nudi, la malattia.

Quanti ammalati, senza più forze, se ne vanno! In infermeria continua ad adorare perché la felicità risplenda dall'interno. Quando si sente troppo debole, lo si dispensa dal digiuno. Sottrae allora del tempo al sonno per poter pregare di più. Porta un cilicio di crine. « I santi non brontolano mai, non si lamentano mai, non si trovano mai delle giustificazioni », scrive nel suo taccuino. Poi, la sua salute peggiora. Il dolore diventa più vivo, quotidiano, fino a rendersi insopportabile qualche volta. Per sei anni gli affonda le unghie nel corpo; quando è troppo forte, attacca lo spirito. Allora Henry si sorprende a dubitare: « Gesù, Gesù, vieni, che sono così lontano da Te! Il mio cuore ha paura. Lancia appelli d'angoscia ». È la lotta di ogni minuto, di ogni secondo, per scacciare il terrore di non darsi interamente a Dio, pensando solo alla fame d'amore appagata dall'adorazione.

Adorare è essere nudo con il proprio cuore, in sola compagnia di Dio. Gli studi non portano saggezza. Un po' di teologia, qualche citazione presa dai manuali sono sufficienti per nutrire l'adorazione. Il noviziato dei cappuccini rifiuta l'erudizione, l'approfondimento dei dogmi e dei sacramenti; la biblioteca conserva un tesoro di sapienza ma, per volontà dei maestri, rimane chiusa. All'inizio, Henry non ne soffre. San Tommaso, sapiente fra i sapienti, diceva bene: « Ho imparato molto di più ai piedi del Crocifisso che su tutti i libri ».

Ama cercare la santità in questo arido deserto. Tre uomini, tre maestri hanno l'ammirazione di Henry: il direttore degli studi, padre Ernesto, raggiante di umanità, sa trasformare i brandelli di salmodia biblica in diamanti di spiritualità; il confessore, padre Alfonso, è sordo ma legge nel cuore e nelle parole sapendo rassicurare, incoraggiare; padre Samuele è cieco, ma la sua intelligenza è prodigiosa: « Un genio dotato di una grande anima ».

Entrando dai cappuccini, Henry ha pronunciato i tre voti di obbedienza, povertà, castità.

Il più difficile da sopportare è il terzo. Conoscerà delle « crisi di tenerezza »; può succedere che il cuore dell'adolescente si metta a battere di nuovo nel petto del frate. Allora pensa alle « tenerezze di Dio ». « Ai suoi peccati passati », dice il suo confessore, « non ci pensi più per farsi perdonare: è perdonato, ormai. Ma per espiare, per purificarsi, per elevarsi, ami dolorosamente, soffra amorosamente, continui... »

Henry desidera vedere più lontano. Vuole esser « la pietra angolare che il capomastro tormenta per la sua cattedrale, la pietra dalla quale si attende una bellezza unica, quella che scalpella e rifinisce perché sia il suo capolavoro ». Deve soltanto acconsentire, ma questo consenso pesa sul mondo. « La pietà deve condurre alla pietà. » Il frate non costruisce case, non cura i malati, non consola coloro che piangono. Ma spogliandosi, facendosi povero come i poveri, è l'esempio attraverso il quale la speranza arriva a toccare coloro che disperano.

L'amore per gli altri inizia dall'amore per i propri parenti. Henry è vicinissimo a suo padre, e lui gli apre l'anima. Nel 1932, quando lascia il noviziato, sulla strada del convento, si ferma a Lione, e Antoine Grouès, il cui stato si aggrava, vuole accompagnarlo fino al treno; lo abbraccia e gli dice con un sorriso: « Sai, ora sono fierissimo del mio cappuccino... Lassù, è una tappa del cammino tra l'uomo e Dio; prega per noi ». Henry non mancherà di farlo. Suo padre e lui, ciascuno alla sua maniera, cercano lo stesso cammino. Henry si mortifica nell'adorazione. Antoine si dona alla famiglia, ai giovani delinquenti che aiuta a reinserirsi, agli orfani che ama teneramente, ai barboni che cura. In quell'uomo che soffre, che è preda di frequenti conati di vomito, le crisi minano solo il corpo, la fede resta salda, intatta. Per sette anni stabiliscono un dialogo, uno scambio di confidenze che li sostiene a vicenda, l'uno nell'adorazione, l'altro nell'azione. Con la mediazione di suo padre, Henry resta vicino a sua madre, ai suoi fratelli e alle sue sorelle, ai suoi amici; prega per loro « sulla montagna », li riconforta quando sono malati, li consiglia nelle loro scelte. Capita che Noëlle, Risette o Léon vadano fino a Crest e gli portino il messaggio del padre.

E l'amico, colui che è stato la provvidenza della sua vita di adolescente, che cosa è diventato? Per due anni, Henry e François hanno smesso di scriversi; poi Henry, per primo, ha ripreso, e François ha risposto. Questa corrispondenza è il punto nevralgico del loro rapporto. Garbit, dopo Saint-Cyr, dopo uno stage a Tolone, è andato in Mauritania, comandante di una compagnia nel deserto. La sua prima lettera lo mostra accasciato. Il ragazzo brillante che teneva la testa fuori dall'acqua all'adolescente che voleva morire, è ormai soltanto amarezza. « La duna rossa sembra vacillare nella luce. » Assomiglia al mio nulla, sembra dire; di vera fede, non ne ha più. Henry ascolta e tende la mano. Nella sua cella, medita sulle frasi di François:

> Con il sacrificio brutale e straziante fatto a Dio dei tuoi vent'anni e di tutte le tue speranze, tu hai ben guadagnato questa pace che Lui di certo ti fa sentire, all'ombra di una cappella scura... Pensa a coloro che non hanno avuto il tuo coraggio e prega per loro. Non ne ho mai avuto tanto bisogno.
>
> (5 febbraio 1934)

Senza dubbio ognuno segue la sua strada, e la mia non è disprezzabile. Sperduto fra la sabbia bianca e il cielo scintillante, comando una postazione. Sogno di ogni soldato, io comando. Come il centurione, dico a uno: « Va' » ed egli va; a un altro: « fai questo! » ed egli lo fa. Lontano da una civiltà il cui progresso ha bandito la poesia, cammino al passo monotono di un cammello, seguito da qualche mauritano dalla faccia sinistra. E alla sera, quando incontro, presso una tenda di pelo di cammello, un vecchio circondato dai suoi figli e dal suo bestiame, posso credere di essere ritornato all'epoca biblica.

La mia vita potrebbe e dovrebbe essere splendida. Perché il mio cuore è così turbato?

... Sì, i tuoi superiori hanno ragione... sono solamente un mediocre e un velleitario, il che è peggio. Uno di quelli che, conoscendo il bene, lo vedono, lo stimano... e non lo fanno.

(15 dicembre 1934)

... Per te che avanzi sulla strada della luce, tutto è chiaro e non hai esitazioni. Ma io, io sono rimasto su una strada avvolta da una fitta nebbia tagliata da magnifici raggi di sole » (21 agosto 1935). « Qui, lontani da ogni sacerdote, viviamo come dei pagani. Sulla nostra anima coricata in una bara, i peccati si accumulano come pietre di sepolcri e l'anima non riesce più a rimuoverle... La preghiera? La dimentichiamo... Dimentichiamo la messa della domenica... Rimandiamo la salvezza a più tardi... Aspettiamo la salvezza a buon mercato, la salvezza a prezzi scontati, la salvezza del borghese che avrà fatto il male per tutta la vita, ma che avrà un prete al suo letto di morte perché « si fa così ».

No, François, tu non sei nel nulla... Adora nel tuo fratello deserto, l'amore di Dio. Adora... tu che ami il deserto di un amore più puro di qualsiasi amore umano, sappi che Assisi e il deserto sono una cosa sola. Cammina, vecchio viaggiatore, nell'ora dei pericoli che avanzano, delle democrazie che cedono, di fronte alle dittature, la Francia ha bisogno della sua gioventù, del suo soldato e del suo monaco.

E François risponde:

Sì, Henry, Assisi, l'ho ritrovata in Mauritania! Quello che ci ha spinti nel deserto, noi sahariani, non è l'interesse, e ancor meno il piacere, è il fascino di un mistero che ci ha presi subito tutti interi, tutti... Anche in una vita mediocre, riusciamo a sentire questa purezza delle mattine africane... (Vi ritroveremo) ciò che ne costituisce l'essenza: Dio.

... Tutto è diventato chiaro... Ho ripreso speranza. Il nostro deserto è pieno di Lui... È lui che ci dona questa serenità luminosa, simile a quella che brilla ogni tanto sotto alle volte scure di una cripta.

... Ma alla fine, tu lo sai, a parte una o due schiarite, ho vissuto nella mediocrità di un onesto pagano.

... Non riesco a vedere le cose in grande. Non vi sono state vie di Damasco, grande gioia nel cielo, o vitelli grassi... È stato molto più semplice. Il Padre ha detto a suo figlio: «Sei rimasto lontano per tanto tempo, ma grazie alle preghiere di coloro che ti amavano, ti abbiamo tenuto il posto. Riprendilo». E, in punta di piedi, il figlio ha ripreso il suo posto, guardandosi attorno e cercando di capire.

Henry ha pregato per colui che ama. È il turno di François di pregare per Henry.

Siamo nel 1937. A Crest, inizia il calvario, Henry scrive che soffre. Dal deserto, François lo prende in giro:

Povero fratellino, tu rammendi la tua trappola per le pulci? Parli di pulci mentre noi abbiamo i pidocchi! Sono meno fastidiosi, non saltano, ma non sono affatto più eleganti!

Il chiostro non ha appagato la tua sete (non può essere così poca), ma ti ha reso la speranza, questa piccola speranza che porta con sé le sue due sorelle maggiori, fede e carità, per mano, come dice Péguy.

(Garbit, 8 aprile 1937)

Poi François ritorna serio.

Che cosa ti succede? Non posso credere che tu stia ricadendo nella disperazione della tua giovinezza, ora che sai (non dico che senti), dopo tutti gli studi di teologia, le ragioni della speranza.

Dico: tu sai. A quindici anni vivevamo di sentimenti... Oggi è finita. La pietà di uomo è una pietà di ragione. Non abbiamo più bisogno di entusiasmo... Ci basta la coscienza... Allora, nel tuo caso, non vedo altro (tieniti forte!) che questo vuoto, questa tristezza, questo sentimento di isolamento che si riscontra nelle vite di quasi tutti i santi. *Elôï, lama sabachthani* è mille volte più doloroso di «Signore, allontana da me questo calice», perché nel secondo c'è la presenza del Padre e la speranza, e nel primo c'è soltanto il vuoto e la tentazione di disperare...

Mi fermo qui... Un meharista che si mette a predicare a un cappuccino, è un po' esagerato!

Garbit è molto vicino alla verità. Henry si sente vuoto e triste.

Garbit gli scrive: «Mi fai paura. Tanta austerità mi spaventa, austerità fisica, intellettuale... Come si può vivere continuamente su così alte vette?» È abbastanza nel giusto. La disciplina d'asceta, la mancanza di studi, la meschinità della vita «gomito a gomito» hanno trionfato della resistenza di Henry. Il corpo geme; i nervi non lo reggono più. I suoi taccuini si riempiono di confessioni:

Ho i nervi scossi, prima o poi cederanno, eppure non posso fare a meno di continuare. Gli studenti mi sospettano, sono sospetto! Solo! Solo! E forzato a vivere in comunità. Solo, sì, ma finalmente libero. Non riesco a digiunare, né ad andare al mattutino.

Stono fra i miei confratelli (maligni a questo proposito) e che, d'altra parte, io tormento. Sono cappuccino solo fuori del convento. Lo so... fra tre anni! Ma da qui ad allora, i nervi mi avranno ceduto.

Non lasciamoci trarre in inganno. La vocazione non è messa in discussione. L'adorazione ha maturato e purificato la sua spiritualità. Questo strazio ha come origine la volontà « di servire agli altri »: se, a forza di coercizioni, di iniziatiche vessazioni, la malattia lo stronca, diventerà inutile. Non può far tacere la sua natura, che lo conduce attraverso l'adorazione all'apostolato, al contatto con gli uomini che soffrono. Stroncato, non serve a nulla. È diventato, a poco a poco, senza accorgersene, l'insorto di Dio. Quando san Francesco passava e gridava: « l'Amore non è amato », era un'insurrezione. Sta là la vocazione di Henry. Le immagini che ci sovvengono sfogliando le pagine dei suoi taccuini sono quelle della folla immensa dei miserabili, degli ammalati, dei diseredati, degli abbandonati con le mani tese verso di lui. Ma se la sua salute ne risente troppo, la mano sarà gelida.

Padre Ernesto gli è vicino. Ha forse sentito che Henry non è fatto per la vita di ascesi? Quest'uomo intelligente e sensibile vuole rispettare la via che Dio ha scelto per lui. Henry ha voluto diventare prete con il saio dei francescani. Lui lo aiuterà a tener duro fino all'ordinazione, lo dispenserà, per quanto sarà necessario, dai digiuni, dalle levate di notte, dalle mortificazioni, a volte contro la stessa volontà dei membri dell'Ordine.

La depressione si aggrava. Non mangia più, non dorme più. Lo trasportano all'infermeria.

L'11 dicembre 1937, allo stremo delle forze, scrive a padre Filiberto, provinciale dei cappuccini.

Da tre settimane vivo in solitudine. Dormo con gli incubi o non dormo del tutto. Tossisco e ho male al petto, male allo stomaco, male alla testa. Sento cento volte al giorno, dappertutto, i segni di mille colpi. Non riesco più a veder passare alcuni confratelli, a sentire la loro rozzezza, senza esserne fisicamente sconvolto, sfibrato dalla testa ai piedi. È una rivolta fisica che mi squassa. Allora mi butto sul lavoro... Potete ben immaginare quanta capacità mi resta in simili condizioni. Allora, anche là, è il tormento e la rivolta. Per forza! Mi hanno così sapientemente e così attentamente sfiancato che sono riusciti a sottrarmi fino a questo punto, fino nel profondo, le mie possibilità di lavoro. Oh! l'orrore delle azioni dettate dalla gelosia!... E poi scendo in aula, dopo essermi dato una sciacquata agli occhi, sforzandomi di tenermi diritto... Ed è solo per sentire per dei quarti d'ora bisticciare come degli straccivendoli grossolani, brutti, due fratelli, così accecati entrambi dalla loro violenza, su delle questioni idiote, da fare andare in bestia, mentre lo studio intelligente, bello, fremente d'interesse, diventa impossibile... E poi... quando mi sorprendo a mordermi le labbra per non gridare, e per perdonare, arriva un tale, con delle parole sdolcinate, a offrirsi di farmi qualche servizio di protezione o qualche altro atto di grande pietà. Oh, Padre, è l'elemosina del ladrone alla sua vittima... Bisognava che vi dicessi... Bisognava che vi forzassi a dirmi: « le ordino di vivere ancora due anni così ». Non lasciate che la mia anima si trascini nell'angoscia. Rispondetemi. In fretta. Dite un « io voglio » pieno, sulla base della conoscenza dei fatti. Non ne posso più! Il Vostro miserabile fraticello Filippo, cappuccino indegno.

Padre Filiberto non risponde.

Il 24 maggio 1938 arriva un telegramma che informa Henry che suo padre sta morendo.

Il taxi si ferma alla porta della clinica. Henry sale in camera. Il padre gli sorride; abbracciandolo, leva la mano al cielo, e gli sussurra molto dolcemente: « Arrivederci ». Le sofferenze sono orribili. Nei brevi intervalli di calma che le iniezioni gli consentono, gli scendono delle lacrime sulle guance.

Lo zio Charles Chamussy, gesuita, è seduto su una sponda del letto. Henry sull'altra. Tre giorni fa, Antoine ha domandato allo zio Charles: « Posso, senza vigliaccheria, chiedere di morire? » E, continuamente: « Può essere un riscatto? È sufficiente come riscatto? »

La sua sofferenza, la vuole offrire. Henry lo rassicura: « È per tutti noi, per tutti quelli che amate, per il mio sacerdozio, presto... »

Suo padre gli risponde: « È questo, sì, lo so bene, per te, per tutti. Mio Dio, sì, accetto ».

Durante le dolorose iniezioni, lo si vede ripetere tutti gli energici gesti che gli erano abituali. Serra i pugni, stringe le labbra, e riesce a sorridere. La magrezza del suo corpo è sorprendente. Non si può fare a meno di evocare il ricordo dei più grandi religiosi fattisi poveri: il curato di Ars, padre de Foucauld...

Parla un istante del Messico... Mentre sonnecchia, a volte parla in sogno. Ritornano, a turno, tutte le molteplici e abituali espressioni del suo viso; i fini sorrisi, i gesti precisi che accompagnano il pensiero, i segni di alternativa nella riflessione, di rassegnazione, i movimenti degli occhi, di tutto il viso... i suoi sorrisi, soprattutto... A volte, dopo una fitta più acuta, gli occhi, supplicanti, si levano verso il Cristo appeso al muro, davanti al letto, e dopo un lungo sguardo il viso gli si illumina di una luce di supplica, estasiato, in una specie di slancio... La sofferenza è così grande e lui è tanto prostrato, con le braccia già fredde.

Henry inizia la preghiera dell'agonia, ad alta voce, in francese, stando in piedi, mentre tutti, inginocchiati, ripetono: « Signore, abbi pietà... » Un movimento calmissimo del viso del moribondo che lentamente si gira verso di lui. Gli occhi seguono le sue labbra. Si unisce alle risposte. Improvvisamente la pace lo invade.

Quando ritorna padre Chaumussy, lo chiama. E quando il padre gli chiede: « Allora, adesso è la pace? »

« Oh! Sì, la Pace, la Gioia, nel profondo, sì. »

Sono le sue ultime parole.

Il 24 agosto 1938, nella cappella del collegio dei gesuiti di Sainte-Hélène, dove aveva compiuto gli studi, un giovane cappuccino si sdraia con le braccia stese di fronte all'altare e alla croce. Un giovane gesuita alla sua destra compie lo stesso gesto.

Il cardinale Gerlier ha appena ordinato Henry Grouès e Jean Daniélou. Padre Ernesto ha vinto la scommessa. Henry è prete, vestito del saio dei cappuccini.

Il giorno prima si è confessato da padre de Lubac e questi gli ha detto: « Domani, quando sarai steso sul pavimento della cappella, fa' una sola preghiera allo Spirito Santo. Chiedigli che ti conceda l'anticlericalismo dei santi! »

Sulla via del ritorno al monastero, Henry medita sulle parole di padre de Lubac: « L'anticlericalismo dei santi... » Suona come una benedizione data all'insorto di Dio.

Rimane un anno di teologia da fare a Crest, l'ultimo. I mesi passano; la salute di Henry è ancora alterata. È molto dimagrito. Il corpo gli si è incurvato. Il viso, cereo, è ancora più scavato.

Marzo 1939. Tre mesi prima della fine degli studi, arriva la crisi decisiva. Deve smettere. Il 4 marzo, su consiglio di padre Ernesto, Henry scrive a suo zio, padre Chamussy, che ha eletto suo confessore: « Caro zio Charles, non resisto più... Fate in modo di trovarmi, come cappellano di non so chi, un posto da poco dove possa riprendere respiro... »

Scrive al cardinal Gerlier, arcivescovo di Lione: « Non potreste accogliermi tra i vostri preti, per due o tre anni? »

Dato che il cardinale è assente, si rivolge di nuovo a padre Chamussy: « Zio Charles, sono obbligato a chiedere l'esclaustrazione. È un grave dubbio che persiste da parecchi anni ed è arrivato al punto di esigere un esame sinceramente libero sulla mia vocazione nell'ordine dei cappuccini... » Interviene padre Ernesto. Henry si ritira nel convento dei trappisti di Aiguebelle per raccogliersi, riflettere e pregare. È di là che indirizza la sua seconda supplica a padre Filiberto, il 23 marzo:

> Reverendissimo padre,
> vi rinnovo la richiesta di un intervento che mi costa fare, perché mi avete detto in modo abbastanza chiaro che lo disapprovate... Volete autorizzarmi a trascorrere fuori dal convento, a Lione, senza lasciare l'abito, in qualche luogo di ritiro, il tempo che mi ci vuole ancora per essere in condizione di superare l'esame di conseguimento della patente di predicatore e per avvicinarmi, in seguito a una sincera prova di apostolato, opera che costituirebbe la mia vita se rimanessi nell'ordine? Ve ne faccio semplicemente, filialmente e lealmente richiesta. E altrettanto semplicemente, filialmente e lealmente, senza nessun secondo fine meno onesto, vi espongo le conseguenze che la vostra decisione porterà con sé: la mia secolarizzazione immediata, per obbedienza al mio confessore, se voi crederete di non potermi accordare il periodo di riequilibrio che mi vedo nell'assoluta necessità di prendere immediatamente, a qualunque costo, fosse anche l'uscita da un ordine nel quale, forse, Dio mi avrebbe voluto.

Se il provinciale gli rifiuta l'esclaustrazione, il diritto di vivere fuori dalle mura del convento, Henry è fermamente deciso a lasciare l'Ordine. Scritta con pugno d'acciaio, la sua lettera esige una risposta chiara.

Padre Filiberto replica da rigido canonista. « Voi non potete, senza permesso, vivere fuori dal convento... Come tale sarete sospeso *a divinis*! » Non c'è più altra scelta che la rottura. Henry diventerà prete in una diocesi. Rimarrà cappuccino, ma terziario.

Il cardinale Gerlier, che lo ha ordinato, lo riceve, lo consiglia e gli suggerisce di entrare a far parte del clero del vescovo di Grenoble.

Il 18 aprile, Henry scrive al generale dei cappuccini a Roma.

Reverendissimo padre,

quando si accetta di sacrificare a poco a poco la salute, la cultura intellettuale, l'onore dei mille tesori del patrimonio cristiano... Di saccheggiarli fino alla propria coscienza, di mettere la fame fino nel fondo dell'anima che Dio deve nutrire... Questo è troppo, non è vero, padre? E quando viene questa ora, non si può che dire di no. La mia partenza è stata più dolorosa di quanto non fosse stata in ogni istante la mia entrata al noviziato e il mio cammino fra i tormenti di ogni giorno. Eppure me ne sono andato. Non posso cedere in coscienza, nemmeno per questa Provincia così amata, i diritti del Signore. Possa un giorno il mio dolore servire per il bene futuro di coloro che restano e che amerò sempre. Ah! possa un giorno il reverendissimo Generale venire a trascorrere un mese da noi, per assaggiare, come un povero studente, le ore di scuola che ci impongono! Così come sono, nella loro miseria. Allora comprenderebbe che ci sono dei momenti in cui le particolarità provinciali non hanno più il diritto di ostacolare dei raggruppamenti di scolasticati, dei rifacimenti di regolamento!... Ormai sono terziario di san Francesco. Il mio attaccamento e la mia riconoscenza all'Ordine rimarranno sempre vivi; mi sforzerò di servirlo amando. Gli devo molto: una preziosa esperienza personale, che copre otto anni, gli anni della mia giovinezza! È un tesoro inestimabile che il buon Dio ha voluto donarmi con questa permanenza nell'Ordine.

La sua ultima lettera sarà per padre Ernesto.

Reverendissimo padre,

se ve ne è data la pur penosa occasione, vogliate dire ai miei confratelli che li amo tutti, che non smetterò mai di amarli e di offrire il santo sacrificio per loro, che li ringrazio, che chiedo loro perdono. Chiedete loro di non giudicarmi... E di pregare per me. Vostro figlio.

Gli risponde padre Ernesto.

Figlio mio,

fa' i conti con la tua salute. Ti conosco abbastanza per poter dire che il tuo fisico non è in rapporto col tuo entusiasmo e con i tuoi desideri. Risparmiati, altrimenti sarai presto sfibrato e dovrai fermarti, e questo significherà la depressione, la serie nera disastrosa. Modera i tuoi desideri, altrimenti non andrai lontano, ti avviso... La vera forza deve essere paziente.

Il vescovo di Grenoble, monsignor Caillot, al quale si è presentato, ha ordinato sui due piedi Henry membro della sua diocesi, dopo una conversazione e un breve esame di teologia.

La guerra dell'ombra

DICEMBRE 1939.

Da tre mesi la Francia è in guerra. Fa un freddo terribile. A causa del gelo, l'automobile si rifiuta di partire. L'uomo, un sergente, irritato, cammina avanti e indietro. La missione è urgente, deve andare da Reichoffen a Mulhouse, passando per Strasburgo. Smonta il motore; una giornata persa! Verso le quattro del pomeriggio, nelle tenebre che incominciano a calare, il motore finalmente romba. È di notte che il sergente Grouès scoprirà Strasburgo.

Dopo essere uscito dal convento, Henry ha avuto solo quattro mesi per imparare il duro lavoro di vicario. La mobilitazione l'ha strappato ai suoi fedeli della basilica di Saint-Joseph a Grenoble e l'ha spedito sul treno della Maurienne. Di là, ha raggiunto l'Alsazia con la sua compagnia di soldati addetti alle salmerie, alla testa di cavalli trainanti bagagliai e carri da foraggio. È in questo stato che l'esercito francese si prepara ad affrontare i carri armati tedeschi. La « strana guerra » inizia.

L'automobile attraversa Strasburgo deserta. Henry è al volante, si precipita verso la cattedrale di Notre-Dame, la cui guglia gli appare in tutta l'audacia del suo slancio. Non un'anima viva per le strade; non il minimo passante, la minima luce dietro una porta o una persiana. Niente.

Strasburgo evacuata assomiglia a una città morta. Una città di centottantamila abitanti svuotata improvvisamente, come per un maleficio: la malefica demenza della croce uncinata. L'autista e il suo passeggero incrociano una pattuglia di guardia che li mette sulla strada dell'uscita verso Mulhouse. Dallo stradone, guardano Strasburgo svanire in lontananza...

La « strana guerra » è la noia dei giorni che passano uno dopo l'altro, con gli occhi fissi sulla frontiera tedesca. Non succede niente. Per ammazzare il tempo, fra messe e preghiere, Henry anima un circolo di soldati. Acconsente a fingere gioia, dal momento che ciò fa loro piacere: non si sente parlare che del « fantastico don Grouès », un prete in gamba. Ma lui scalpita, si agita.

Come suo solito, fa troppo e gli viene una forte febbre. « Non è niente... una bella influenza intestinale che passerà... » sembra dire lo sguardo della sua infermiera, la nipote del prete vicino, che lo coccola e si fa in quattro per curarlo, a bicchieroni di tiglio e rum! Le settimane passano, lui non si rimette. L'inattività, più che il male, gli minano il morale. Rumina, fra le letture troppo rare, le partite a dama o a scacchi. Perde la pazienza con il medico: « Un vero antipatico... questo dottorucolo! Vuole tenermi a letto per forza ». L'influenza si trasforma in pleurite: « Stato grave », decreta l'antipatico, « bisogna evacuarlo ».

Ne ha visti degli altri, al monastero...

Malfermo, Henry l'indisciplinato dice messa di nascosto nella sua stanza d'ospedale. La sua parrocchia? Due alsaziani che biascicano, un contadino di Arras, un maresciallo d'alloggio e un sergente maggiore che russa al momento dell'Elevazione. Lo trasportano in automobile e in treno verso le retrovie. Dapprima a Vichy, da dove scrive a sua madre: « Mamma adorata, venite a trovarmi. Un prete farà del bene alla vostra fede ».

Nell'attesa, continua a predicare ai soldati: « Qualcuno morde! » Un giorno, degli ufficiali polacchi raccontano che sono fuggiti attraverso la Romania. Ci si raduna attorno a loro.

Hanno un unico desiderio, quello di andare a sbudellare i crucchi a Berlino per vendicare le atrocità naziste. È la prima volta che i soldati sentono questa parola: « atrocità naziste ».

Henry approda a Vienne, da un vecchio prete anche troppo felice di assistere questo vicario semiconvalescente che non riesce a stare fermo. Vienne è a due ore da Irigny. Il « Vecchio porto »! Tutta la sua felicità di adolescente e la gioia di avvicinarsi ai suoi...

Continua il suo apprendistato parrocchiale ma, sfinito, riesce a malapena a dir messa, a volte si ferma prima dell'Elevazione. Ogni giorno « Trottinette », il macinino del presbiterio, lo porta dai moribondi, dai poveracci, nei sobborghi operai di Vienne. La povertà è più evidente con la guerra. « Non hai una moneta, prete? » Mette una monetina nella mano del barbone e lo bacia. I bambini gli si stringono alle gambe. Niente più genitori, niente più educatori, e « crescono come la gramigna, allo stato selvaggio ».

Quando il Nord crolla sotto l'ondata dei carri armati tedeschi, sfoglia le pagine di una lunga lettera di François Garbit, che ci ha messo otto mesi ad arrivargli dall'Africa, da Pointe-Noire. Due anni che non si scrivono!

Giugno 1940.

Una stanzetta al liceo di Narbonne: dei feriti, degli ammalati distesi sui letti di fortuna in quella classe trasformata in camera d'ospedale. Fra loro, Henry. Fuori è il bel tempo impietoso delle settimane di tragedia.

Dal cortile della ricreazione sale un brusio: la folla dei compagni convalescenti, il cui vocio si zittisce a intervalli. Il tempo di ascoltare le informazioni trasmesse dall'altoparlante. Improvvisamente, verso sera, delle parole risuonano alle loro orecchie ronzanti per la febbre, le parole della vergogna: « L'armistizio!... »

Un silenzio di qualche secondo, insopportabile, fa seguito

al grido metallico degli altoparlanti. Poi il cortile si anima di nuovo, confusamente. Henry rimane prostrato. Ascolta le reazioni attorno a lui: « Finalmente, finito l'orrore! » Sì, liberati! Sono liberati. Finito l'orrore dei bambini mitragliati dai caccia tedeschi, finito l'esodo in massa dei civili falciati sulle strade di Francia dalle mitraglie degli Stukas. Finita l'ossessione di veder fare prigionieri gli ultimi brandelli di un esercito francese spezzato. Finito il turbinio della follia di quelle settimane di agonia!

Improvvisamente, dal letto proprio di fronte al suo, un uomo si solleva. Un ferito grave, bendato dalla testa ai piedi. Pallidissimo, con gli occhi pieni di lacrime, vuole parlare, le labbra gli tremano: « Tacete, tacete!... Io sono alsaziano. Mia moglie, i miei figli, la mia casa... Tutto... Che cosa sono diventati, che cosa diventeranno? Li rivedrò mai? Ho perduto tutto... Perdo tutto ».

Sfinito, ricade sul letto, singhiozzando in silenzio.

Alzatosi, vicino a lui, Henry gli prende la mano e gli dice con dolcezza: « No, non è tutto perduto. Speranza... Bisogna averla ».

Quel giorno, da quella voce, dalla mano e dal cuore di quel fratello agonizzante, nel cuore di Henry nasce la speranza: la volontà di speranza...

Il rifiuto di vedere l'uomo disperare.

Ottobre 1940.

Henry è cappellano all'ospedale della Mure d'Isère; i medici gli hanno prescritto l'alta montagna, il rimedio dei convalescenti. Rimessosi in forma, si mette subito in azione. La guerra sembra perduta... Ma resta molto da fare.

L'anno dopo, si trova a Côte-Saint-André, vicino a Grenoble: cappellano di un orfanotrofio del tutto diverso dagli altri. Questa grande istituzione mantiene la cicatrice dell'anticlericalismo dell'inizio del secolo. Non appena costruito questo piccolo seminario, lo Stato si mise a confiscare ovunque i beni della Chiesa. Il senatore Léon Périer, un ateo accanito, fece man bassa dell'edificio il giorno stesso dell'inaugurazione, e lo trasformò in orfanotrofio. Ma oggi, sotto il governo Pétain, si vogliono dare garanzie alla Chiesa: l'orfanotrofio, tempio dell'anticlericalismo, è stato colpito dall'interdetto e messo all'indice! Monsignor Caillot si piega, ma crede Henry capace di riconquistarlo.

In effetti, vi ha fatto cose meravigliose. Per la prima volta, si scontra con il mondo della « laicità ». E deve proprio constatare che, lungi dall'essere settari, i laici lo accolgono con simpatia, lo ascoltano, lo interrogano, come questo direttore, un uomo molto colto, in compagnia del quale disquisisce sui fini ultimi. Diventano amici.

Ma a Henry piacciono soltanto le situazioni chiare. Ora, da una parte, per ordine del vescovo, lo si spedisce « in missione » in un orfanotrofio laico, dall'altro, per ordine dello stesso vescovo, si afferma dal pulpito che questa istituzione è un bene sottratto alla Chiesa, che è colpito dall'interdetto, che un cattolico non ci può mettere piede... Paradosso insostenibile, per Henry che ci vive tutti i giorni, anche se si limita a insegnarvi, visto che non può amministrarvi i sacramenti! I bambini che vogliono confessarsi devono andare a piedi fino al villaggio vicino. Assurdo!

Henry ne parla al vescovo. Come risposta, è nominato vicario della cattedrale di Grenoble: una promozione! Ma trecento giovani pagheranno con la sua partenza le conseguenze del vecchio antagonismo fra Stato e Chiesa.

Nella primavera del 1942, muore sua madre; suo figlio le sarà vicino nel momento dell'addio al mondo. Soffre da molto tempo ma, sull'esempio di suo marito, non si cura del male e tace. Finisce di rovinarsi la salute facendo, a partire dal 1940, la sua guerra « personale »: è diventata l'anima di una colonia di rifugiati lorenesi, in un villaggio costruito apposta per loro, vicinissimo a Irigny. Henry oggi l'assiste, con i fratelli e le sorelle al fianco. Prega in ginocchio. Poi le chiude gli occhi.

Nello stesso periodo, lo colpisce un altro lutto. Dal momento che l'occupazione costringe al silenzio, sulla stampa di Lione appare soltanto un discreto annuncio funebre: « Alla memoria del capitano François Garbit... »

Gli amici di François sanno che è morto il 7 dicembre 1941. È tutto. Nessuna precisazione sul luogo né sulle circostanze. Henry dovrà aspettare sei mesi per riuscire a sapere finalmente la verità. Il 24 ottobre 1942, suo fratello Léon gli spedisce da Corrèze una lettera che contiene tutte le informazioni raccolte da un caporale.

François non aveva accettato l'armistizio. Con la sua compagnia di africani era passato nelle file golliste. L'8 giugno 1941, sui pendii di un altopiano vicino al fiume Damour, nel Libano del sud, si era improvvisamente trovato a faccia a faccia con un'unità francese « legale » vichista. Non era riuscito a decidersi a fare fuoco su dei francesi. Avanzando fra le linee, a bordo di un carro armato italiano recuperato durante la campagna di Libia, aveva tentato di parlamentare. Era sceso con la bandiera bianca in mano; dietro di lui, il caporale sventolava la bandiera tricolore.

Dall'altra parte, l'avevano preso di mira. Lui aveva proseguito.

« Francesi! Chiedo di parlamentare. Non sparate! »

Ci fu una sola risposta: « Fuoco! »

François era caduto, falciato a mezza coscia da una raffica di mitragliatrice.

Henry, sconvolto, ripensa alle lettere di François: « Leggo il Corano e la Bibbia insieme, questi due libri dell'Oriente, e cerco il legame, il ponte... In Eritrea, in pieno combattimento, da due giorni senz'acqua, sono caduto in ginocchio sulla sabbia del deserto; ho pregato. Poco dopo, abbiamo trovato una vena d'acqua e i miei uomini, dissetati, sono ripartiti ».

« No, il capitano non è un uomo come gli altri »: è una suora a dirlo, all'ospedale di Jaffa.

Il buon Dio l'aveva fatto morire a Damasco, su un letto d'ospedale. Non esistono ideali a prezzi scontati. Non bisogna essere tristi, François è nato alla vera vita. Un'ultima lettera di Henry, diretta verso il cielo:

François, la nostra amicizia nata nel 1926, no, non si interromperà con la raffica della mitragliatrice che l'8 giugno 1941 ti ha inchiodato al suolo alla frontiera della Palestina con il Libano. Continuerò quelle confidenze con cui le nostre anime di adolescenti, poi di uomini, si aiutarono reciprocamente in maniera così forte, per condurre i nostri passi sulle strade in salita, al servizio della più grande luce e del più grande amore. Ti devo molto, François. Ti ho amato più di tutti i miei fratelli. Tu mi hai costretto a credere nella vita, a credere nella gioia di essere e di amare. Grazie. Credo che tu sia nella gioia di essere e nell'amore totale, senza veli e senza fine. Aiutami, con la tua anima unita alla mia, ad aiutare altri adolescenti, altri uomini a trovare la strada nella gioia. Quello che tu scrivevi nel 1928: « Vecchio mio, ciascuno fa della vita quello che vuole. Alcuni la trascinano nel fango. Come possono costoro infangare anche la nostra? Mostrandoci come la si può rendere ignobile. Approfittiamo della lezione e rendiamola splendida! » Di questo ho vibrato, ne ho vissuto. Continuiamo, vuoi? insieme, fino al mio ultimo respiro... L'amore per la vita, dicevi, ci arriva tutto d'un colpo, un giorno in cui si ha il cuore puro e l'anima in pace. Addio.

Luglio 1942.
Una casetta, in piazza Lavalette, a Grenoble: il presbiterio. Come vicario della cattedrale, Henry alloggia al primo piano. Una porta che dà su due stanze: una camera da letto e un ufficio. È notte, bussano. Henry apre. Sulla soglia ci sono due uomini, singhiozzano: « Abbi pietà, padre ».
« Entrate. »
« Le nostre famiglie sono giù, aspettano. »
« Fatele salire. »
Sono degli ebrei. Stavano rientrando contenti da una serata fra amici, quando i vicini li hanno avvertiti: « Scappate!

Sono venuti i poliziotti; vi stanno cercando». Sì, dei camion contrassegnati, ahimè! dai colori francesi, hanno preso gli ebrei, come a Parigi, al Vel'd'Hiv. Si sono fermati di fronte alle case segnalate: «Aprite!» hanno urlato i poliziotti.

Poi, col calcio del fucile, hanno spinto le famiglie ebree nei camion: gli uomini nel primo, le donne nel secondo; nel terzo i bambini al di sotto dei quindici anni. La tragedia della deportazione è iniziata.

Queste due famiglie superstiti hanno errato per molto tempo in città prima di approdare in piazza Lavalette, davanti alla porta del presbiterio.

Di fronte all'ingiustizia, Henry risponde no, semplicemente. È così che entra nella resistenza. La Resistenza! La parola non ha ancora la maiuscola, il Terrore, quello, sì. Si aprono tre lunghi anni di barbarie: una lunga notte. Per lui, la scelta è semplice: ci sono i perseguitati e i persecutori. Senza esitazione, si schiera dalla parte dei primi. I suoi due locali più cucina si aprono alla fraternità. Li prende per mano, li guarda: erano disperati, adesso si sentono rassicurati. Ed eccoli ben presto diventare ventiquattro. Non bisogna che li vedano, che trovino le loro tracce.

Raggruppare uomini di buona volontà, onesti e forti, sicuri, su cui poter contare, ecco che cosa bisogna fare prima di tutto. Inforca la bicicletta, percorre la città in lungo e in largo, sotto la copertura delle sue attività di prete. Se riesce a trovare dei nascondigli, risolverà il problema della troppa gente e allontanerà i sospetti. Uno di quelli che abborda è un professore universitario che conosce appena. Come reagirà? La voce di Henry, bassa, si fa persuasiva: «Potreste ospitarne qualcuno?»

«Ne parlerò a mia moglie.»

Un sorriso si disegna sulle labbra del reverendo: domani cinque bambini ebrei saranno provvisoriamente salvati.

A Grenoble, le Dames de Sion, religiose votate a favorire il dialogo fra cristiani ed ebrei, tengono un pensionato. È l'occasione per mettere alla prova la loro vocazione. Si presenta in punta di piedi davanti alla madre superiora di questa istituzione «piuttosto chic».

« Lo so bene, Madre, non è acqua santa quella che vi porto. »

La risposta della superiora è insperata e squisita.

« Reverendo, sono desolata. Ne avete molti, mi dice lei, di questi sventurati? Potrei ospitarne, purtroppo, solo un esiguo numero. Da mesi ne ho già parrecchie dozzine sulle spalle, me li mandano le nostre sorelle della zona nord. Ma mi lasci chiamare la nostra sorella 'specializzata' nei documenti falsi. Le darà i moduli delle carte d'identità e le insegnerà a fare i timbri e tutto il necessario. Una volta che avrà munito i suoi ospiti di ciò, potrà instradarli senza alcun rischio verso la frontiera svizzera. Ma ci aiuti anche lei. Dato che lei è un fervento adepto della montagna e che pensa di riuscire a passare per di là, prenda anche qualcuno dei nostri. »

« Qui, siamo in Svizzera. » Si ricorda perfettamente quelle parole della guida che ha condotto una delle sue escursioni in montagna, proprio prima del suo arrivo alla cattedrale. Henry ha deciso di diventare passatore di uomini. È l'inizio del mese di agosto; dodici ebrei sono in cordata dietro di lui, a tremiladuecento metri di altitudine: Montroc-le-Planet, rifugio Alberto I, colle Tour, ghiacciaio del Trient. Firma il suo primo salvataggio. Ricomincia dieci... venti volte. Salvare... salvare... Pensa solo a questo... per tutto il cammino, ogni volta.

Salva ebrei austriaci, cechi, polacchi, i suoi fratelli nell'umanità. I suoi complici: il suo medico, che gli prescrive boccate di aria buona, e l'altro vicario della cattedrale.

Henry, armato di piccozza, esplora la parete divisoria che separa la sua camera dalla sala vicina. Nota, incuriosito, la disposizione delle antine di due armadi a muro, l'uno contro l'altro, da una parte e dall'altra. Saggia il muro, lo picchia con la piccozza: mattonelle di gesso! Allora continua, ingrandisce il buco e toglie il fondo degli armadi. Poi chiude le antine. Al minimo suono del campanello, i proscritti si volatilizzeranno attraverso la parete divisoria. Messa in scena da operetta? Forse. Ma, dietro, si rappresenta la tragedia...

« Rimetterà tutto a posto a sue spese », gli ha detto il curato.

Henry si sente gioioso e puro nell'occuparsi degli ebrei, più poveri dei poveri perché si vuole impedire loro di vivere. La mano tesa di cui sognava nella sua cella da frate, eccola che gli si aggrappa all'abito da prete, mentre la voce del bambino implora: « Salvami, non voglio morire! » Resistere significa prendere questa mano e rispondere: « Non avere paura, sono qui ».

In un sottoscala, in casa di una vecchia signora coraggiosa, il cadavere di un ragazzo polacco oscilla appeso a una corda. Henry piange. Aveva fatto di tutto per salvare questo giovane ebreo.

È arrivato da lui un giorno, sconvolto, braccato, con i nervi a pezzi.

« Entra. »

Gli ha fatto immediatamente dei documenti falsi, per tre generazioni. Passa un giorno, due, tre... l'eternità! Il ragazzo crolla. Henry lo affida a questa signora: « Lo prenda e lo sorvegli ».

Il ragazzo gli si aggrappa, come pazzo, sulla scala del presbiterio.

« Presto, la supplico, me li dia, questi documenti. »

Lo possono vedere tutti, sentirlo.

« Taci, ci farai prendere, taci... »

Poi, a voce bassa, molto più dolcemente: « Presto, te lo prometto ».

Alla fine, il giovane ebreo si è dato la morte.

Henry è sulla soglia, con i documenti falsi stretti nella mano. Singhiozza.

L'inverno del 1942 si avvicina. La neve rende i passaggi difficili ed Henry non può più assentarsi così spesso dalla cattedrale; la sua opera di prete lo chiama presso i fedeli, i bambini, i moribondi... Bisogna organizzare fino in Svizzera una «catena della vita», una staffetta della fraternità, di vicino in vicino, di casa in casa, fino ai frontalieri che compiranno l'ultimo atto: il passaggio. Tre uomini sicuri: un prete, una guida, un doganiere. Il curato di Collonges-sous-Salève ha fatto passare cento persone: ha dato la libertà a coloro che non hanno mai meritato di perderla. Léon Balmat, la guida, un abitante di Chamonix, si fa beffe di tutte le trappole. Quanto al doganiere, si chiama Texier; è un graduato e i suoi galloni riescono a salvare a volte situazioni disperate.

Henry è il primo anello. Quello delle false carte d'identità. Il suo è un laboratorio-modello che lui arricchisce di timbri, moduli, documenti. Un abile falsario è una manna di Dio.

Lo sventurato che aspetta oggi si chiama Marcus... Ma Henry non ha un modulo vergine e non si può assolutamente perdere tempo. L'immagine del giovane ebreo impiccato lo ossessiona. Una pennellata di una mano che non trema: la c di Marcus si prolunga fino alla u, un punto si va a posare sulla seconda asta della u e Marcus diventa Marais... Geniale!

Zunio Waysman è l'amico della clandestinità. È ebreo, ingegnere, anche lui straniero. Lo chiamano soltanto Gilbert, il suo nome di battaglia. Falsario a gomito a gomito con Henry, per salvare altri ebrei. Notti insonni in cui le loro dita portano la vita su falsi passaporti. A volte ci si ferma, per parlare del dopo, dell'aldilà, di Dio... Petit-Louis viene spesso ad aiutarli. Questo ragazzo alto un metro e novantotto viene da un paese remoto. Chi l'ha indirizzato da Henry? Sarà il suo primo aiuto-falsario, e uno dei primi partigiani di Chartreuse, poi del Vercors.

Nel novembre 1942, il nemico irrompe nella zona sud. Gli italiani hanno messo le mani su Grenoble. Prima del loro arrivo, Henry e i suoi amici hanno svuotato le caserme dei loro rifornimenti di armi e di vestiti. La mano indugia su un paio di scarpe che sta «prendendo in prestito». «Farò il marinaio, il missionario o il brigante.» Nella testa, la voce di un bambino, la sua. Sorride.

Il clacson lo risveglia dal suo sogno. Gli italiani, che lo tengono nel mirino, li hanno presi come topi nelle tenebre.

Senza esitazione, Henry e i suoi compagni si precipitano fuori e scavalcano il muro di cinta.

Il reverendo ha appena firmato la sua prima evasione.

L'occupazione italiana, che qualifica « eroica » un po' per derisione e un po' per disprezzo, non è affatto feroce. I passaggi degli ebrei non si interrompono. In segreto, un nome viene sussurrato all'orecchio del proscritto, quello di un « curato » di piazza Lavalette, a Grenoble.

Tempo del più infame razzismo. Vichy e la Germania uniscono il loro ingegno e la loro forza per organizzare la caccia all'ebreo. La stella gialla ormai designa il bersaglio. La Chiesa francese esce finalmente dalla sua parte di « grande muta », vilmente consacrata da un clero pro-vichista o neutrale.

È il tempo in cui alcuni giovani volontari, rischiando la vita, incominciano a diffondere i *Cahiers du Témoignage Chrétien*.

A Vichy, Xavier Vallat, giudicato troppo morbido, cede il posto a Darquier, detto Pellepoix, antisemita feroce, che diventa commissario per la Questione ebraica. La « Questione ebraica » prima della « Soluzione finale ». Per difendere il Vangelo e il diritto d'asilo, cardinali e vescovi liberi insorgono: Gerlier a Lione, Saliège a Tolosa, Delay a Marsiglia, Théas a Montauban, e il pastore Boegner. Contro la polizia di Pucheu e la propaganda pro-nazista, dietro a de Gaulle, essi incarnano la speranza di coloro che si rifiutano di piegarsi. Alla loro ombra, i « senza gradi » della Resistenza vengono informati soltanto con parole velate. La speranza dapprima si vive in solitudine, poi diventa il brusio che si amplifica sotto al rumore degli stivali, tra le grida dei supplici.

Henry ignora che Pierre Chaillet si rintana a Saint-Julien-de-Ratz, sui pendii della Chartreuse, a due passi, ma legge e distribuisce *Témoignage Chrétien*, dove Chaillet si firma « Testis ». La pressione si accentua: « Francesi, arruolatevi nella crociata antibolscevica... Venite a lavorare in Germania! » La propaganda diventa ordine. Ha un nome: STO, « Servizio di lavoro obbligatorio ».

È il 17 luglio 1943.

« Che fare? »

A questi giovani che si accalcano nel suo confessionale, il reverendo non risponde mai: « Il tuo dovere è di partire o di andare in montagna! » Li ha visti a centinaia nelle caserme, disorientati, con lo sguardo vuoto, pronti a essere trasportati in Germania per fabbricare armi contro la Francia. Quello che vuole, piuttosto, è rimetterli in piedi. Renderli liberi di dire, in coscienza, sì o no.

Henry si chiede chi abbia più bisogno di lui, i sottomessi o i ribelli, gli STO o i partigiani? Ha sempre avuto un debole per i deboli.

« Monsignore, lasciatemi con quelli che partono per la Germania. »

Con Henry, sono in dodici preti nella diocesi a rivolgere questa supplica a monsignor Caillot, il quale rifiuta. Allora, alcuni lasciano l'abito talare e imparano un mestiere: monsignor Caillot non può più opporsi alla loro richiesta, ma sarà come operai che partiranno, non come preti.

Resistere in Germania, resistere sul posto... poco importa il luogo. Henry è un uomo della macchia, un animo della macchia. Nel marzo 1943, alla Chartreuse di Isère, i ragazzi che dicono « no » si organizzano e hanno come « padrini » Grouès e Demerileau: il reverendo e il carpentiere.

Nei boschi del carpentiere si costituisce il primo gruppo, attorno a una robusta capanna da taglialegna: il « palazzo della macchia », lo chiamano, perché ci si sta bene, ci si mangia bene grazie ai « comitati di soccorso » del turbolento vicario. La clandestinità esige la più gran discrezione. L'uomo che esce dal confessionale della cappella di Saint-Hugues, insieme all'assoluzione, ha ricevuto la parola d'ordine. Raoul, questo è il suo nome di battaglia; è ufficiale di approvvigionamento, ha appena fatto una promessa al reverendo: « Mia moglie accetta... Allora sì, mi va benissimo di comandarlo, il vostro gruppo ».

Sono tutti così diversi! Henry deve pregare Gilbert-Waysman di accettare Raoul, la cui famiglia non ama gli ebrei; deve avvisare Raoul che Gilbert è ebreo...

Con un giovane domenicano, evaso dalla Germania, Henry non smette di ispirare a tutti la speranza, il solo antidoto ai litigi. Ci si passa di mano in mano questi foglietti siglati *UPI*, *Union Patriotique Indépendente*, un giornale clandestino che sembra leggere nei cuori. Vogliono tutti questa « Francia libera, giusta, forte... » di cui parla l'editore-autore, don Grouès, alias Georges. Si è in fondo a un baratro, niente più capi, niente più esercito, niente più flotta, niente più lavoratori liberi, pochi viveri. La Francia è nuda, ma i partigiani la vestono di speranza. Tutti la pensano come Georges, non ci sono più né cristiani, né atei, né ebrei, né massoni, soltanto uomini: la fraternità si costruisce sulla comunione del rifiuto e del rischio. L'*UPI*, dopo tre numeri, chiude: Georges è malato.

« Padre, lei cercava una segretaria; vedo che l'ha trovata », gli ha detto Petit-Louis.

Lucie Coutaz! Un incontro decisivo nella vita di Henry.

Un giorno, sfinito, scoraggiato, è andato a Lione a ritemprarsi da padre de Lubac, suo amico. Davanti al suo viso scavato, il gesuita, preoccupato, ha segnalato a Henry una certa signorina Coutaz, a Grenoble: « Sei allo stremo, ti potrà aiutare... È competente e ha del carattere ».

La sera, a fianco del reverendo, Petit-Louis sarà testimone del « sì » della signorina con gli occhiali, mal pettinata, dallo sguardo energico e che, senza saperlo, sta impegnando tutta la sua vita con quest'uomo.

L'ufficio di Lucie Coutaz diventa allora la succursale degli alleati della Resistenza. Le più terribili informazioni vi circolano, vi si incrociano, vi vengono minuziosamente esaminate. Che sangue freddo le ci vuole! Sempre calma, di umore stabile, anche quando lo stomaco le si chiude dalla paura, riceve tutti i segreti. Là, nelle fauci del lupo, esposta come nessun altro, in barba a un padrone pro-vichista. D'accordo con i vecchi amici sindacalisti CFTC della cartiera, la « capretta », soprannominata così per la sua vivacità, tira l'*UPI* a cinquecento e ben presto a mille copie. Il reverendo scrive, lei pubblica e distribuisce.

L'*UPI* è capitato fra le mani dei capi della Resistenza. Vogliono conoscere l'identità dell'autore. Due uomini si presentano al reverendo: un monaco benedettino, vecchio compagno di collegio, e un altro più anziano, dall'aria risoluta. Hanno indicato loro la cattedrale: « Andate a vedere là... C'è un prete che è della partita ».

Parlano, poi si salutano. Quel giorno, i partigiani di Isère si sono uniti alla Resistenza con la R maiuscola. Il signor Barthélémy, il compagno del benedettino, non è altri che il comandante Descours, mandato da Giraud, da Algeri, per federare il Vercors. Ciò accade qualche mese prima dell'assalto finale.

Henry soffre. Si pensa a un'angina. Invece è una difterite, la terza! E gli salva la vita. Bisogna isolarlo a cento chilometri da lì.

« Parta in fretta, padre, lei è 'bruciato'. Non ritorni più a Grenoble. La cattedrale è stata perquisita. »

È ciò che gli dice un ragazzo arrivato come un fulmine nella casa del « Vecchio porto ».

« Addio Raymond, grazie di essere venuto. »

Saggiamente, decide dapprima di rimanere a Lione, in via Sala, da sua sorella Noëlle. Poi si rintana in un'ala dello scolasticato dei gesuiti di Fourvière, vicinissimo. L'altra sala è occupata dai tedeschi! Sulla sua testa viene messa una taglia. Suo zio, che è rettore lì, veglia.

Don Grouès è diventato l'abbé Pierre!

Fuorilegge, « brigante », ricercato dalla Gestapo e dalla Milizia, celebra tranquillamente le nozze del suo amico Raoul de Villepin, alla periferia di Grenoble.

All'uscita della chiesa, un'amica lo prende da parte.

« Jacques e Jeanne de Gaulle hanno dovuto sparire. »

Jeanne de Gaulle, la moglie del fratello più giovane del generale, è la zia di una cognata di Henry. Fino a questo momento non si erano prese particolari precauzioni per loro: si era pensato che la paralisi di Jacques avrebbe dissuaso dal dargli fastidio. Si trovava con sua moglie da alcuni parenti, in campagna.

« Qualche giorno fa, padre, Jeanne è ritornata a Grenoble, nel loro appartamento, in via Molière. Mentre stava uscendo di casa, ha cambiato idea ed è rientrata per prendere i guanti. In quell'istante, ha sentito dei passi sulle scale e ha avuto l'intuizione che fossero loro. Senza fare rumore ha chiuso la porta, è scesa e li ha incrociati. Quasi subito, il campanello è suonato sul suo pianerottolo. Una volta in strada, si è precipitata a telefonare a un nipote che abita nello stesso palazzo, ma in un'altra ala. È andato a trovarla e le ha detto: 'Abbia fiducia, questa notte vi nasconderò in montagna, lo zio Jacques e lei'. Padre, la aspettiamo, bisogna assolutamente farli passare in Svizzera, al più presto, per loro e per il loro quarto figlio; i tre più grandi sono già in Algeria. »

Jacques de Gaulle è un uomo finito, un infermo, interamente paralizzato dal morbo di Parkinson. La sua evasione esige del fegato, della precisione. Per trasportare quest'uomo irrigidito dalla malattia, alto un metro e novanta e pesante cento chili, c'è bisogno di un'ambulanza. Il curato di Collonges-sous-Salèves e il capitano Texier, avvertiti, si tengono pronti. Dove trovare l'ambulanza? A Grenoble, Henry è « bruciato ». Al minimo gesto, la polizia lo becca. Bisogna procurarsene una ad Annecy, a due passi dalla foresta di Talloires, dove si nascondono i de Gaulle.

Henry inforca la moto e fila. Vicino ad Aix-les-Bains, ha l'impressione di essere seguito, non si volta; rallentando, sente chiaramente il rumore di un motore dietro di lui. Arriva all'altezza del cartello che segnala l'entrata ad Aix... Molla l'acceleratore e imbocca una stradina minuscola, inaccessibile a quelli che lo stanno seguendo. C'è una sola possibilità: buttarsi verso il lago. L'albergatore, che si trova là, obbedisce al reverendo: nasconde la moto, porta la barca e, esterrefatto guarda Henry allontanarsi a colpi di remo. Attraversare il lago del Bourget, in pieno inverno, nel suo stato di prostrazione, è pura follia. Nove chilometri di onde lunghe e cattive... Dubita. La polizia lo incastrerà. No, non offrirà nessuna resistenza... È troppo stanco.

Henry attracca sul far della notte. La riva è deserta. Ormeggia la barca, il più discretamente possibile. Improvvisamente, scorge delle ombre: dall'abito riconosce dei monaci. Si trattiene dal chiedere aiuto, riprende il cammino come un automa. Non ne può più. Trecento metri. Non sente più le gambe, le braccia, la fatica.

In un soffio, domanda: « Ditemi, posso vedere il padre albergatore? » I monaci lo squadrano. Deve avere una aspetto che mette paura. Uno dei due, col dito, indica un casermone. Vacilla, spinge la porta, si rannicchia su una sedia. Avrebbe voglia di singhiozzare. Troppa angoscia, troppa stanchezza... Una mano sulla spalla... si volta: il padre albergatore ha il viso buono e sincero. « Suvvia, Henry, parla... Da solo non ce la farai. Parla... vedremo come fare. » Henry, a scatti, confessa tutto: la sua identità, la taglia che gli hanno messo sulla testa... Jacques de Gaulle, quel paralitico che bisogna salvare... L'ambulanza...

L'altro non ha detto niente. Un lungo silenzio. Gli sguardi fissi, uno negli occhi dell'altro. Poi, queste parole uscite con un sorriso: « Domani, avrai l'ambulanza e l'autista... Sei sfinito, riposati... »

« No, padre, immediatamente, la prego. »

« Vieni », dice il monaco.

Annecy: l'ambulanza aspetta. Henry sale a fianco dell'autista.

« Grazie, padre. »

Il benedettino sorride: « Faccio rientrare la sua moto a Grenoble. Non è prudente lasciarla dove si trova adesso ».

L'ambulanza avanza nella foresta di Talloires. Una casetta sul bordo della strada, una figura sulla porta: Jeanne de Gaulle.

« Reverendo! »

Henry è al capezzale di Jacques. Le labbra del paralitico si muovono senza che ne esca alcun suono, ma c'è quello sguardo...

Henry gli prende la mano: « Andrà tutto bene ».

Il curato di Collonges-sous-Salèves li aspetta. È un professionista dei passaggi. L'ambulanza sparisce fra la chiesa e il presbiterio, si ferma nell'ombra. Fanno uscire Jacques. La partenza è prevista per le quattro del mattino. Nessuno riesce a prendere sonno. A che cosa sta pensando l'ammalato, con quei suoi grandi occhi spalancati? All'impotenza del suo corpo stroncato? Prova forse angoscia, paura, vergogna?

Henry si dice che il più duro resta ancora da fare. Il minimo errore sarebbe fatale.

« Reverendo, non crede che sarebbe più prudente farla sparire? »

L'autista ha in mano una radio sulla quale campeggia un nome, un indirizzo: « Jacques de Gaulle, via Molière 1, Grenoble ».

La radio che ascolta giorno e notte, il suo legame con il mondo dei viventi. L'autista cerca, invano, di fare sparire la scritta.

« Pazienza! » taglia corto Henry, « la portiamo lo stesso. »

Nello stesso istante, al posto di frontiera ormai abbandonato di Saint-Julien, delle mani complici divaricano il filo spinato. Alle quattro precise, il capitano Texier arriva al presbiterio.

« È tutto pronto. In Svizzera un'automobile aspetta alla frontiera. Una Chevrolet. »

« E le pattuglie di guardia? »

« Alcuni doganieri sorvegliano la breccia praticata nel filo spinato. »

Si parte. All'interno, a fianco di Jacques, si stipano Jeanne, la signora Waysman, moglie di Gilbert, ed Henry, sulle ginocchia di Jeanne de Gaulle! Appesa dietro, visibile, la sedia a sdraio pieghevole di Jacques. L'ambulanza segue la lunga strada a tornanti che porta a Saint-Julien. Dietro una curva, una pattuglia motorizzata li ferma. Tutti trattengono il fiato. Texier rallenta, abbassa il vetro, mette fuori il braccio, i gradi ben in vista. Il capo esita, poi fa un segno: tutti si scostano, come se fossero un solo uomo. È ancora notte fonda quando raggiungono Saint-Julien. Il paese è deserto. Ancora qualche centinaio di metri. Al di là del filo spinato, la Svizzera! La Chevrolet staziona a qualche metro, dall'altra parte della frontiera. La breccia è molto stretta: il capitano, Henry e la guida, un passatore svizzero avvertito il giorno prima, devono trasportare l'infermo. Jeanne de Gaulle, alle loro calcagna, indica i movimenti da evitare perché suo marito non senta male.

« È fatta, siete salvi. »

Jacques ed Henry si abbracciano, poi si scambiano una lunga occhiata; per la prima volta, in un rantolo, una parola esce dalle labbra paralizzate: « Grazie ».

Grenoble! Avrebbe potuto scegliere Lione, dove padre de Lubac lo sa proteggere così bene. No, non ha voglia di restare rintanato dai gesuiti, vuole agire. Perché questo compagno che lo ospita è così felice? Balla, canta, come un pazzo. La « voce di Londra » gracchia nella radio, come un ritornello: *La stagione delle fragole sarà bella.*

« Henry, mentre tu eri in Svizzera, è arrivato questo messaggio... Sono mesi che lo aspettiamo. »

« Gli Alleati? »

« Quasi! Hanno appena sganciato dodici tonnellate di armi sul Vercors. I nostri ragazzi, finalmente, potranno battersi. »

Sulle guance di Henry scendono le lacrime.

Vede i paracaduti piovere sull'altopiano di Arbonouze, in pieno Vercors, come delle corolle bianche. Vede i partigiani sguazzare nella neve, al freddo e al vento. Ci metteranno ben otto giorni per imboscare quelle casse nei nascondigli.

Delle armi! Le prime armi! Delle mitragliette Stern. I partigiani stanno per diventare dei veri soldati.

Ma la felicità di Henry si vela di tristezza. Troppi nomi di compagni morti sotto i colpi della Milizia e dei tedeschi, che sono arrivati a Grenoble e a Lione. E i francesi non lo sanno! La propaganda di Henriot vorrebbe convincere l'opinione pubblica che i partigiani sono degli apache, degli apolidi, degli stranieri, degli anarchici. Ed Henriot è un farabutto di talento, fa proseliti, finirà per convincere i francesi. Se riesce a far credere e a far pensare che quelli che resistono, pur senza essere dei veri banditi, sono soltanto dei bambini « golosi di gloria », è la fine.

Henry rientra a Lione. Vede il colonnello Descours.

« Colonnello, non si può lasciare che questo avvenga. »

Descours gli risponde: « Suvvia, reverendo, lei è più utile qui che lassù. Loro hanno dei seminaristi per confortarsi l'anima. Henriot li disonora. Lei ha detto tutto nell'*UPI*, ricopi l'essenziale e lo diffonda, ma si sbrighi. Bisogna che nella regione raggiunga il maggior numero di francesi possibile. Lo dica, ai francesi... Sì, il nostro esercito ha le sue miserie. Ma gridi la grandezza di questo nome. Non è frutto di una decisione venuta dall'alto, che si esegue lentamente; è uno slancio, un rifiuto che viene organizzandosi, a qualsiasi costo, a forza di tenacia. Nessun disonore. Lo dica che questo nome trova la sua unità articolandosi in settori, dipartimenti, regioni, sotto l'autorità del generale de Gaulle, che si chiama FFI, che dipende dal Consiglio nazionale della Resistenza. Con le Forze francesi degli Esteri che dipendono da Algeri, le FFI sono l'unico esercito francese! Vincerà. Lo dica ».

Dicembre 1943.

Petit-Louis e i ragazzi di don Grouès, alias Georges, alias abbé Pierre, sono riuniti a Malleval, nel Vercors. Malleval!

Una superba macchia, un luogo irraggiungibile, in cima alle gole del Nan, con un sentiero scavato nella roccia come unico accesso, a picco. Eppure c'è un'ombra nel quadro: la mancanza di armi. Non un fucile, soltanto delle mitragliette inglesi Stern: una magnifica paccottiglia, con la quale di certo qualche industriale ha realizzato un buon guadagno. Il suo tratto distintivo è di incepparsi almeno tre volte per caricatore! Anche le FM inglesi, d'altronde: eppure sono armi nuove. In più, i ragazzi sono inesperti, soprattutto i giovani. Anche di questo i responsabili sono preoccupati.

Natale 1943 a Malleval: il Natale più bello di Francia.

Nessuna minaccia tedesca e quel tanto che basta di neve! I partigiani tengono fra le braccia le mogli e le fidanzate; è così tanto tempo... Dappertutto i montanari hanno voluto venire con gli sci a passare la notte in questo angolo di Francia in cui si è abbastanza in alto per sentirsi liberi.

Non è mai stato più bello, l'esercito nell'ombra e, lasciandolo, Henry si sente stringere il cuore. Deve testimoniare: sì, i ragazzi sanno perché sono nella Resistenza e che cosa vi rischiano. Non sono né romantici né sventati. Hanno scelto di sacrificare la loro vita a un ideale: la Resistenza. Perché trionfi, bisogna minare l'occupazione tedesca da tutte le parti, preparare il giorno, fare saltare uno, due, tre binari, mettere bombe sui convogli, camminare per dieci ore in montagna, con lo zaino sulle spalle, senza cedere né fermarsi.

Gennaio 1944.

In seguito a una lite fra capi, il campo si è diviso in due. Nello stesso momento, i tedeschi decidono di farla finita. Hanno appena subito tre sconfitte e vogliono dare un esempio. Salgono in duemila, in colonne di camion e di cingolette, per dare l'assalto a centotrenta ragazzi. Malleval entra in agonia.

Al termine della notte, un rumore sordo si avvicina. Quattro uomini montano la guardia. Il capo si precipita per dare l'allarme. Bisogna resistere. Tre compagni lo coprono e mitragliano il nemico. I tedeschi hanno fatto uscire Revol da un'automobile; è un contadino, un amico della macchia. Lo fanno camminare davanti a loro, con la mitraglietta puntata alla schiena. Revol non dice niente, avanza diritto verso i suoi compagni. Al telefono, il capo urla: « I tedeschi, nascondetevi ».

Poi a Revol: « Perdono, vecchio amico, ma bisogna ». E i quattro uomini di guardia lanciano le loro granate. Revol cade.

Ritroveranno il suo corpo in un burrone: i tedeschi l'avevano finito con una pallottola in testa.

Sul telefono giacciono i corpi delle sentinelle, massacrati. Un ragazzo, a corto di munizioni, si alza e si scopre il petto in un gesto folle: « Sparate, farabutti, sparate! Ecco come si muore alla macchia! » Il suo corpo si impenna improvvisamente sotto la raffica della mitragliatrice.

Quanta ferocia! Si finiscono i feriti, li si deruba, si strappano loro le fedi, si vuota loro il portafogli, li si spoglia.

Durand, il capo, ha voluto arrestare la carneficina: « Ci arrendiamo! » I tedeschi sparano a bruciapelo: una pallottola in pieno cuore. *Nicht Kamerad!* Cinque partigiani sono momentaneamente risparmiati, si ha bisogno di loro per caricare sui camion i viveri e il materiale. Poi una raffica, e si gettano nel vuoto i loro corpi crivellati di pallottole. In un granaio, si sono rifugiati sei sopravvissuti, tra i quali una donna: vengono bruciati vivi. Il paese è raso al suolo, con il lanciafiamme, con la dinamite.

Malleval: trentatré morti. Quindici superstiti, il primo Oradour.*

Henry li conosceva tutti. Sente ancora quella voce: « Padre, devo prendere la macchia? » Quei morti sono i suoi, i suoi fratelli.

« Non ho alcun rimpianto. Quando se n'è andato di casa, quindici giorni fa, sapeva che lo approvavo. »

* Oradour-sur-Glane, piccolo centro del Limosino; durante la seconda guerra mondiale, il 10 giugno 1944, la popolazione fu selvaggiamente massacrata dai nazisti che uccisero 642 abitanti. (*N.d.R.*)

Un uomo, i lineamenti contratti dal dolore, gli stringe rudemente la mano. A questo padre che rimane in piedi dopo il colpo, Henry ha appena detto che suo figlio è caduto. L'uomo si allontana; piange.

La guerra di Henry si combatte a mani nude, a Lione, a Grenoble, in mezzo ai «civili» della Resistenza. Come uniche armi, il loro coraggio e una boccetta di cianuro. Se vengono catturati, l'imperativo assoluto è non dire nulla; morire senza aver parlato.

In montagna ci si batte: il partigiano braccato lotta di fronte al suo avversario. In pianura si fa finta, ci si nasconde, si nega, si bisbiglia. È il tempo delle missioni segrete, delle divisioni che si creano, delle grida dei supplici del forte Montluc a Lione. Jean Moulin non ha parlato: sapeva tutto.

A suo esempio, ci si vota al silenzio. Una parola, un nome diventano una pallina di carta che si inghiotte. È chiaro che la confessione tradisce. Gli amici cadono come mosche. La Gestapo e le SS straziano i corpi e le anime per strappare dalle labbra un suono, una frase, una confessione. Henry sente l'appello dei torturati che soffrono nelle cantine. Bisogna aiutarli o, se non si riesce a salvarli, dar loro da mangiare e da bere, uno sguardo, una preghiera. Qualcuno riesce a uscirne, dei miracolati mezzo massacrati, che sperano soltanto di morire. La maggior parte agonizza senza soccorso, senza un prete, senza la Bibbia né un Crocifisso, con la propria co scienza per viatico. Henry ha organizzato in segreto un soccorso ai prigionieri, con Marthe, Dru, Radisson e tanti altri che presto non rivedrà più.

Marthe, segretaria di Descours, l'insostituibile Marthe dello stato maggiore regionale FFI, è una gran donna, della tempra di Lucie Coutaz: Marthe, la veterana dell'unione femminile civica e sociale, viene arrestata e torturata. Non riescono a strapparle niente, nemmeno il suo vero nome, Daisy Georges-Martin. Sei volte va alla «vasca», soffocando fino a svenire, rianimata a botte, con il viso sanguinante, sospesa per due ore a delle cordicelle annodate attorno ai pollici. La spogliano. È nuda; da una porta escono dei cani che le si avventano addosso; il terrore... I nazisti sperano ancora che quella parola, quel nome che custodisce fra le labbra deformate esca, suo malgrado. Lei non parla.

Henry si ricorda anche di quel ragazzino che ha arruolato: « Reverendo, ho diciotto anni. I crucchi hanno appena arrestato un mio amico. Non resisto più, voglio fare qualcosa. Papà e mamma mi hanno dato il permesso, mi mandano da lei, mi dia del lavoro ».

Il ragazzo è diventato agente di collegamento fra i gruppi clandestini. Quella mattina, come tutte le altre, ha voluto prendere la moto. L'hanno arrestato. Una spia... Urla nelle cantine.

« Parla! »

Insanguinato, livido e pesto, socchiude le labbra: « Merda! »

I carnefici si danno il cambio. La tecnica consiste nel procurare la più violenta sofferenza, nel condurre alla soglia stessa della morte guardandosi bene dal provocarla. I morti non parlano. La Gestapo pratica quest'arte con grande maestria: ledere gli organi, strappare urla di orrore fino alla parola, che viene alle labbra quando il dolore fa soccombere. Nudo, con il petto bruciato, i testicoli spappolati, il ragazzo continua a non parlare. Piange, geme. Una parola, sempre la stessa: « Merda! »

Allora gli mettono dei batuffoli di cotone imbevuti di benzina fra le dita dei piedi. Gli danno fuoco. Sviene. Aspettano che rinvenga. Ricominciano. Non una parola. Sempre quei rantoli. Otto giorni a gemere. Puzza per tutte le piaghe infette, incancrenite. L'odore di carne putrefatta diventa insopportabile. I carnefici hanno detto all'SS, lassù: « Non se ne può più. Sbarazzacene... » L'SS è scesa, tappandosi il naso, gli ha puntato la rivoltella sulla fronte, ha sparato. Un buco nella testa. Il ragazzo è andato a raggiungere Dio.

Henry, distrutto, prega per la sua anima. Dio non vuole la vendetta, ma a volte è difficile obbedirgli, quando un bambino viene gettato fra i rifiuti come una marionetta disarticolata. No, non il male per il male, non il taglione. Resistere, liberare, salvare. Conosce nei minimi particolari i metodi dei carnefici nazisti. È stata una ragazzina a descriverglieli, si chiama Marie de Sainte-Marie, anch'esso un nome di battaglia. Da mesi approvvigiona i detenuti di forte Montluc e, prima che muoiano, porta loro alle labbra l'ostia consacrata. Un raggio d'amore nella barbarie. Ha vent'anni, un coraggio indicibile, un incredibile sangue freddo. L'interprete della Gestapo è un austriaco che gironzola, sfaccendato, fra un interrogatorio e l'altro: « Voglio imparare il tedesco », gli dice, « vuole? »

Lui acconsente. Lei pensa: Questo tizio sa tutto quello che succede nelle cantine. Che cosa gli succede? Ha l'aria sfinita, abbandonata.

« Ha ricevuto delle brutte notizie, signore, di sua moglie, dei suoi figli? »

Un lungo silenzio, il tic-tac dell'orologio.

« Signorina, lei ci tratta da sporchi crucchi, ma se lei vedesse quello che tutti i giorni mi obbligano a vedere, non avrebbe abbastanza parole per qualificarci! »

Piange, lei lo consola.

« Signore, e se lei riscattasse tutto ciò salvando coloro che possono essere salvati, se soltanto mi dicesse i nomi di quelli che sono stati arrestati, per le loro famiglie che vivono nell'angoscia! »

Da allora, ogni giorno, lo stato maggiore della Resistenza riceve la lista degli arrestati, dei fucilati, dei torturati, delle confessioni strappate con la tortura. Sino alla fine, alla liberazione... Marie non riuscirà tuttavia a sfuggire alla deportazione. Ma ne ritornerà viva. I detenuti di forte Montluc che sono stati liberati hanno reclamato per lei all'unanimità, e ottenuto, una poltrona nel consiglio comunale di Lione. Senza sapere ancora se era viva o morta...

La Resistenza è decimata. La morsa si stringe di nuovo. Alcuni compagni di Henry, a fianco di Gilbert Dru, agonizzano sotto i castagni di piazza Bellecour, là dove Henry sognava da adolescente. Le SS hanno voluto che morissero in pubblico, come monito. Alcune mani caritatevoli vogliono tendersi: le si allontana col calcio del fucile. Alla fine, quattro detonazioni e i cadaveri giacciono nel sangue. Il cardinale Gerlier e il prefetto intimano alla Gestapo: « Se non li togliete di lì entro un'ora, lo faremo noi stessi con le nostre mani ».

Febbraio 1944.

Henry ha dovuto lasciare Lione per Parigi. Se rimane a Lione, « è fatto ». La Gestapo conosce l'abbé Pierre. Descours e i suoi non potranno farci nulla, padre de Lubac nemmeno.

L'abbé Pierre si trasforma in don Georges Houdin, discreto studente di teologia all'Istituto cattolico, specialista in araldica a tempo perso, che alloggia in via Lunain, vicino al parco Montsouris, in casa di una coppia di anziani professori simpatizzanti.

« Mio Dio, padre Daniélou! »

È proprio lui, il suo compagno di ordinazione.

Daniélou rappresenta la rete della Sorbona, un affezionato della dissidenza, con Pierre Hervé, Michel Habib... Henry, alias don Houdin, si dà alla sua attività di passatore... verso il Sud. La Spagna ha preso il posto della Svizzera. L'azione agisce come una droga; non rifiuta niente, eppure i casi sono difficili: il parente dell'uno è « bruciato », l'amico dell'altro « braccato ». Una volta volatilizzatosi « Pierre », la Gestapo sembra ignorare don Houdin.

Houdin lavora con Robert Comte, editore, liberato dalla Germania, padrone della clandestina AID, l'Agenzia di informazione e di documentazione della Resistenza. È un amico di suo fratello Daniel, rimasto prigioniero.

Henry è di nuovo braccato. Passa di nascondiglio in nascondiglio, eludendo le trappole. Invano. Comte, lui, è bruciato. Sa troppo perché lo stato maggiore dell'esercito segreto possa tenerlo a Parigi. Bisogna farlo « evadere » in Spagna, con audacia, abilità, rapidità. La solita trafila non è abbastanza sicura. Henry e Robert Comte architettano piani su piani, riflettono giorno e notte, prendono contatti. C'è sempre qualche particolare che li ostacola.

« Reverendo, i documenti falsi non sono sufficienti. Siamo troppo sotto tiro. »

« Lo so... »

A Robert si illumina lo sguardo.

« Ho un'idea, reverendo... Jougla! »

Henry, impassibile: « Jougla? Chi è? »

« Un cliente. »

Henry alza le spalle.

« Un cliente serio, reverendo, che uno studente di araldica dell'Istituto cattolico dovrebbe conoscere. Jougla, è l'autore dell'*Armorial de France*. Lo pubblico io. »

« E allora? »

« L'ho visto ieri, padre, è pazzo furioso. Venga, capirà. »

Non si sa ancora che Jougla, autore del *Who's who* della nobiltà di Francia, è diventato una spia.

« Tenga! »

Jougla tende a Houdin una lettera firmata « Darquier de Pellepoix », alto commissario di Vichy per la Questione ebraica. Dice così: « Maestro, sarebbe in grado di dimostrare che è vero che discendo dal barone basco Darquier, fatto nobile da Napoleone? »

Incredibile! Mentre la Francia e l'Europa gemono sotto gli stivali nazisti, Darquier, fra una sfuriata e l'altra, si occupa dei suoi pretesi quarti di nobiltà, come Goering della sua batteria di decorazioni...

« Mi può prestare questa lettera? » domanda Robert.

Jougla acconsente immediatamente.

Alla Kommandantur, a palazzo Bourbon, don Houdin, specialista in araldica, chiede di recarsi nei Paesi Baschi per conto di Darquier e Jougla. Stupefacente audacia! L'ufficiale, impressionato, mette il timbro sul lasciapassare.

Il 18 maggio, Henry ha lasciato Robert in Guascogna, accuratamente « imboscato ». Ispeziona i « passaggi » lungo la

Bidassoa. « Difficile », mormora, « è ben sorvegliato. » Alcuni senegalesi sono appena evasi di là, cosa che è andata bene a loro, ma non a Henry. I feldgendarmi sono di guardia con i loro cani vicino ad alcuni guadi. Non resta che la montagna! Via per Cambo! Ma il suo documento dice « zona oceanica », bisognerebbe avere anche la « zona montana ».

« Il commissario di polizia di Saint-Jean-de-Luz è un tipo giusto. Vai a chiedere consiglio a lui », gli ha detto un amico fidato. Il commissario indovina tutto. Vuole aiutarlo: « Con queste firme, reverendo, stia tranquillo, dovrebbe andare! »

Al posto di polizia di Cambo, un tedesco gli guarda i documenti: *Nicht gut! Gestapo!* Questa volta, è proprio la fine. Henry non ne può più. Aspetta fuori, da solo, il sole che sta tramontando filtra tra gli alberi.

« Signor Houdin! »

Il poliziotto gli è addosso. Il padre gli tiene testa, di nuovo padrone di sé: « Signore, mi manda il signor Darquier... Se lo viene a sapere, lei rischia di prendersi una bella bacchettata sulle mani! »

L'altro esita. Diamine! Darquier è vicino all'alto comando tedesco.

« Dove vuole passare la notte, reverendo? »

Lo dice con una voce dolce.

« Al presbiterio. »

Henry si alza.

« Ah... reverendo, lei mi dice di aver visto il commissario di Saint-Jean-de-Luz. »

« Sì. »

« Allora, aspetti. »

Il poliziotto alza il telefono. Non la finisce più. Riappende.

« Il commissario conferma quello che mi ha detto lei, reverendo... Resti dunque al presbiterio, il tempo di verificare con Parigi; lei comprende, vero? »

Henry si sente raggelare il sangue. « Capisco. »

La notte fra il 19 e il 20 maggio.

Henry raggiunge Pau, si rifugia dal vescovo, monsignor

Théas, che verrà deportato qualche settimana dopo. È il suo ultimo gesto di amicizia verso l'esercito segreto. Henry approfitta di questi due giorni di respiro per riposarsi, per « rifarsi », informare Parigi, spingere Robert a raggiungerlo a Lourdes.

Ai piedi della grotta delle Apparizioni, don Houdin dice messa, con Robert e la guida, un contrabbandiere basco, come chierichetti. Avranno decisamente bisogno dell'aiuto della Vergine.

Henry cammina, con il suo passo da montanaro. Gli ritornano in mente alcune immagini, ormai lontane. Erano due anni fa. Dodici ebrei lo seguivano in cordata...

La luna piena abbellisce lo scenario di un gioco di luci e di ombre ma, man mano che si avanza, prima sale la nebbia e poi una pioggerella ghiacciata cade sulla foresta. Improvvisamente, uno scricchiolio di rami secchi. Si fermano trattenendo il fiato: « Non è un animale », sibila la guida. Dieci minuti sotto i rami, acquattati in silenzio. Niente. Come cadute dal cielo, due figure passano senza vederli. Il basco ride di cuore: « Sono amici che portano la vaniglia di contrabbando dalla Spagna, reverendo! »

Riprendono il cammino. A duecento metri sta scendendo una truppa di tedeschi: « Abbiamo avuto caldo », dice in tono divertito il basco.

La Spagna! Il paese di Vera, sulla frontiera...

Henry e Robert sono felici, tremanti. Cercano di aprire la porta della chiesa. Impossibile! Rimanere lì, sul sagrato? Fa troppo freddo. Scorgono una stalla, fanno saltare la porta di legno, si buttano sulla paglia e si addormentano. Si accende la luce. Il tipo, un contadino, grida un insulto in spagnolo. Non sono *personae gratae*.

Vagano. Si apre una porta. Delle brave persone, una coppia di fornai, offre loro del latte caldo, un po' di pane. Finalmente dei vestiti asciutti! Il panettiere li porta dai frati maristi, ma ha dimenticato un piccolo dettaglio che cambia tutto: quei religiosi sono franchisti.

E lui, l'ingenuo, che pensava che ci fosse un'unica Chiesa!

Ecco Henry e Robert, con le manette ai polsi, a Irun; bisogna avvertire il vescovo di Vitoria. Il vescovo, almeno lui, è antifranchista. Si dà da fare talmente bene che Henry viene spedito a Madrid, presso le autorità ecclesiastiche di Spagna. Un tipo in gamba, questo vescovo: « È perché è basco! » pensa Henry.

Una notte in treno, a giocare a scacchi con i carcerieri. E Robert, che cosa ne sarà di lui? Comte, che non è prete e non gode del beneficio della protezione della Chiesa, è stato piazzato a Miranda, nel campo degli evasi francesi: « Sarà in compagnia dei nostri, lo farò uscire da lì ».

Henry serra i pugni tenendo stretto il re, lo posa sulla scacchiera: « Scacco matto! » Il gendarme, esterrefatto, guarda il suo vincitore: « Che strano prete! Quando la dice la messa, per cavarsela così bene con gli scacchi? »

Madrid, sei del mattino, 6 giugno 1944.

Gli rimettono le manette. Sulla banchina, gli strilloni urlano: « Gli Alleati sono sbarcati in Normandia... Il giorno è arrivato! » Con un nodo alla gola per l'emozione, Henry vorrebbe gridare « Urrà! » Non gli esce niente. Gli scende una lacrima. Con lo spirito, è là con loro, con i ragazzi di Malleval, nel Vercors. *No, non siete morti per niente.*

« Portatelo alla Croce Rossa! » ha raccomandato il vescovo di Vitoria.

Sono amici fidati, canadesi. Ripete loro meccanicamente: « Voglio ritornare, ritornare in Francia! Ci si batte! »

« Allora vada a trovare il signor Truelle. Rappresenta la Francia in lotta a Madrid. »

« La supplico, voglio ritornare in Francia! »

« Non se ne parla nemmeno, reverendo. »

Il delegato di San Sebastian ha già opposto questo rifiuto a Henry.

« Perché? »

« Ho degli ordini precisi riguardo alla sua persona, reverendo. »

« Quali? »

« La aspettano ad Algeri. »

Algeri! La sede governativa della Francia libera! La c'è de Gaulle, dopo che ha lasciato Londra. Si dice che stiano preparando un altro sbarco nel Mediterraneo, per stringere il nemico dai due lati.

« Tenga, reverendo. »

Henry prende la carta d'identità con la sua foto. Si scopre cadaverico, un Lazzaro uscito dalla tomba... Sotto la foto, un nome: sir Harry Barlow.

« Chi è? »

« Un pilota canadese ucciso in pieno cielo... e ritornato sulla terra, è lei! Madrid accetta di barattarla con del grano... Lei pesa due tonnellate, reverendo! »

« Non è possibile », risponde Henry accarezzandosi le costole sotto l'abito...

Dopo il treno, che porta sir Harry Barlow a Gibilterra, è un aereo americano a portarlo ad Algeri. Il Servizio di sicurezza americano, incuriosito, interroga il prete da mezzogiorno alle sei del pomeriggio. Lo lasciano in piedi, senza mangiare. Strani metodi, per gli Alleati, ma bisogna capire: un passeggero clandestino, in un aereo americano, che dice di essere un partigiano francese, munito di falso passaporto canadese...

Ci si può ben porre qualche interrogativo! Stremato, Henry dice: « Dato che non mi credete, telefonate al gabinetto del generale de Gaulle ».

Dall'altra parte del filo, una voce femminile risponde: « Arrivo ».

Elisabeth de Miribel è la segretaria del generale. È con la sua macchina da scrivere che è stato battuto l'appello del 18 giugno...

Ospitato dal generale Vanier, ambasciatore del Canada presso lo stato maggiore francese di Algeri, circondato da calore e sollecitudine, si ristabilisce in una settimana. Si sente di nuovo pronto per l'attacco e non riesce a star fermo. Si dà per imminente l'offensiva nel Mediterraneo.

« Voglio esserci, dottore. »

« Non se ne parla nemmeno, vecchio mio, lei è distrutto. »

« Generale, i partigiani sperano tanto da Algeri e da lei. A volte hanno l'impressione che li si dimentichi. Algeri è così lontana, malgrado i legami! »

« Quando capiranno, finalmente, reverendo, che ho dovuto fare quello che bisognava fare con chi ho potuto? »

Henry è piccolo, rannicchiato sulla sua sedia, di fronte a quel gigante che è de Gaulle.

Il generale l'ha invitato a pranzo, a tu per tu. « Lui è il simbolo, l'incarnazione di un'idea. Io sono un povero partigiano fra mille altri. Abbiamo fatto il nostro dovere. Al suo appello solitario, abbiamo risposto dicendo 'no' al male! Molti sono morti e ne moriranno ancora. Domani, dopo la tempesta, sperano nell'arcobaleno. Lui è grand'uomo, un idolo, eppure... non so... lo sento solo. Lui sa tutto ciò, lo sa da Descours, da Bidault, dagli altri; il Vercors non manca di uomini, manca di armi. Non si può combattere contro i carri blindati con delle FM inceppate. »

La tragedia del Vercors inizia. Duemila tedeschi, due divisioni scelte partono all'assalto... Gilbert... La signorina Coutaz... Petit-Louis... che cosa ne è di loro? E To Morel? No, lui non ritornerà.

Morirà per una pallottola in pieno petto, il 10 marzo 1944, attirato in un'imboscata da un traditore.

Descours chiede aiuto e Koenig frena. La pista d'atterraggio approntata sull'altopiano, che doveva ricevere i rinforzi, serve alle divisioni tedesche, le SS venute da Strasburgo. Ci si è « dimenticati » di dire ai ragazzi di distruggerla...

Eppure resistono. Senza di loro, che tengono impegnate quelle due divisioni, la battaglia di Caen avrebbe potuto volgere al disastro. I tedeschi infliggono loro un colpo mortale. Prigionieri e feriti massacrati. Contadini, donne, bambini impiccati, torturati, paesi incendiati. Seicento morti!

3 agosto 1944.

Il Vaticano afferma solennemente che i preti della Resistenza, considerati a lungo come fuorilegge, hanno agito nella legalità della loro coscienza...

Finalmente!

Prete della Resistenza, fratello mio, tu non hai aspettato questa benedizione... Ma comunque, che conforto!

Henry è cappellano della marina sul *Jean Bart*, ancorato nella rada di Casablanca. Segue giorno per giorno l'avanzare della liberazione. La notte finisce... Il *Cantico del sole* può risuonare di nuovo, il *Mistero della Gioia*, che celebra l'incontro dell'uomo con la luce, dopo le tenebre e il dubbio, a immagine di quei pellegrini di Emmaus, disperati, che incontrano il Cristo resuscitato.

L'abbé Pierre guarda verso la Francia.

La pace che sta per nascere sarà come un neonato.

Prete deputato...

GENNAIO 1945.

« È richiesto a Parigi, signor cappellano. Ordine del ministero. » Henry ha lasciato i suoi marinai del *Jean Bart*. Li ha assistiti, amati. Per sei mesi si è piegato di fronte al verdetto dei medici, ha pregato e si è riavvicinato all'adorazione. Dopo che ottocento marinai hanno cantato il *Mistero della Gioia*, il brano che ha scritto sull'uomo e su Dio riconciliati nella pace, il capitano gli ha domandato in tono burbero: « Quando la finirà con le sue stupidaggini? »

Henry, interdetto, si è rivolto al secondo.

« Che cos'ha? »

« Non le perdona di averlo fatto piangere di fronte al suo equipaggio. »

Henry ha guardato « il Barba » allontanarsi.

Nella Francia liberata, la pace è « fragile come un neonato ». L'idrovolante l'ha lasciato a Tolone. È risalito verso Grenoble, Lione... Là ha vissuto, tremato, salvato. E, soprattutto, sperato. Non ci sono più stivali tedeschi, non ci sono più coprifuochi. I francesi, ieri silenziosi, sono diventati chiacchieroni. Tace, ascolta. A Grenoble, il suo vecchio vescovo lo accoglie con un « Ah! Ce ne fossero come lei! », che fa uno strano contrasto con quell'« Ah! Se avessi saputo che stava commettendo tante imprudenze, glielo avrei impedito! » detto due anni prima. Henry perdona monsignor Caillot.

« Gilbert! »

Zunio Waysman lo prende fra le braccia. Commosso, non ha la forza di parlare.

« La credevamo morto... È stato così lungo... Poi, il suo appello alla radio di Algeri... Abbiamo saputo. »

Henry snocciola dei nomi. Gilbert risponde o tace... La morte sta facendo strage da otto mesi. Lucie Coutaz? Henry è felice di apprendere che è viva, che padre de Lubac è vivo...

Stazione di Perrache. Henry misura a grandi passi la banchina. Uno sguardo si posa su di lui, prima incuriosito, poi radioso.

« Oh! Don Grouès! »

« Signorina Coutaz! »

Henry l'abbraccia. Hanno appena il tempo di scambiare due chiacchiere. Il treno arriva, si separano, abbracciandosi ancora: « A presto », dice Henry, come per un presentimento.

Lucie Coutaz, che non ha sentito, pensa che don Grouès sia decisamente inafferrabile.

Parigi. Rivede i suoi amici finalmente liberi e, con suo stupore, constata che non sono d'accordo su niente. I gollisti sono fanatici, i comunisti temono la dittatura e i cristani si cercano. Fonderanno un partito, o no? Insomma, i francesi ridiventano francesi: sono divisi.

A Parigi, la gioia è viva, ma non è più come sei mesi prima, quando la folla in delirio si aggrappava ai carri armati del generale Leclerc: i rancori cominciano già a farsi sentire.

Alla Casa del marinaio, di cui è cappellano, due superiori sono seduti allo stesso e unico posto di cappellano generale: l'« ufficiale », nominato dalla Chiesa, che non ha manifestato alcun particolare fastidio riguardo a Vichy, e l'« ufficioso », gollista dichiarato venuto da Londra, che detiene il potere del governo provvisorio. I due si detestano. Henry media.

Ma ciò che gli interessa, soprattutto, è di lasciarsi arrivare alle orecchie il rumore di Parigi... Tace, ascolta. Sola, parla in lui la Sua legge: svegliare l'amore, la fraternità, la vita! Sette anni di vita contemplativa e tre anni trascorsi in adorazione a salvare vite hanno lasciato la loro traccia. La sua testa è divisa in due, la parte del fuoco e quella della meditazione. Riconosce una sola autorità, quella di Dio; a seconda dei casi, essa può andare d'accordo o contro quella degli uomini. Ora, quello che vede, quello che sente ferisce l'onore di Dio. Attraverso l'uomo, Dio ha già gridato il suo rifiuto del nazismo, adesso urla la sua vergogna di fronte allo sperpero.

Ogni volta che non c'è amore, Henry si sente ridiventare dissidente. L'insorto può tollerare i compromessi, ma non la compromissione: con la legge dell'amore non si transige. Dov'è l'amore? Presso i « grandi » regna la divisione: il militare si scontra con il partigiano, l'uomo di destra con l'uomo di sinistra, l'idealista con il politico. Mano nella mano ieri, di fronte alle pallottole naziste, eccoli che ora brigano per cercare di ottenere il potere nella vendetta. Tutto questo è chiamato, pudicamente, « epurazione ». Ma vendetta non è giustizia: straziato, inerme, il popolo soffre. Dramma dell'indomani della gloria, miseria morale e materiale. I neonati muoiono a centinaia perché le madri non hanno latte da dare loro.

Ha occasione di rivedere il generale de Gaulle, che lo invita a pranzo.

« Generale, la pace è come un neonato, può morire. »

« De Gaulle lo interrompe: « I francesi sarebbero dunque così stupidi da non vedere le grandi cose che stiamo facendo? L'esercito è sul Reno, Strasburgo è stata liberata, i carri armati di Rundstedt retrocedono. La Germania sta per essere invasa. Hitler verrà schiacciato, e lei mi parla dei neonati che non hanno latte... Non si fa la guerra senza morti, reverendo... »

È il suo secondo incontro a tu per tu con il generale de

Gaulle. Lo ammira e lo compatisce. Un gigante! Sì. Da solo ha incarnato la Francia, l'idea della Francia. Sarebbe ingiusto dire che non conosce la realtà della nazione. Lo spirito della Francia lo «possiede», quello dei soldati francesi, dei partigiani francesi. De Gaulle lo sa, la Francia non è soltanto a Londra, ma nelle cantine delle orribili torture, dei massacri...

Il peso di quella solitudine! Una volta finita la tempesta, il gigante non è più adulato, sono gelosi di lui, e lui fa ombra ai mediocri. Ma Henry lo compatisce soprattutto perché soffre nel suo cuore di padre, anche se appare impassibile, padrone di sé. La sua piccola Anne, la terza, è inferma, ed è la prova più terribile che possa toccarlo nel suo orgoglio di uomo. No, a dispetto dell'ammirazione per lui, Henry non può sopportare che dei neonati muoiano per mancanza di latte. È così: la ragione di Stato è molto meno affar suo di quanto non lo sia la ragione di Dio.

La fraternità? Più che mai, il reverendo è deciso a continuare con lei. In suo nome, non accetta nessun legame che non sia franchezza, lealtà, oblio di sé. Obbedisce a san Francesco: « L'Amore non è amato ». Darà la vita per fare in modo che lo sia. Dimenticherà di riposarsi. Si possono forse misurare gli sforzi, quando il rischio è smisurato?

Henry dorme poco, si occupa di tremila marinai, li confessa, dice messa, percorre Parigi in lungo e in largo, aiuta, parla, convince, tempesta il nunzio apostolico, il cardinale di Parigi, i ministri, i potenti, si volge di nuovo agli umili. Croce di guerra, legione d'onore, medaglia alla Resistenza... Se questi segni di riconoscenza internazionale possono amplificare la sua voce, li accetta. E poi, è il generale Descours, l'« anima della Resistenza del Vercors », a decorarlo! Queste decorazioni, appuntate sulla sua veste, sono il simbolo della fraternità passata, sulla quale si appoggia per costruire quella nuova e per cancellare le divisioni.

Ascoltare il mormorio di Parigi va bene; ma ora è quello di tutta la Francia che vuole sentire. Pierre-Henry Teitgen, ministro dell'Informazione, lo manda da Est a Ovest, da Nord a Sud, una settimana su due. La Francia è formata da persone importanti e persone sconosciute, vescovi, commissari della Repubblica, alti dignitari e famiglie, padri e madri, ragazzi e bambini...

La guerra è finita. Le bombe si sono zittite. Restano le cicatrici e l'odore di disgrazia, le macerie. Gli occhi velati, i pugni stretti nelle tasche, cammina fra gli sconosciuti, fra i bambini che soffrono la fame e il freddo. La mente gli ritorna continuamente alla guerra e alla sua miseria. I suoi amici e lui hanno dovuto vivere nella violenza, non avevano altra possibilità. Ma ora sa che, anche per la causa più giusta, la violenza lascia una ferita a colui che vi sia stato costretto.

Uno sprazzo di gioia. Lei, con lo sguardo scintillante di malizia; lui, con il sorriso sulle labbra. Un telegramma ha preceduto Henry a Grenoble: l'abbé Pierre desidera vedere Lucie Coutaz. Ha mantenuto il suo nome di battaglia, e lei pensa che sia del tutto naturale, dal momento che la battaglia, per lui, non è mai finita.

Henry è pallido, con la barba lunga e la schiena curva; ha l'aria più stanca del solito. Con ogni evidenza il « pretino » si ammazza di lavoro. La volontà, in lui, rimorchia la salute. Ma ha sempre quella parola chiara, incisiva, che conservava nei più grandi pericoli.

« Signorina, mi vuole aiutare? »

« In che cosa? » risponde lei, aggiustandosi gli occhiali.

« Legga e capirà. »

Le tende una pila di lettere e dei fascicoli in disordine, insieme alla sua agenda.

Lucie Coutaz farà attendere il suo « sì » otto giorni... Ma quel « sì » durerà quarant'anni.

Eccola lì. Lucie Coutaz? Per la seconda volta, insostituibile, dopo quel giorno del 1943 in cui padre de Lubac l'aveva mandata da Henry sfinito. È una donna della tempra di Henry. Più anziana di lui, è nata il 9 maggio 1899 da una famiglia modesta. Ha iniziato a lavorare molto presto, a sedici anni. A lei, l'ultima nata, affidavano i lavori più duri, quelli che gli altri rifiutavano. Niente la scoraggia. Andrebbe tutto bene, se non ci fosse quella schiena che le fa male. Una tortura che la sveglia di notte. La strada da casa al lavoro la fa a piedi. Deve sedersi continuamente, dove può, su una pietra, su un ceppo di cemento; la sofferenza è così viva! Un dannato carattere, Lucie! Del suo male non traspare niente.

Sua sorella, però, quando ritorna dalle vacanze, la trova cambiata. Osserva Lucie e prende coscienza del dolore che sopporta, senza lamentarsi, senza lagnarsi. Confiderà la sua preoccupazione alla madre. Si impone una visita dal medico. Questi le manda da uno specialista. Il dottor Bidou constata il male: « Dovrà lasciarsi curare non come una ragazza, ma come una bambina piccola ». Queste parole la lasciano perplessa, ma non tarda a comprenderle: Lucie è preda del morbo di Pott, una tubercolosi ossea che lede le vertebre in maniera irreversibile. Le ingessano la schiena a più riprese per bloccare il male. Ha degli ascessi enormi, provocati dalle ignipunture che le hanno fatto prima dell'ingessatura. Su consiglio del medico la portano in Savoia, a Grenoble, dalla madre. Lucie, distesa su un'asse di legno, guarda la sua giovinezza scivolar via tristemente. Un altro medico consultato fa la stessa diagnosi e prescrive lo stesso rimedio: l'immobilità! La ragazza resta sdraiata sulla sua asse per cinque anni. Per non soccombere, ci vogliono il suo carattere e la sua fede. Ricominciare a vivere? Non se ne parla nemmeno.

Cerca di seguire, da vicino o da lontano, tutte le attività della parrocchia. Ma soffre sempre di più. « Perché non la mandate a Lourdes? » consiglia un'amica. Le ragazze dell'oratorio fanno una colletta e le offrono il viaggio. Le infilano in tasca anche qualche moneta per le sue piccole necessità. A lei, che non può muoversi di un filo senza sentire male in tutto il corpo! Per le sue amiche, esce di casa e va a piedi in stazione!

A Lourdes, l'8 settembre 1921, assiste alla messa detta nella cappella dell'ospedale per la Natività della Vergine. E ogni giorno, mattina e sera, Lucie viene condotta alla piscina, poi alla grotta. Lungo la strada, i sassi, i dislivelli le provocano violenti dolori alla schiena. Lei sopporta e spera.

Una sera, mentre un barelliere la trasporta dalla piscina alla grotta, sente un immenso benessere. Continua a pregare e crede più che mai nella vita. Rientrata in ospedale, nulla è cambiato, ha ancora male.

Legge il giornale della Grotta. Il dottore del pellegrinaggio, a cui ha confidato la sua gioia interiore e poi la sua tristezza di fronte al dolore rimasto intatto, le ribatte: « Sciocchina, la santa Vergine ha incominciato questa sera; finirà domani ». Parole strane. Non presta loro troppa attenzione.

L'indomani mattina, Lucie sta seduta in automobile. Resta in quella posizione per un bel po', cosa che le era impossibile i giorni precedenti. Dopo pranzo, la portano alla piscina. Eccola nell'acqua, a baciare l'immagine della Vergine. Ritorna da sola in automobile. Il barelliere del giorno prima è incuriosito. Riportata alla grotta, sente di nuovo quella pace infinita che ha provato il giorno prima. Una sensazione indescrivibile.

Un'amica di vecchia data, che la ritrova a Lourdes, le chiede: « Si dice che tu sia guarita, è vero? » Lucie le propone allora di tentare un esperimento con lei. Sotto ai portici c'è un dislivello. Abitualmente, ogni volta che passa sopra quella buca, la ragazza si trattiene dal gridare. Il modo migliore per sapere se è guarita o no è di farci passare sopra l'automobile. L'auto passa sulla buca, risale: « Non sento più male, sono guarita! » annuncia Lucie raggiante.

Fa fatica, tanto è grande la gioia che prova, a far capire alla sua amica che quella buca è la prova della sua guarigione. L'auto va avanti e indietro. Il corpo di Lucie dondola sul sedile, senza sofferenza alcuna. Esce dall'automobile e va a piedi alla cappella, dove fa una genuflessione.

Al refettorio, si siede sulle panche.

Ormai si dà in pieno alla lotta nei sindacati cristiani. Arriva la guerra. Si arruola nella Resistenza... Henry ne è convinto: quell'incontro non deve niente al caso, è la mano di Dio che l'ha voluto.

All'inizio la cosa non è esente da scontri. Non sarà mai esente da scontri. Henry parte senza avvertirla; due mesi nell'Africa Nera! Due mesi senza dare notizie! Di chi si vuole prendere gioco? Non appena mette piede a Parigi, lei gli annuncia: « Ah! Eccola! Bene, io me ne torno a casa mia! » Due mesi dopo, è di ritorno. Non lo lascerà più.

Estate 1945.

Henry ha appena concluso la missione che Teitgen gli aveva affidato nell'Africa Nera. Ha mosso i primi passi nell'immenso mondo dei « diversi », dei poveri fra i più poveri. Ha avvertito che là « finiranno per scoppiare » se ci si ostina a rifiutare l'altro e a imporre la propria civiltà, senza dialogo né scambio. L'amore non tiene in conto né il colore della pelle, né la lingua, né la religione. L'amore non comanda, non fa subire. Là ha visto alcuni coloni ostentare la propria arroganza e il proprio lusso di fronte agli indigeni che si sono battuti perché la Francia continuasse a vivere.

Con il passo svelto, la testa leggermente inclinata, Henry misura a grandi passi il selciato di Parigi. A tratti, come un lampo, un ricordo d'infanzia, una battuta: « Farò il marinaio, il missionario o il brigante ». Marinaio? Già fatto. Brigante? Henry è stato abbastanza eloquente. Rimane il missionario. Non è forse quello che fa tutti i giorni?

Piccolo cappuccino assetato d'assoluto, ha lasciato il convento perché sentiva che l'adorazione, in lui, voleva vedere colui che soffre, toccarlo, dirgli: « Tu che mi chiami, ti amo. Prete sono e prete rimango ». È bello, un prete.

Il curato d'Ars soleva dire: « Lasciate un paese senza prete, entro vent'anni vi si adoreranno le bestie! »

« Mi scusi!... »

Perduto nei suoi pensieri, ha urtato un passante.

« Michel Habib! »

Habib è l'amico, il partigiano della rete della Sorbona.

« Reverendo! La credevo morto a Cambo!... »

Habib lo guarda come se avesse di fronte Lazzaro uscito dalla tomba. La schiena del prete si irrigidisce leggermente, la pelle freme. Anche il miglior amico può dimenticarci e « abituarsi all'idea » che, morto, non siete più nel novero degli abitanti del pianeta. Bell'argomento di meditazione sui fini ultimi!

Parlano dei compagni, delle reti clandestine, di de Gaulle, della Francia, del « domani ». Si rivedono. Habib è appassionato di politica, ottimista ed entusiasta, ha fede nella pratica politica.

Si annunciano le elezioni legislative dell'ottobre 1945. Si tratta di dare alla Francia una nuova costituzione, di spazzar via il vecchiume.

« Padre, lei ama queste idee, allora si presenti », gli ha detto Habib. « Lei le difenderà, e poi, avere uno o due preti a palazzo Bourbon è quasi nella tradizione della Repubblica. »

Sì, ma la politica è una tecnica, lui non ne sa niente: « Dai a Cesare quel che è di Cesare e a Dio quel che è di Dio ».

« Io sono un prete, non un deputato; il mio scrutinio è quello delle anime... »

Henry esita.

Habib, Teitgen, la cerchia di de Gaulle vogliono questo chierico partigiano, questo prete della macchia, come presenza della Chiesa nell'Assemblea. Dette in questo modo, le cose lo spingerebbero al rifiuto; l'indisciplinato vorrebbe rifiutarsi di servire da cauzione. Loro toccano la corda della sensibilità, gli ricordano il sacrificio di Roger Radisson e di Gilbert Dru, amici assassinati dalla Gestapo a Lione, le loro idee, la « loro » Francia libera e generosa, cristiana...

« Per la loro memoria, per la pace, dica di sì, reverendo. »

« Perché non vuole? »

Apre il suo cuore con franchezza:

« Non sono un esperto, non so nulla. Ma conosco la miseria. Sì, io che so, posso dire a coloro che possono e che non sanno, allora sì, accetto... »

Per questo « sì », dal momento che è prete, ci vuole la benedizione della Chiesa. Monsignor Caillot, il suo vecchio vescovo di Grenoble, ancora scosso da Vichy e dalla guerra, gli risponde con un telegramma: « Spiacente non poter personalmente assumermi simile responsabilità. Tuttavia se superiore meglio informato la esorta ad accettare, non recriminerò affatto ».

Il reverendo sottolinea con piacere le ultime tre parole « non recriminerò affatto ». Il « superiore » è il cardinale Suhard, arcivescovo di Parigi, « meglio informato » dalla sollecitudine di Teitgen...

« È importante che uomini con delle responsabilità religiose, che hanno soccorso i perseguitati, siedano in Parlamento. »

« A lei decidere », taglia corto il cardinale.

L'MRP (Movimento Popolare Repubblicano), nato dalle correnti cattoliche dell'anteguerra e di ispirazione democratico-cristiana, che persegue la giustizia sociale nello spirito della Resistenza, vuole arruorarlo sotto la sua bandiera. Se si tratta, più che di un « partito cristiano », di un partito in cui i cristiani si sentono bene, Henry potrebbe accordargli la propria fiducia. Dio e Cesare vi convivrebbero in pace e la legge umana sarebbe ispirata dal Vangelo. Niente là potrebbe dargli fastidio. Ma, essendo già in carica per un partito, quello degli sventurati, non può avere due tessere: esponente indipendente sì, membro no.

Un'appartenenza politica incatenerebbe la sua libertà, la sua schiettezza, la sua passione per la verità.

Ha bisogno di un recapito. Eccolo paracadutato in Meurthe-en-Moselle, a Nancy, che Teitgen, lasciando perdere la riserva di caccia di suo padre, gli dà in mano per prendere d'assalto Rennes. Qui o là, che cosa importa? Ci sarà sempre un « altrove ». Sulla carta non ha la minima possibilità di successo, ma lui si impegna a fondo nella battaglia, a grandi colpi di ideali, come un Don Chisciotte. Consultato per necessità, monsignor Fleury, il vescovo di Nancy, lo benedice a fior di labbra: « Nessuna obiezione, caro padre, ma nemmeno nessun impegno a darle il mio appoggio. Canonicamente, ciò non mi riguarda. Si prenda le sue responsabilità ».

« È proprio quello che desidero, monsignore, non le chiedo di essere il mio agente generale, ma sono venuto a farle visita perché lei mi conosca, perché lei sappia per quale ragione sono qui, per quale ragione ho accettato. »

Ciò non impedisce alle malelingue di funzionare a pieno ritmo: « Non fidatevi... prete interdetto... sconfessato dal monsignore ».

Che sorprendente campagna elettorale! Ostenta la sua libertà come una sfida. « Abbé Pierre, candidato indipendente, così com'è, con quello che ha potuto fare », capolista di una lista MRP, sì, perché, per legge, ci vuole una lista, ma non per simpatia, per disciplina. I cinque compagni di lista? Eccoli: Marcel Dominioni, Alexandre Caspary, Pierre Lamasse, Marie Audisson, Philippe Legendre... « né ultrareazionari, né pro-comunisti, né cospiratori massoni! »

La sfida non sembra forse perduta in partenza? Teitgen padre non ha forse riportato una clamorosa sconfitta alle ultime elezioni cantonali, tre mesi prima? Fino alla fine, l'hanno supplicato di « presentarsi MRP » chiaramente. La risposta di Henry è inappellabile: « Vostro candidato indipendente sì, membro no. Non ancora, in ogni caso, perché non sono sicuro che con l'apertura, con la forza della corrente che trasporta, voi siate in cammino per realizzare ciò per cui i nostri amici sono morti durante la guerra, e anche perché, inesperto come sono, non vedo come potrei influire sulle grandi decisioni che il partito dovrà prendere ».

Esterrefatti, gli operai e i minatori della Lorena scoprono un prete « non come gli altri », con la barba lunga, il berretto sulle ventitré, la veste carica di decorazioni.

Inesauribile Henry...

Allo stomaco parla del pane, al cuore della speranza, alla paura del coraggio, alle donne dei loro diritti, all'uomo della sua liberazione, allo spirito di vendetta della giustizia. L'epurazione? « Che la smettano, prima che l'anima dell'uomo ne marcisca, che puniscano i grandi colpevoli e che non se ne parli più! »

Villerupt, nel cuore del bacino minerario della Lorena: una sala dal soffitto a volta, nel sottosuolo, dove stanno a centinaia, ammassati gli uni sugli altri. Il reverendo tace. Le domande si susseguono a raffica, lui risponde a tutte. Un lungo silenzio. Improvvisamente, una voce grave, un operaio fra gli altri: « Può senz'altro essere che quello che lei dice sia più vero di quello che siamo abituati a sentire. Non si stupisca se ci metteremo del tempo a crederle. Siamo stati ingannati talmente tante volte! »

Quelle parole fanno centro, perché sono dette con la schiettezza della gente semplice.

Homécourt, nel bacino del ferro: uno stadio affollato. Il reverendo, impassibile, aspetta che gli esagitati della prima fila pongano fine al loro ostruzionismo: urla, risate. La folla si innervosisce, piovono sarcasmi: « Prete! Alla sacrestia! »

Con calma, appassionatamente, si è impossessato del microfono, con le mani contratte, lo sguardo ben fisso sull'uomo che ha parlato: « Il prete! alla sacrestia!... Colui che ha appena parlato vada a domandare a coloro, fra i suoi amici, che ancora ieri, braccati, dovevano passare la frontiera per salvarsi, se non erano contenti di trovare in quel momento il prete in questione per guidarli sulla montagna! »

Uno scroscio di applausi. Un trionfo.

È l'unico deputato di Meurthe-en-Moselle. A trentaquattro anni, ha votato per la prima volta...

L'arena politica! Non si sente abbastanza a suo agio per prendere parte all'orgoglio partigiano che circonda il successo dell'MRP. Diamine! Centoquarantatré seggi contro centoquarantotto! Il nuovo partito stupisce, nel novembre 1945. La SFIO trionfa. La destra storica è retrocessa. Il partito radicale crolla, troppo « vecchio », troppo Terza Repubblica...

Non contenta di aver conquistato le tradizionali roccheforti cattoliche, la « democrazia cristiana » attacca il terreno delle miniere e delle fabbriche, e porta a de Gaulle l'appoggio necessario per controbilanciare il marxismo.

Per prima cosa, bisogna dissipare ogni ambiguità. Per questo, si dimette dalla carica di cappellano e lascia la sua « casetta » riscaldata alla Casa del marinaio. Rende a Dio ciò che è di Dio, ma la Repubblica, quella, non ha un alloggio da offrirgli. Prete senza tetto. La strada.

Lucie Coutaz, a forza di annunci e a grandi falcate, batte Parigi, e trova: in una corte che dà su boulevard Saint-Germain, fra il *Flore* e i *Deux-Magots*. Ospitale, la proprietaria si vanta di alloggiare un deputato che frequenta i ministri, un prete della macchia carico di medaglie, un partigiano, un eroe. Lui lavora ogni sera fino a notte fonda. Migliaia di lettere, di sollecitazioni. Risponde, interviene.

Avvocato dei più indifesi, in mancanza di cifre eloquenti, spiattella i fatti, intenta cause, si piazza nei ministeri: Sanità, Ex combattenti, Giustizia, Pensioni, Famiglia, Lavoro... Trentadue processi in due mesi! Poi, a questi « indifesi », ammassati in stanze strapiene, dice la verità: qui ho vinto, qui ho perso. La verità, sempre la verità! Una crociata nasconde innumerevoli fatiche quotidiane. Quando il povero non riesce a nutrirsi né a trovare un alloggio ci si trova immediatamente di fronte a questioni tecniche spinose e urgenti, che rientrano nel campo dell'economia, del lavoro, dell'assistenza sociale, dell'amministrazione, del sapere. Per agire, bisogna saperle fronteggiare. Per fortuna la signorina Coutaz conosce ciò che il reverendo ignora; dalle lotte sindacali ha mantenuto solide conoscenze in materia di diritto. Intenta le cause sempre sulla base di un dossier preparato dalla sua segretaria-assistente-confidente. Lei organizza le battaglie dell'indisciplinato schedando gli arresti del *Journal officiel*. Lucie Coutaz: un computer! Il sodalizio è miracoloso. Ma tutto ciò funziona solo a prezzo di un enorme dispendio di energie. Lui non è una persona facile e non lo sarà mai; lei nemmeno, e va bene così.

L'Assemblea! Stupore! Assomiglia a una Babele. Ci si passa tutta la giornata a cianciare.

Lui lavora nel suo angolino, smista la corrispondenza, risponde alle lettere. Uomo pratico, dissidente per natura, il reverendo detesta le « partigianerie », le strategie, le tattiche, i calcoli, le alleanze. Stretto fra una destra reazionaria e una sinistra in cui i socialisti la fanno da padrone e i comunisti sono troppo ambiziosi, il giovane MRP vuole rassicurare le proprie basi. Non c'è ancora una Costituzione. Al governo, il generale de Gaulle regge il timone. Fino a quando? L'« indipendente » è furioso. Impegolati nelle loro dispute, dimenticano l'unica urgenza politica, quella del bene comune: « Pensate allo smarrimento della gente se deputati e governo danno prova di disunione proprio adesso, che non esiste nemmeno una Costituzione! » esclama.

Ci si avvicina a grandi passi alle elezioni della seconda Costituente, nel giugno del 1946. In novembre ci sarà il referendum sulla Costituzione. L'MRP minacciato, si prepara, serra le fila. Gli amici lo catechizzano: « La tua posizione per noi è smobilizzatrice. Anche noi sentiamo quest'esigenza assoluta che ti tormenta. Ma se tutti facessero come te, chi terrà testa agli altri partiti avversari, organizzati, che sono pronti o a sacrificare la giustizia al cosiddetto ordine o a fare a pezzi gli uomini per accelerare la realizzazione della propria incerta concezione della felicità? »

Il selvaggio rientrerà nei ranghi? Per lui è la cosa più difficile al mondo. È forse deluso? Indubbiamente. Ma si può lasciare la nave quando fa acqua? Alcuni l'hanno già fatto e hanno abbandonato la politica. Ma lui non appartiene alla razza dei disertori. Se Gesù ha predicato l'assoluto a degli uomini imperfetti, l'MRP ha pur il diritto di non riuscire al primo colpo a « realizzare la speranza ». Quindi aderisce. « Ma ascoltatemi bene, amici, l'adesione è un contratto. Eccone i termini: se sgarrate, rompo. Mi impegno con voi solo a questa condizione: perché gli uomini abbiano il proprio diritto e perché il nome di Dio non sia mai più maledetto dall'impostura, conscia o inconscia, di coloro che, non mancando di nulla ma restando ciechi di fronte alla sofferenza della massa, pretendono ugualmente di farne parte.»

Dato che l'MRP si fregia dell'ispirazione cristiana e partigiana, poiché si dichiara il «Partito dalla parte delle vittime», che sia. Lavoriamo insieme. L'indipendente MRP diventato candidato MRP accondiscende, ma con riserva, a disciplinarsi, fuori da ogni consegna di irreggimentazione. La sua lista per il giugno 1946 la farà da solo, senza nessun ordine del partito, secondo una sottile combinazione di presenza operaia, di garanzia partigiana, di competenza agricola. Una sola donna in questa lista, ma di carattere: la signora Guillaume, coltivatrice diretta.

Il programma di Henry? Preciso e chiaro: per i deboli, al servizio dei deboli, per la difesa dei deboli; per loro: libertà, speranza, giustizia e vita.

Le elezioni del giugno 1946 saranno un trionfo per l'MRP. Lo stesso anno, però, sarebbe iniziato il declino.

Rieletto, l'avvocato dei poveri e dei senzatetto si ritrova per l'ennesima volta in strada. Le macerie, la concorrenza imbattibile degli americani che pagano sull'unghia e in dollari; tutto, nella Francia dell'immediato dopoguerra, si allea per produrre senzatetto e vagabondi. A decine di migliaia. Allora la generosità scricchiola, cede di fronte all'interesse.

La proprietaria affittava a basso prezzo al prete-deputato. Arrivano alcuni studenti americani, ricchi, e la signora esita fra il miraggio del guadagno e il sentimento. Vada per il dollaro... Il giovane prete capirà! Ed eccola, con l'aria mortificata, imbarazzata: «Padre, non voglio mandarla via... Ma cerchi di capirmi, queste ragazze mi offrono il doppio di quello che paga lei!»

Lui la guarda dritto negli occhi e non risponde; cosa che la disorienta completamente.

Fuori! Non è la prima volta; non sarà l'ultima. Il suo vagabondare non dura mai a lungo: prete, partigiano, è un privilegiato, un aristocratico fra i senzatetto.

Il sapersi destreggiare, i contatti, la capacità di cavarsela di Lucie Coutaz e, all'angolo della strada, il caso, che gli offre un alloggio. Questa volta è il fortunato beneficiario della partenza di un funzionario, un giudice, che è appena stato trasferito in Marocco. La coppia, sul piede di partenza, si angoscia all'idea della requisizione, che minaccia il ricco appartamento nel quartiere degli Invalidi; con i tempi che corrono, la minaccia è seria. La candidatura del prete-deputato è una fortuna insperata per il magistrato, che gliene affitta metà, riservandosi una parte per i suoi viaggi a Parigi e le vacanze. L'estate seguente la signora torna improvvisamente a casa. Da sempre appassionato di lavoretti manuali, Henry ha approntato un « angolo di falegnameria » nel bagno, un incredibile groviglio di assi, scaffali di riordino, « stile Luigi Cassa », come gli dicevano scherzando i suoi fratelli e le sue sorelle a Irigny. Il « Castoro pensieroso », come lo chiamavano allora, amava riflettere tenendo occupate le mani. È una abitudine che non abbandonerà mai. La moglie del giudice torna per le vacanze. Bussa. Niente. Lo cerca e, improvvisamente, si blocca.

« Padre... »

« Signora... »

Con il martello in mano e alcuni chiodi fra i denti, Henry sta tranquillamente rifinendo la sua scaffalatura. La padrona di casa monta in collera: « Ma insomma, reverendo, lei dimentica di essere un prete! »

Il reverendo risponde con la sua voce più dolce, venata di ironia: « Ma no, signora, al contrario, mi ricordo che, proprio in quanto prete, sono al servizio di qualcuno che era del mestiere! Gesù, il figlio di Giuseppe il carpentiere! »

La donna resta senza parole. Non è decisamente ammodo... E, per la terza volta, Henry e la signorina Coutaz si ritrovano in strada.

L'Assemblea nazionale.

Ecco il campanello del presidente Herriot, grande capo del vecchio partito radicale, che troneggia sul suo «trespolo».

«Signori, il dibattito è aperto.»

Il baccano si placa.

Henry raggiunge il suo posto, discreto, nella parte alta della piccionaia, proprio di fronte al «trespolo» del presidente. Là, si accalcano le matricole, i novizi, i non papabili. Gli oratori si succedono alla tribuna: lui si annoia, si innervosisce. I politici si azzuffano su piccole questioni di parte, mentre la Francia soffre di grandi mali. L'Assemblea assomiglia a un teatro delle ombre.

Quando non ne può più, si alza ed esclama: «Come potranno coloro che non siedono in questo emiciclo, ma che domani cercheranno di sapere quale mai sia stata la preoccupazione dei propri rappresentanti, come potranno, dicevo, non giudicare ridicolo, per non dire scandaloso, il livello delle preoccupazioni degli oratori? La Francia è tutta una maceria, i disgraziati soffrono, sperano, guardano a voi. Pensate a coloro che si nascondono nel loro annientamento...»

Li ha scossi? No, anzi, si rituffano nelle loro dispute, nelle loro strategie, nelle loro sottigliezze. Ci prendono gusto.

A volte gli capita di ammirare qualche uomo politico, quando questi sacrifica ogni ambizione personale al bene comune. Per esempio, Robert Schuman: accetta il ministero delle Finanze, ministero impossibile che, per vigliaccheria, rifiutano tutti, si frega le mani dalla felicità, sebbene non possa aspettarsene alcun beneficio, alcuna gloria, eccetto quella di servire.

La politica, in questo caso, più ancora di un dovere, è una vera arte. Se nell'arte c'è una parte di Dio, allora sì, Robert Schuman è una figura di santo: «Non si è un grand'uomo per dovere più di quanto non si sarebbe un grande musicista per dovere».

Si dice di Henry che sia un anticomunista « primario » perché un giorno ha esclamato: « Volete un governo Maurice Thorez? »

« Anticomunista? Perché? Non si tratta di inimicizia nei loro confronti. Avendo la certezza che si sbagliano, non è forse un atto d'amicizia dire loro, senza tanti giri di parole: 'No... Noi non vogliamo il comunismo perché lo crediamo falso e, nelle cose essenziali, contrario alla nostra coscienza?' Che cos'è il comunismo? È una manifestazione di Disperazione nella Speranza, attraverso la quale ci si rassegna, per così dire, per un certo tempo... a degli eccessi disumani per accelerare la venuta di un Eden umano. È un'illusione. »

Se si oppone ai comunisti, nondimeno mantiene solide amicizie fra di loro, dal tempo della Resistenza, quando c'era un solo nemico: il nazismo. Su tutti i banchi, si rispetta Henry Grouès. Clericali o anticlericali, ai deputati piace quest'uomo di Dio che parla di una via che conduce a qualcosa di concreto. Soltanto gli estremisti di destra lo aborriscono apertamente e lo trattano da « Lamennais lorenese », da « avventuriero », da « apostata », da « eretico »...

1947, l'anno terribile. L'anno dello scisma: la nazione si lacera. Il blocco comunista si irrigidisce dietro la cortina di ferro. La Francia ha fame. Le gelate hanno distrutto i raccolti di grano, le riserve si esauriscono, i contadini francesi si chiudono nell'immobilismo e nel rifiuto. I prezzi salgono alle stelle, dunque è possibile patire la mancanza di pane in un paese avanzato, in tempo di pace! Tutta la società è fragile. Chiesa e Stato hanno un medesimo sussulto. Il cardinale Suhard, il pastore Boegner, il presidente Vincent Auriol lanciano un unico grido d'allarme: « La Crociata del grano! » Se c'è una bella lotta, è proprio questa. Dal momento che si tratta della miseria, Henry è in prima fila, in Parlamento, nelle sue città e nei suoi paesi della Lorena. Non ha più un soldo, la sua indennità parlamentare la passa ai poveri. Per lui, è un'abitudine!

Scioperi dappertutto, perché non se ne può più. La Renault... i gassisti... gli elettricisti... i ferrovieri... In novembre, si sfiora l'insurrezione. La scintilla scoppia il 10, a Marsiglia, a causa di un aumento del biglietto del tram; il 13, è la volta delle Houillères du Nord, le industrie carbonifere. Lo sciopero generale paralizza il paese. I minatori affrontano i CRS e l'esercito. L'Assemblea si divide. Henry Grouès si precipita sulla tribuna: « Se non ricorriamo immediatamente alla giustizia, sappiamo che lo sciopero rinascerà sempre, perché la base, la causa prima è legittima, è la *miseria*! Esiste una miseria estrema, è là che, prima di tutto, dobbiamo dirigere i nostri sforzi. Se sono entrato nella Resistenza, nella quale provenivamo da tutti i fronti, è stato perché si realizzasse la piena e vera liberazione operaia. È stato l'amore per la giustizia a gettarci nella lotta. Vogliamo che non si possa mai più dire che i rappresentanti della fede, la mia e quella di tanti altri fra noi, non sono i difensori, e i primi! di questo movimento di liberazione di tutta una parte dell'umanità, che si trova in una situazione indegna di lei!... »

L'Assemblea applaude.

A buon intenditor, poche parole! È a coloro che soffrono che pensa Henry lasciando la tribuna... « Ora, se volete lasciare via libera al comunismo, continuate a fare una politica egoisticamente individualistica, andate a perdervi l'anima... Io non ci sarò. »

1947. La situazione del paese peggiora; de Gaulle ritorna alla politica. Allontanatosene un anno prima con un atto repentino, perché la Francia ai suoi occhi era ridiventata piccola, il combattente solitario del 18 giugno aveva scelto di eclissarsi con onore. L'uomo dei grandi rifiuti non aveva l'anima del dittatore. Amava la Francia di una passione profonda, quasi esclusiva. Prenderla con la forza? No, sapeva piegarsi alle leggi. Allora Henry aveva chiesto di vederlo, e de Gaulle l'aveva ricevuto. Disilluso, distante, di fronte al reverendo, aveva parlato come se fosse stato da solo, rievocando temi scottanti. Quello stesso giorno, avrebbe avuto luogo lo scontro con André Philip, al termine del quale il generale avrebbe dato le dimissioni. Proprio appena prima che si aprisse il dibattito, Henry Grouès aveva scarabocchiato su un pezzo di carta queste parole: « Sono appena stato a trovarlo, se ne va ». Aveva fatto recapitare il biglietto a un amico, un barone del gollismo, che sedeva nella parte più bassa dell'emiciclo. L'altro, sbalordito, aveva risposto: « Non è possibile! Ce lo avrebbe detto... » Sottinteso: « come fa a saperlo, il pretino? »

Nel 1947, dunque, de Gaulle è di ritorno. Ha creato l'Unione del popolo francese, l'RPF, il fronte degli scontenti. « L'RPF è come il metrò », dirà Malraux. Raggruppa operai, contadini, piccolo-borghesi delusi, alto-borghesi impauriti e gollisti accaniti.

A Strasburgo si tiene la grande assemblea gollista. È il battesimo dell'RPF, all'ombra della Croce di Lorena: Strasburgo 1947 o il « plebiscito » gollista. Sul treno sovraffollato che va verso l'est, Henry incontra il suo amico della Resistenza, Stanislas Fumet.

« Dài, reverendo, vieni con noi a Strasburgo. »

« No », risponde Henry sorridendo, « mi fermo a Nancy. Cerca di capirmi, non posso essere idolatra... »

Rimettersi a un solo uomo, chiunque egli sia, significa rischiare l'onore di Dio. I suoi rapporti con de Gaulle saranno sempre così, segnati dal rispetto ma svincolati da ogni sottomissione.

1947, l'anno di tutti i pericoli.

Fra comunisti e gollisti, questa volta, è la rottura definitiva. A est della cortina di ferro, Stalin fa sentire sempre di più il suo pugno. Non si conosce ancora l'entità dei suoi crimini. Dall'Urss, l'MRP. Bidault ritorna con un po' di carbone e un solido anticomunismo. Troppo tardi. Di fronte all'impegno preciso del gollismo, la « democrazia cristiana » francese crolla.

Riesce soltanto a mantenere i suoi feudi tradizionali, l'Alsazia e la Bretagna cattolica. Quale sarà l'atteggiamento dell'abbé Pierre di fronte alla guerra fredda e al comunismo?

Molti cattolici, come gli animatori di *Esprit* e di *Témoignage Chrétien*, passano volentieri da un fronte all'altro. L'antibolscevismo dopo l'antinazismo. Non è il caso di Henry. In questa crociata non ha l'impressione di partecipare a un movimento per la pace. E se si tentasse di capire l'altro? Nello stesso modo in cui ha detto ai suoi amici, i comunisti francesi, « Vi sbagliate! » rivela a Bogomolov, l'ambasciatore sovietico in Francia, il suo sentimento profondo: « Sì, desidero capirvi, capire il mondo russo, venire da voi, incontrare il maggior numero possibile di persone ». Il colloquio si svolge senza protocollo, in mezzo a una pila di incartamenti, in una stanza del modesto *Hôtel de Genève*.

« Lei crede possibile la guerra, signor ambasciatore? »

« Può scoppiare come un accesso di follia furiosa, senza ragione. In un individuo predisposto a una malattia, la causa del male esiste ancora prima che esso si riveli. Quanto a noi, chiediamo una cosa sola: la pace. »

Il presidente della Confederazione mondiale, cioè del movimento federalista universale, è un inglese, lord Boyd Orr, il futuro fondatore della FAO.

Henry, lui, ottiene la vicepresidenza, senza averla nemmeno chiesta. Quando il presidente del Consiglio esecutivo, un pastore, si ammala, gli si chiede di sostituirlo, con l'aiuto di Élizabeth Borgese, la figlia di Thomas Mann. Le malelingue non mancano di far notare: « Non parla nemmeno l'inglese ». Lord Beveridge replica, senza appello: « Indubbiamente, ma parla una lingua che può essere capita da tutto il genere umano ».

Un solo pianeta, una sola legge, una sola e medesima umanità. Henry mette in questa impresa tutta la passione di cui è capace. La gioventù non è più la somma delle singole gioventù nazionali, è l'immenso e unico assemblaggio di tutti i giovani del mondo. Dietro all'apparente diversità della torre di Babele, esiste, in realtà, un solo punto di riferimento: l'uomo, capace del più grande bene come del più grande male.

1949. Università di Princeton: una casa di legno, un po' isolata, Albert Einstein e l'abbé Pierre.

«Oh, sa, la fede... non ne sono esperto...»

I capelli diritti sulla testa, gli occhi vivacissimi, l'aspetto semplice, Einstein si confida. La bomba? Sì, prova dei rimorsi. È angosciato all'idea di aver dato la possibilità a dei governi e a dei popoli così infantili di detenere un tale potere. Ma c'è di peggio della bomba: «Là dove regnava, endemica, nei paesi poveri, si può far regredire la morte grazie alle scoperte biologiche, agli antibiotici, alla scienza. Eppure, se si è capaci di impedire di morire, non si è capaci di far vivere veramente, cioè fuori della miseria. Questa contraddizione è tanto più drammatica in quanto l'esplosione di vita non è nulla in confronto all'esplosione psichica, all'esplosione della conoscenza. Con la guerra, i popoli poveri hanno visto sorgere aeroporti, affluire indumenti, cibo, armi... e soprattutto uomini che vivono nel lusso e nell'eccesso. Si è chiesto a questi popoli di battersi insieme a noi per la libertà e per la giustizia. E, una volta finita la guerra, eccoli ringraziati, congedati, affamati. Che cosa succederà il giorno in cui i quattro quinti dell'umanità diranno di no? Siamo lucidi. Accanto al bene individuale, c'è il bene comune. Questo è, oggi, l'imperativo categorico: prendere coscienza di un bene comune mondiale...»

Henry è sbalordito. Gli manca solo la fede, pensa... Riaccompagnandolo, uno degli intimi di Einstein gli dice: «Di fronte al mistero spirituale non nega mai, è come un bambino preso fra il timore e la meraviglia dell'Ignoto...»

… Straccivendolo

L'AVVENTURA era inziata prima, nel paese di Neuilly-Plaisance, quando la moglie di un giudice mise in strada l'abbé Grouès-Pierre perché non era « ammodo ». Henry, con il giubbotto sopra la veste, aveva battuto le agenzie di tutta Parigi: niente. Gli chiedevano soltanto degli affitti folli, più o meno equivalenti all'importo della sua indennità di deputato. Un agente immobiliare, però, gli propose qualcosa di non particolarmente brillante, stando alle sue parole, una casa in affitto, in periferia, a Neuilly-Plaisance: due piani, mezzo ettaro di giardino, due piccoli padiglioni, il tutto per cinquantamila franchi!

È un vecchio palazzotto che doveva avere del fascino al tempo del suo splendore. Oggi, è una villa fantasma, abbandonata prima della guerra. È stata saccheggiata. Quasi una rovina, aggredita dalle erbacce e straziata dai rovi. Eppure, più la guarda, più le sembra che attraverso il suo sguardo quella casa ritorni a vivere… Le ferite, non le vede. La signorina Coutaz fa l'inventario: un soffitto crollato, alcune finestre senza vetri; il riscaldamento rotto, le grondaie bucate, il pavimento marcio, una scala a pioli al posto della scala in muratura, il pozzo nero fuori uso. Henry fa il giro, una volta, due volte. Respira a pieni polmoni in giardino: gli alberi da frutta profumano, vi nascono spontaneamente. Un'atmosfera di pace. Pensa a Irigny, al «Vecchio porto», alla sua infanzia!

«Lasciarla andare ulteriormente in rovina sarebbe stupido, signorina, rivivrà!»

La signorina Coutaz, quasi stupita di non veder apparire delle bestie feroci dai cespugli, tergiversa:

«Ma è una giungla!»

«Sa qual è il miglior modo per rimettersi in forze dopo le sedute in Parlamento? È inzuppare la camicia di sudore lavorando con le proprie mani!»

Su questa battuta, l'affare viene concluso. D'altronde, Lucie Coutaz incomincia a fare l'abitudine alle follie del reverendo. Henry prende il rudere e firma senza volerlo una locazione con l'avventura.

Al 38 di avenue Paul-Doumer, a Neuilly-Plaisance, dodici chilometri a est di Parigi, un prete-deputato decorato, con la tonaca al vento, fa le acrobazie sul tetto, con i chiodi fra i denti e un martello nella mano destra. I vicini sono stupefatti. È forse così che si comporta un prete? Henry si dice che, al contrario, un prete ricco è un'aberrazione. L'asse che sta inchiodando per tappare un buco, la immagina come un ponte fra la Parigi dei deputati e la periferia del popolo. Evidentemente, gli altri non possono sapere che in gioventù gli scout lo chiamavano «Castoro pensieroso». Ebbene, «Castoro pensieroso» è diventato «Prete carpentiere»!

Tutto è cominciato perché la casa era troppo grande e non voleva viverci come un signore nel suo castello. Un deputato e la sua segretaria-confidente-governante, la famiglia di un senatore amico, al pianoterra, anche lui vittima della crisi degli alloggi, è davvero troppo poco! Se la casa rinasce per la magia di questo Merlino povero, è per diventare un luogo di accoglienza come ne esistevano nel Medioevo. Bisogna ripristinare quel sentimento di comunità e quel desiderio di «essere insieme», che si confondono con il diritto d'asilo.

La gioventù, che non teme né i viaggi, né gli oceani, né

le frontiere, verrà fino a Neuilly-Plaisance per le vacanze; e, tutti i fine settimana, la casa accoglierà studenti francesi.

« Ebbene, no, signorina, la casa non è troppo grande. Rivive in mezzo alle risate, alle conversazioni segrete e agli sguardi ardenti di quelli che cercano sempre. È perfino troppo piccola per ospitare tanta speranza. »

« È magnifico, reverendo, non ce ne sono abbastanza di queste case intorno a Parigi, bisogna ingrandirla. »

A questo non resiste! Henry si rimbocca le maniche. Infaticabile carpentiere, guadagna in abilità, e la casa in pareti divisorie, in nuove stanze, in camere... Questo alloggio non conosce « numeri chiusi ».

Eccolo al mercato delle Pulci, a prendere i fiori che la vecchia venditrice gli offre ogni volta, con un bacio. Compera coperte, materassi, letti, che si ammucchiano, cinque, sei, sette per stanza, e nel giardino, sotto delle tende. Neuilly-Plaisance, in avenue Paul-Doumer 38, diventa l'accampamento della pace, e lui l'architetto-economo di tutti i suoi futuri « ingegneri della fraternità ». Fin dal sabato sera, sono là, spesso in cinquanta! Per scoraggiare i vicini dall'offendere l'anarchia e la bohème, per rassicurarli e metterli a zittire, Henry « legalizza » l'istituzione alla prefettura. Ha diritto a « ospitare di notte ». Tributo pagato all'ordine pubblico e al buoncostume. La nuova « Association de Rencontres Culturelles » riceve la suprema benedizione: la direzione delle opere diocesane di Versailles la integra nella Federazione francese degli ostelli della gioventù. Eccola autorizzata, riconosciuta, nobilitata. Non è la corte dei miracoli, ma il miracolo in corso:* cinquemila notti di passaggio nel 1948, settemila l'anno dopo.

Quando sale i gradini che lo portano alla piccionaia di palazzo Bourbon, Henry pensa al suo palazzo, a Neuilly-Plaisance. L'eco delle parole dei « suoi ragazzi » copre il gracidio dei politici alla tribuna. Loro, laggiù, costruiscono l'av-

* Intraducibile gioco di parole fra il francese *cour* (corte) e *cours* (corso) (*N.d.T.*)

venire. Al foro, Henry è per la maggior parte del tempo fuorigioco, in disparte; ha la mente altrove.

E se la si chiamasse *Emmaus*...

Ha un solo desiderio: tornare a casa in fretta, la sera, a Neuilly-Plaisance, per stringere le mani degli adolescenti, vedere i loro occhi. « Emmaus », mormora; loro non sentono, stanno ridendo. Li ama, perché credono nell'avvenire. Ma al di sotto della gioia, avverte anche le lacrime e lo strazio di questi ragazzi nati prima e durante la guerra. La negazione della vita, i campi di sterminio... non si esce incolumi dal terrore.

Ed Henry ripete dolcemente: « Emmaus ». Questi adolescenti non si fidano dei loro fratelli maggiori che governano. E se Dio fosse morto! Ma no, nei loro occhi c'è quella luce così viva, la luce della speranza dei pellegrini di Emmaus; il barbaglio del « fuoco della sera ». Emmaus, un paesino della Palestina, alla periferia di Gerusalemme... Neuilly-Plaisance, un paesino della Francia, alla periferia di Parigi. Henry afferra un barattolo di vernice, un'asse e, davanti ai ragazzi sbalorditi, scrive quel nome: Emmaus. Inchioda sulla porta quell'insegna di fortuna e racconta loro la meravigliosa storia: « Gesù è appena stato crocifisso. Gli apostoli si nascondono. Hanno paura di essere catturati, fuggono. Due di loro camminano nella notte, disperati. La domenica prima, sono state le Palme. Dopo la speranza, il crollo. Gesù è stato giudicato, torturato, suppliziato. Camminano. Ed ecco che un viaggiatore, che cammina più in fretta di loro, li raggiunge. 'Perché fuggite?' Silenzio. 'Perché siete tristi?' 'Doveva liberarci ed è morto sulla croce.' 'E la legge d'amore', dice loro l'altro, 'l'avete dimenticata la legge d'amore donata in cambio della sua morte?...' Fanno una sosta nell'albergo di un paesino, Emmaus. Dividono il pane... è il viaggiatore a spezzarlo... 'Signore!' C'è Gesù di fronte a loro. Sparisce di nuovo, ma i discepoli lo conservano nel proprio cuore, non fuggono più, non hanno più paura. Ritornano a Gerusalemme a portare agli altri la notizia: 'È vivo! Tocca a noi, ora, diffondere l'amore'. La loro entusiastica disillusione è la vostra. Viviate con il pensiero fisso che ci sono persone più sfortunate di voi. Gesù non è venuto soltanto per aiutare i poveri. Ma ha scelto di essere povero, e di essere il più povero fra i poveri, perché sapeva che per essere da loro creduto bisognava assomigliare loro e condividere la loro sofferenza».

E poi un giorno, tutto comincia veramente. Arriva un giovane della Gioventù operaia cristiana, affannato.

«Padre, bisogna che venga a Villemomble, è orribile. Un uomo ha tentato di uccidersi, non è morto, presto!»

Henry si precipita.

Georges vuole morire. Ha quarant'anni, ne dimostra sessanta, tanto la vita l'ha straziato. È disperato.

«Volevo tanto bene alla mamma, quando ero bambino... Era orribile, mio padre beveva ed era un donnaiolo, la picchiava. Allora, vedevo la mamma che apriva un cassetto e accarezzava una rivoltella. 'Un giorno mi vendicherò', diceva. Ebbene, padre, sono stato io a vendicarla... Lei capisce. Mi sono fidanzato un giorno con una ragazza che adoravo. Se n'è andata senza dirmi niente e si è sposata con un altro, senza amore... E poi ho saputo da alcune lettere anonime che una carogna, l'amante di mio padre... Quelle lettere raccontavano cose ignobili ed è per questo che la mia fidanzata se n'è andata... Ero disperato... Non sono cattivo, ma ho voluto uccidere quella donnaccia. Ho preso la rivoltella della mamma, gliel'ho puntata addosso e ho sparato... Mio padre si è precipitato... Ha preso lui il colpo. Mi hanno condannato ai lavori forzati a vita, alla Cayenna. Questa è la giustizia! Vent'anni! È durato vent'anni...»

Smette di parlare. Piange. Henry gli accarezza il viso.

«Mi hanno liberato, graziato, come si suol dire, per buona condotta... Avevo salvato un tipo da un incendio, un pezzo grosso; queste cose le premiano, anche ai lavori forzati! Ma quando sono tornato a casa è stato ancora peggio... Niente più amici, niente più famiglia. Mia moglie era fuggita con un altro. Ma mi sono detto: c'è la mia bambina, non l'ho mai vista. Se avesse letto le lettere che mi scriveva, padre, delle lettere piene d'amore. Ho tenuto duro per lei, solo per lei. E allora... »

Georges singhiozza. Riesce a malapena a parlare.

« Allora, l'ho vista. Una bella ragazza di vent'anni. Sono corso per abbracciarla... Lei... Lei è indietreggiata. Credeva di ritrovare il suo papà come lo vedeva nei sogni. No, no, terrorizzata... Terrorizzata. Col disgusto negli occhi. Perché ero vecchio, malato. Bevevo. Si vede, queste tracce rimangono... »

Henry si sente impotente. Cerca delle parole di compassione, delle parole da prete, ma a che pro? Quest'uomo ricomincerà, perché vuole morire.

« Sì, voglio morire, morire, capisci, tu, prete? Voglio morire! Perché non c'è più nulla! »

« Tu sei infelice e io non posso darti nulla. Ho solo debiti. Sono deputato, ma il denaro è già speso prima che arrivi... Io non posso darti niente, ma tu, in fondo, sei libero, dato che vuoi ucciderti. Prima di farlo, accetta di darmi una mano per aiutare gli altri. Mi ammazzo di fatica giorno e notte, sono stremato, non ne posso più. Con te farò più in fretta, ci metterò meno tempo a trovare un alloggio a queste madri che piangono perché il marito beve e perché i bambini sono malati, perché non ne possono più di vivere in quattro in una cantina. In due, si uscirà più facilmente dall'inferno. »

Queste parole sono venute d'istinto.

Il viso di Georges è cambiato. Nei suoi occhi c'è un bagliore di vita. Tutto si ribalta, non è più solo. L'avventura di Emmaus nasce nel momento in cui Georges decide improvvisamente di vivere. Henry non ha applicato le regole della beneficenza, non ha detto a Georges: « Tu sei infelice, ti darò... » Ha fatto esattamente il contrario: « Io non posso darti nulla, ma tu puoi donarmi affinché, insieme, doniamo tutto ». Georges non è più l'assistito, il postulante, colui che riceve. Lui, l'umiliato, l'assassino, il forzato, diventa il donatore, un « mendicante donatore » e domani una donna gli dirà, con le lacrime agli occhi « grazie ». Per questo, Georges vuole vivere.

La prima comunità di Emmaus è nata senza che lo si sapesse, dall'incontro di un prete, che si trovava a essere deputato per un caso di guerra, e un assassino, che aveva appena fallito il proprio suicidio.

« Vieni, insieme faremo delle belle cose », gli ha detto Henry. La signorina Coutaz non si aspettava che tutto iniziasse con un condannato ai lavori forzati pentito e non era affatto contenta di doverlo accogliere sotto il proprio tetto. Condannati, carpentieri, muratori, falegnami, sia! Ma da lì a vivere insieme con loro! La follia del reverendo incominciava a volgere al delirio. Henry dovrà aspettare che distolga lo sguardo, che sua sorella, malata, reclami la sua presenza vicino a sé, a Grenoble, per installare Georges al 38 di avenue Paul-Doumer.

Il prete e l'assassino incominciano un singolare pellegrinaggio presso la miseria, presso gli appelli disperati della gente che soffre da morire. « Padre, lei mi ha ridato una ragione di vita... » Quante volte, in quindici anni, Georges ripeterà questa frase al reverendo? Anche l'ultimo giorno, quando muore, in un sanatorio di Liancourt, con Henry vicino: « Padre, qualsiasi cosa mi avesse dato, avrei ricominciato a volermi ammazzare. Quello che mi mancava non era il denaro per vivere, erano delle ragioni di vita... delle ragioni di vita ».

All'inizio erano solo in due. Henry diceva messa e Georges lo serviva. Non c'era nessun altro. « Ma sembra acqua! » Georges aveva messo dell'acqua nelle ampolline perché non c'era più vino. L'aveva bevuto. Allora Henry lo strapazzava. Georges, che non era stupido, assumeva un'aria tragica, raccoglieva le sue poche cose. Henry lo sente ancora: « Va bene, va bene, ho capito, so che cosa mi rimane da fare! »

Se ne andava. Il reverendo gli correva dietro.

« Non fare l'idiota, Georges! »

Una pacca sulla spalla, un sorriso e tutto ripartiva di nuovo. In Georges la tragedia era troppo calda, tatuata nell'intimo, pronta a rinascere alla minima tristezza. Non si gioca con degli uomini distrutti, anche se hanno voglia di rimettersi in piedi.

Dappertutto, a Neuilly-Plaisance e nei paesi vicini, nelle case si parla di questa curiosa coppia: monsignor Myriel e Jean Valjean, *I miserabili* per i colti, il prete e il forzato per gli altri. Non se ne seccavano affatto, comunque. Per loro era un'occasione di sbarazzarsi di barboni e mendicanti che gli si appiccicavano alle costole. Mettevano loro in mano una moneta e gli dicevano: « Tieni, vecchio mio, prendi l'autobus. Vai a Neuilly-Plaisance, dall'abbé Pierre. Non puoi sbagliarti, c'è un tipo che si chiama Georges, ha una brutta faccia come la tua ».

E il poveraccio arrivava. Bussava.

« Cerco l'abbé Pierre. »

« Entra. »

Gli davano da mangiare. Gli davano da dormire. Il giorno dopo rimaneva o se ne andava, dove lo portava il vento. Molti si fermavano.

Dopo Georges ne venne un secondo, poi un terzo, poi quattro, cinque, sei... Il numero rimase stabile per un po' di tempo. Si viveva dell'indennità parlamentare. « Vedete bene che non bisogna mai parlarne male. Può servire », diceva Henry. Lavoravano tutti insieme. Rimettevano a posto la casa, l'ingrandivano e rispondevano agli appelli di sconforto che giungevano dappertutto. Georges, Auguste, Paul, César, Jules... Quei cinque erano una sorta di compendio della miseria del mondo. Dopo aver toccato il fondo, ritornavano a galla. *De Profundis*.

La convivenza, talvolta, era difficile: non basta essere poveracci per sentirsi fratelli. Henry si assentava spesso per soddisfare le esigenze del suo mandato, e la signorina Coutaz doveva mostrare coraggio, pazienza e fermezza di fronte a quei bruti dal grande cuore le cui ferite sanguinavano ancora. Non erano certo degli angeli. Non avvenivano miracoli a Neuilly-Plaisance, non ancora... Quando Auguste, che avevano soprannominato « Zanzara », un piccolo bretone tutto nervi, alcolizzato all'ultimo stadio, beveva mezzo bicchiere di birra, lui, l'eroe della Resistenza, carico di decorazioni, eroe decaduto ma comunque eroe, voleva ammazzare César. César cucinava e Zanzara lo aiutava: « Ti ammazzerò! »

Perché Zanzara voleva uccidere César? César, gigante storpio, maledettamente intelligente, « ci aveva lasciato lo zampino » sul fronte russo, per la causa nazista. Era un veterano della legione Carlomagno, una divisione delle SS non tedesca.

Quella sera, Henry apre la porta. È tardi. All'Assemblea non finivano più di discutere. Rimane sul pianerottolo, raggelato. « Lulu il terrore », questo è il soprannome della signorina Coutaz, la fronte aggrottata, sbarra la scala, con una mano su ciascun corrimano. Dietro di lei, Zanzara, terrorizzato a sua volta da un César schiumante di rabbia, con in mano un coltello a serramanico aperto.

« César, lascialo! »

« Voglio ammazzarlo, lasciami passare! »

Henry si precipita sul colosso e, con il suo bastone, colpisce César finché il coltello non cade a terra.

« Non ne hai bisogno qui », dice, raccogliendolo.

Al colosso si è improvvisamente snebbiata la mente. Henry guarda la signorina Coutaz. Non dicono niente, ma stanno pensando la stessa cosa: il 38 di Paul-Doumer è una clinica psichiatrica con un medico che deve reclutare il personale fra gli ammalati stessi! Quando si è stati infelici come lo sono stati loro, si rimane incrinati; questo non sempre si vede e prende mille forme, ma loro sono incrinati un bel po'. Ogni tanto, bisogna che ciò si manifesti!

Né angeli, né demoni, sono uomini che cercano di rialzarsi appoggiandosi a Henry. Come Georges, cercano una ragione di vita in questo mondo di follia. Non è una strada facile, bisogna aiutarli. Ma è bello vedere questi relitti umani attingere al fondo di se stessi quello che può rimanere di voglia di vivere e di sperare. I compagni del reverendo, una volta medicati, si sforzano essi stessi di fare del bene, di sostenersi fra perduti, di guarire altre disperazioni. Henry ha spiegato loro: « L'unico dono, quello vero, è di servire per primi coloro che soffrono di più ». Allora, vacillando, con la debolezza dei convalescenti, cercano di rispettare questa regola di vita.

Quella notte, Henry non dorme, li ascolta parlare fra di loro, di tutto e di niente, della loro jella, della loro fortuna, della vita. Non l'hanno visto, forse si sarebbero zittiti per timidezza. Parlano, ed è bello come una strana poesia. Improvvisamente, Henry afferra delle parole che gli mozzano il fiato, tanto il tipo ci ha messo forza, violenza interiore: « Capisci, questo è sincero! » Moriva di fame sul marciapiede e un'anima buona gli ha detto « di andare dall'abbé Pierre », è per questo che adesso è lì.

Henry percepisce in quella voce, in quelle parole, qualcosa di sconvolgente. Sente che tutto ciò va oltre quell'uomo, viene da oltre la miseria, da molto più lontano. È come un'eco della parola del Giudizio universale, quando Cristo, dopo la vostra morte, vi dirà: « Avevo fame, avevo freddo, che cosa avete fatto per me? » Ed Henry si ricorda della sua adorazione, di quel bisogno di assoluto che non l'ha mai lasciato, adolescente, monaco o partigiano che fosse. Ciò che ha appena detto. Quel tizio sta parlando dell'adorazione allo stato puro. Quella parola « sincera » è l'assoluto fatto Amore, è la presenza di Dio, è Dio che si trova veramente lì.

Quando bisticciano, si perseguitano fra di loro, e in mezzo alle ingiurie e alle volgarità esce una pietra levigata, un diamante: « Perché sei andato alla messa del padre, baciapile? » È successo l'altra notte, ce l'avevano con un poveraccio che aveva servito la messa nella cappelletta e che, innocentemente, aveva detto loro: « Perché, voi credete che il padre potrebbe fare quello che fa per noi se Dio non esistesse? » Non aveva detto: « Credi che se il padre non fosse religioso... » No, ma: « Se Dio non esistesse ».

Per mettere nel proprio cuore l'amore degli altri, per soffrire quando uno soffre, non è forse necessario che esista questa sorgente d'Amore?

Che cosa non c'è voluto di costanza e di volontà alla signorina Coutaz per abituarsi a vivere in compagnia di quei relitti umani che il reverendo, da dopo l'incontro con Georges, aveva deciso di rimettere in piedi con una terapia tutta sua! Per Henry, si trattava di amore, una riflessione sull'amore, un amore in atto che gli appariva un'elementare verità perché aveva vissuto nell'adorazione. Il Vangelo aveva fatto un salto di parecchi secoli, era dei giorni nostri, lo si era appena scritto. Non c'era più storia, il Cristo era là, vivente. Henry non era pedagogo, questi relitti umani che lo attorniavano non li evangelizzava, non predicava loro un amore fatto di parole. Le azioni parlavano da sole.

Di fronte a quella gente segnata dalla vita, che ha lasciato la presa e mollato gli ormeggi, Henry ha deciso di non predicare. Uomo fra gli uomini, più che prete. Quando gli domandano, spesso, con un sorriso ironico: « Ci riesci a parlar loro di Dio? » lui risponde, imperturbabile: « Io poco, ma loro spesso! »

Sì, bevevano, quando avevano la malinconia. Non era il paradiso. La signorina Coutaz lo sapeva e sopportava, con amore, ma con determinazione. Quella donna, profondamente buona, aveva un carattere eccezionale. « Lulu il terrore », la « Torre di controllo », li impressionava. Emmaus la riguardava quanto riguardava il reverendo. Senza quel « sì » che gli aveva detto l'indomani della guerra, in uno slancio inesplicabile, che cosa sarebbe successo? Forse la stessa cosa, forse niente, forse qualcos'altro... La Provvidenza avrebbe provveduto a tutto; Henry l'aveva chiamata, lei aveva risposto.

I primi tempi, vedevano avvicinarsi la domenica con angoscia. Il giorno del Signore, Henry lo chiama ora il « giorno del Diavolo » o « le ventiquattr'ore maledette », perché, non lavorando, bevono come hanno sempre fatto. Il corpo reclama; è un dato di fatto, sono quasi tutti alcolizzati. La signorina Coutaz ed Henry camminano su e giù davanti alla porta; li aspettano, ogni volta temono il peggio. È arrivata la sera. In un bar, uno dei compagni, pieno d'alcol, piagnucola in un angolo: ha la sbornia triste. Zanzara ha appena vuotato il suo bicchiere di troppo e picchia tutto quello che si muove. Il calzolaio ha tagliato la corda, vagabondando per abitudine o per paura dei poliziotti. Hanno tutti, prima o poi, la tentazione di «fare la bella», di ritornare alla loro vita di disperati, di ricadere... Ma capita sempre meno, perché si sentono meglio attorno a questo prete che non parla «colto», che non si nasconde dietro a bigotterie e che accorre non appena lo chiamano. Si considerano anche un po' come la scorta di Henry. Si farebbero degli scrupoli a definirsi suoi «apostoli», perché ci si può trovare in fondo al baratro e mantenere un senso di pudore di fronte al socio.

Un deputato non sanno bene che cosa sia... e non lo votano neanche. Sanno soltanto che la Repubblica li lascia sul marciapiede a stomaco vuoto. Ma se il padre lavora per la Repubblica, allora forse vale la pena di andare a vedere. Eccoli in «visita ufficiale», quella domenica. Perlomeno, non si sbronzeranno. Il vecchio macinino riparato alla meno peggio, dopo che Henry ha venduto la sua auto da deputato a trazione anteriore, si ferma nel cortile di palazzo Bourbon, davanti agli uscieri sbalorditi.

«È qui che lavora, padre? Fa un certo effetto...»

Si sono fatti belli, puliti e rasati per fare onore al loro prete-deputato. Non capita tutti i giorni, di frequentare un simile prete! Il palazzo, l'emiciclo vengono visitati in tutti gli angoli; salgono alla piccionaia: si siedono al posto del reverendo, poi sulla poltrona del presidente Herriot, sul «trespolo». Come sono fieri, la sera, a casa, durante la cena! Fieri e silenziosi. Al dessert, César, che si è fatto tutti i portaceneri del tempio della Repubblica, lascia cadere un papale: «Tenete, visto che ci spartiamo l'indennità del padre, possiamo tranquillamente spartirci anche i mozziconi dei deputati!»

L'inverno si avvicina, con tutta la sua inevitabile miseria. Tutto è iniziato perché la casa era troppo grande; eccola diventata troppo piccola per ospitare, consolare, accogliere. Bisogna costruire, ingrandire, raddoppiare, triplicare, decuplicare la capacità di ricezione. Henry, come deputato, è al centro delle informazioni. Viene a sapere che l'amministrazione del

Demanio mette in vendita delle baracche costruite nel 1940 per i tedeschi, alla caserma di Saint-Denis. Ha borbottato: « Ne ho bisogno ». La signorina Coutaz scuote la testa, sa bene che niente lo fermerà. Ecco Henry piantato di fronte all'usciere, a spingere l'offerta fino a duecentomila franchi. Aggiudicato! Peccato che si sia dimenticato di avere solo quarantamila franchi in tasca... che cosa importa! Fa vedere il suo biglietto: abbé Grouès Pierre, deputato, partigiano, decorato...

« Ha due mesi per pagare, reverendo. »

« Grazie. »

Ci vanno con tutto il cuore a Saint-Denis, i compagni demolitori-costruttori, cantando, e portano il materiale a Neuilly-Plaisance. Henry, con le maniche rimboccate, riflette sul cantiere: « Ama il tuo prossimo come te stesso. Su », si dice, « vado a sistemarli per benino ». Ha fatto un ragionamento molto evangelico e, nello stesso tempo, molto cartesiano, secondo il quale lui è il prossimo più vicino per i suoi colleghi deputati!

Ed eccolo battere i corridoi di palazzo Bourbon, chiede l'elemosina senza eccezioni e senza vergogna, dal cristiano MRP al radicale o al comunista ateo, convinto che la causa è buona e merita che vi si aderisca. Che strano spettacolo, nel tempio della Repubblica, quel mendicante-deputato al quale non si è capaci di dire di no! Li ha colti di sorpresa, un po' per paternità evangelica, molto per solidarietà di corpo. Gli assegni si accumulano, ostentati o discreti. Il debito è saldato.

E la casa di Neuilly-Plaisance si trasforma. Con materiale di recupero e scarti, delle mani nude, maldestre, che si credevano perdute per sempre, costruiscono un chiostro con i suoi pergolati, dove si arrampicano le rose, e delle camerate abbastanza grandi da ospitare un centinaio di letti; tre sale da riunione, un refettorio, una cucina, quattro camerette.

Ben presto, nascosta in fondo al giardino, sorgerà una cappella in mattoni nudi, poverissima, con un altare intagliato in un tronco d'acacia.

L'inverno 1949 è glaciale. Siamo in dicembre. Henry è chiamato alla riscossa: una famiglia intera è appena stata sfrattata.

« Padre, moriranno, se non si fa qualcosa. »

Henry ha ancora una conoscenza soltanto teorica dello sfratto, ma quel giorno vede una madre e un padre con i loro tre bambini e un nonno in strada, nel fango e nella neve sciolta, con attorno a sé mobili, biancheria, sacchi, culla... sono là, rannicchiati, e i passanti cambiano marciapiede.

Henry trattiene le lacrime e per tutto il giorno, come un matto, forza le porte dell'amministrazione, dove lo ricevono con degli: « È orribile, è spaventoso, ma non ci si può fare niente ». Allora, quando arriva la sera, prende con lui i poveretti: « Venite da noi. Non c'è più posto, ma venite lo stesso ». Li mettono in un angolo, al caldo, in avenue Paul-Doumer 38.

Poi fa una nuova follia, una grossa, questa volta. Va a prendere la famiglia e la porta con sé. La cappella in mattoni non è ancora stata costruita, la cappella non è che una stanza nella quale dice la messa tutte le mattine: « Ho tolto tutto, il Crocifisso, il Buon Dio, l'altare, il tabernacolo, il santo Sacramento... Ho messo tutto in soffitta, in un angolo, in attesa. E al loro posto ho sistemato il letto dei genitori, le culle per i piccoli. Il giorno dopo abbiamo portato l'acqua, e poi il gas. Sono tornati a vivere ».

« Padre, non sta bene mettere Gesù in soffitta. E la messa di domani? Dove la dirà? »

Henry guarda il compagno che parla.

« Sei un insensato, e anche tutti voi. Gesù è nell'Eucarestia, io lo credo con tutta la mia anima, con tutta la mia vita. Ma questa sera non è nell'Eucarestia che Gesù ha freddo. È nel corpo, nelle mani, nei piedi di quei bambini che sono stati gettati sul marciapiede da una società che se ne frega di loro... Vuoi amare il Signore nell'amore del Vangelo? Allora da' alloggio a chi ha freddo, dona amicizia a chi è solo. »

Quando i relitti umani, i duri, hanno sentito la famiglia sfrattata dire loro « grazie », hanno capito di essere degli uomini. Hanno detto « grazie », proprio a loro, Georges, César, Zanzara e gli altri... Ne hanno provato fierezza. Hanno guardato quei bambini che avevano tirato fuori dal fango e hanno deciso che sarebbero stati anche un po' loro, i « loro bambini », loro che non ne avevano mai avuti. Henry dice sempre che bisogna rimettersi in piedi. Non sanno bene che cosa voglia dire. Eppure, udendo questo « grazie », hanno sentito che era il segno di qualcosa. Tutto quello che dice il padre è così: sui due piedi non capiscono ma, dopo un po', talvolta giunge una parola che, a questi uomini induriti dalla vita, mette voglia di piangere.

Estate 1950.

« Non potete restare qui ancora per molto... L'inverno è finito. Che cosa ne direste di una casa tutta vostra? »

« Sarebbe meraviglioso, padre. »

Henry non vuole che questa prima famiglia resti ammassata in una camera, anche se è il Cristo che l'ha donata loro. Attinge alla sua indennità parlamentare la somma necessaria per un pezzo di terreno a Neuilly-sur-Marne, ai piedi del ponte della stazione. Giovani e compagni si rimboccano le maniche, demoliscono una baracca fuori uso, proprio a fianco. « Ho fatto bene a metterli insieme », pensa Henry guardandoli lavorare gomito a gomito. I giovani non fanno alcuna fatica a vivere a contatto di accattoni e di barboni pentiti; sono un'unica famiglia. L'amore viene da solo, se si recupera un po' del proprio cuore di bambino.

Henry, a quell'epoca, è ancora saggio. Ha chiesto un permesso di costruzione; gli fanno qualche cavillo perché è un terreno senza strada, né acqua, né elettricità, né fogna. In poche parole, è « illegale ». Ma Henry è deputato e prete, quindi gli danno il permesso di costruire sei metri per sette. Obbedienti, hanno costruito sei metri per sette... e poi hanno continuato! Rimaneva spazio e materiale, ma, soprattutto, delle famiglie sono uscite dai tuguri, dai capannoni, dalle cantine dove si ammassavano. Allora, trasportati dall'entusiasmo, non sono riusciti a decidersi a posare i picconi e, in quattro mesi, hanno costruito per ventidue metri. Quindici stanze, con l'acqua, l'elettricità, il gas, i gabinetti! Con audacia, materiali di recupero e tanto cuore, prima di Natale hanno dato alloggio a cinque famiglie! Tutti insieme, quelli di Emmaus e altri che non erano previsti, come quel terrazziere che ha fornito loro qualche mattone e qualche pietra da rivestimento... « Padre, vada pure, ma quello non crede in Dio, la sbatterà fuori. » Henry ci è andato. Ha suonato alla porta. È venuto ad aprirgli un bambino: « Papà, è l'abbé Pierre ».

Henry sente l'uomo, un vecchio italiano, un colosso, dirgli con solennità: « Entri, reverendo ».

Henry è entrato in cucina, si è seduto. Gli hanno servito un bicchiere di vino.

« Siete decisamente il primo prete che lascio entrare in casa mia. »

« Inizia bene! »

E l'uomo a vuotare il suo cuore, con impeto.

« Reverendo, non può essere come la fanno... la sua religione, è una fesseria! Ho appena visto seppellire un tipo, un farabutto, tradiva la moglie, la picchiava, pagava male gli operai, ebbene, gli hanno riservato un grande sfarzo per i funerali, dieci preti a cantare per ore... per la sua anima di farabutto con tappeti e piante verdi! La stessa sera si seppelliva con tre colpi di aspersorio una brava vecchietta che aveva posto fine alla sua vita da cani! »

Il vecchio operaio blasfemo batte il pugno. Improvvisamente, con gli occhi lucidi, guarda Henry: « Eppure, mi piacerebbe proprio conoscere il Buon Dio! »

In quelle parole, Dio è appena passato... È emozionato, si alza: « Prenda queste pietre da rivestimento, reverendo... Non voglio niente, le prenda! »

Sono rimasti loro due soli, nella notte scura. Si lasciano. Improvvisamente, posa le sue due grosse mani da operaio sulle spalle di Henry e lo guarda dritto negli occhi: « Dopotutto, se il Buon Dio esiste, è in quello che lei sta facendo ».

Iniziano i fastidi. L'indisciplinato ha esagerato. Ventidue metri per sette! Passa la misura, il reverendo. All'alba del primo gennaio del 1951, proprio per l'anno nuovo, il primo villaggio d'emergenza è terminato, con le sue cinque famiglie, la Casa del Ponte, come l'hanno battezzata. È arrivato un ispettore. Henry si è avvicinato.

« Dov'è il suo permesso di costruzione? »

« È appeso là, signor ispettore. »

« D'accordo, reverendo, ma questa costruzione è illegale. Lei è andato oltre. Bisogna demolire... »

« Demolisca lei stesso. »

Henry gli ha messo un piccone fra le mani. L'uomo osserva quei visi di adolescenti e quelle facce da duri. Ha gettato l'attrezzo e ha girato i tacchi.

« Lei deve demolire, reverendo... Non posso farci niente. »

« Faccia il suo lavoro fino in fondo. Me ne faccio garante io che queste persone sloggeranno il giorno in cui si potrà trovar loro un alloggio da uomini e non da bestie. »

Henry ha firmato il suo primo scontro con il potere. Quel giorno, la Casa del Ponte si è guadagnata il suo permesso di vivere.

« Smettila. È abbastanza così. Adesso non combinarne più. »

Sono in molti a dargli questo consiglio nei corridoi del Parlamento.

« Forse voi preferite vederli morire legalmente piuttosto che vivere illegalmente. Io no! »

Si muore di freddo in quell'inverno del 1951. La catastrofe non verrà dall'amministrazione. Verrà dai bassifondi, perché si sparge la voce che, a Neuilly-Plaisance, un prete-deputato-fenomeno fa miracoli con una banda di fuorilegge recuperati non si sa come. Dai bassifondi, dove si ha fame, freddo, dove si è senza casa, senza la minima possibilità di averne una. Anche un buon operaio, che guadagna diciottomila o ventimila franchi al mese, non riesce a trovare casa. La Francia del dopoguerra è in rovina. Bisognerebbe ricostruire molto, ma non lo si fa. Il denaro del Piano Marshall finisce per la maggior parte nella guerra d'Indocina...

I senzatetto dei dintorni di Neuilly-Plaisance cominciano

a uscire dalle loro tane. Si è dato loro un indirizzo: avenue Paul-Doumer 38.

Non si tratta più di vagabondi, condannati ai lavori forzati, barboni. Sono operai, lavoratori. Henry viene a conoscere un'altra dimensione della miseria, che non ha né scuse né perdono: siamo tutti colpevoli. Se un operaio trova un angolo dove vivere, ancora prima che si sia avvicinato, altri più ricchi glielo avranno soffiato. Se va in Comune a chiedere che cosa può fare, gli si risponde che lo Stato lo aiuterà, se lui riesce a trovare un terreno e se ha trecentomila franchi: il dieci per cento del preventivo minimo richiesto dal ministero! L'operaio stringe i pugni e riparte. Ringoia la sua dignità e va a trovare questo prete che costruisce gratis a Neuilly-Plaisance. Gli hanno detto che alla Casa del Ponte, a Neuilly-sur-Marne, cinque famiglie, dopo aver vissuto come bestie, hanno ritrovato la dignità e che i bambini stanno riprendendo un colorito sano. Il mondo di quei tempi ha freddo: la rabbia gela gli uni e la paura gli altri.

Delle anime pie osano snocciolare tutta una serie di avvertimenti: «Padre, sono gente tarata».

«Tacete. Queste famiglie hanno un impiego. Tutti gli uomini lavorano. Non sono né migliori né peggiori degli altri. Ce ne sono di buoni e di cattivi. Ma lavorano. Tarati? Non ce ne sono di più di quanti ce ne siano in mezzo a voi, gente da salotto. Con un'unica differenza: loro si sbronzano con il vino del bottiglione, non con lo champagne. È la stessa umanità con le sue miserie e le sue grandezze. Se fossi stato costretto a vivere nelle condizioni in cui hanno vissuto loro, non sono sicuro che avrei mantenuto quel tanto di dignità che loro hanno mantenuto. Siete ciechi! Sapete quanto viene a spendere questo operaio per una casa? Sedicimila franchi al mese, quando, nella migliore delle ipotesi, ne guadagna ventimila. E poi, come fanno a mangiare?»

La terribile sfilata inizia.

È un pezzo d'uomo, un bel tipo di venticinque anni, dallo sguardo fiero. Ha aspettato di essere solo con il reverendo, nella sua camera. Si è trattenuto per pudore e poi si è messo a piangere come un bambino: « Padre, mi manda un amico... Questa mattina hanno portato via mia moglie, pazza, pazza! Padre... ha resistito tre anni! Siamo tre giovani coppie in una stanza di tre metri per quattro. A Montreuil... Abbiamo due bambini piccoli, chi se ne occuperà adesso, padre? Dormono in una cassa accanto alla nostra rete ».

Henry gli accarezza i capelli: « Non ti preoccupare... Ce ne occuperemo noi ».

L'operaio piange.

« Padre, capisce? È pazza, pazza! e aspetta un altro bambino... Io la amo... Non sono parole, è la vita, la nostra vita! Non abbiamo mai potuto rimanere un po' da soli insieme. Non potevamo nemmeno lavarci. Non ho più niente. »

« Hai i tuoi bambini. »

« Padre? »

È una donna senza età. Un viso di donna che ha molto sofferto. Non piange più perché ha pianto troppo. Si può arrivare a non avere più lacrime.

« Padre, mio marito ha tentato di ucciderci tutti, lui, me, i piccoli, con il gas, di notte, tre volte... Sabato ci hanno sfrattati. Il mio uomo ha ispezionato cielo e terra, niente. Allora ha voluto farla finita. Ci salvi, padre! Questi bambini non devono morire semplicemente perché non hanno un tetto e perché loro padre non può più... »

Henry prega nella cappella. Al momento di tornare in camera, vede una luce nella stanza vicina. Bussa, entra. È un operaio che gli hanno mandato, con la moglie e i tre figli.

« Dormono così bene! » dice Henry accarezzando il piccolo.

« Padre, quando la vedo penso che è vero che c'è un Buon Dio. È lei, che ha fatto tutto questo, l'uomo del Buon Dio... Pensavo che non mi sarei mai più trovato solo con mia moglie, come quando facevamo l'amore nei campi nelle notti d'estate... »

La notte di Natale del 1951.

Hanno appena ripescato dalla Senna una ragazza di diciotto anni che voleva morire. Hanno chiamato Henry.

«Dove abiti? Da dove vieni?»

Guarda Henry e gli dice: «Venga».

È vicino a Ivry. C'è una buca nel terreno, delle fondamenta per una casa che non è mai stata iniziata. Sopra, assi e stracci. Sono in dodici, là dentro: «Dura da quattro mesi, padre... Non ne potevo più, sono uscita dalla buca... tanto valeva morire da sola, all'aria aperta... Allora ho visto il fiume... Ho voluto farla finita...»

Henry guarda la ragazza e tutto quel peso di sofferenza e d'amore deluso. Le dice: «Noi ti amiamo, vi amiamo».

L'unica parola veramente universale, l'unica parola comune a ciò che è umano e fuori dalla quale non c'è più umanità. «Noi vi amiamo», le ripete dolcemente.

Questa mamma gli fa vedere il suo bambino. Gli mancano la metà di un orecchio e un pezzo di dito del piede: «Sono i topi, padre, abitiamo in una cantina da anni... non abbiamo i soldi per una casa... bastano appena per mangiare».

E questa vecchia madre che piange: «Sono la mamma di quel ragazzo di cui hanno parlato i giornali, che ha ucciso suo padre. Non era un uomo cattivo, sa, era un buon marito, ma viviamo in quattordici in una sola stanza, a Clamart. Quando tornava a casa era stanco morto e non aveva una sedia su cui sedersi. Tutte le sere, padre, bisognava tirar giù i pagliericci accatastati, metterli per terra, e tutti, ragazzi, ragazze, coppie, neonati, tutti là, ammonticchiati gli uni sugli altri, per terra. Una sera è ritornato a casa ancora più stanco del solito. Beveva molto. Allora si è messo a picchiare tutt'intorno. E il mio figlio maggiore, quando ha visto il padre che picchiava i piccoli, ha visto rosso, si è precipitato su di lui, è uscito del sangue. Il ragazzo ha perso la testa, e così è stato il massacro».

E la vecchia piange, stringe le ginocchia di Henry: « Lei andrà a trovare il mio ragazzo in prigione. Me lo prometta... E poi, mi prometta di prenderlo con lei quando uscirà ».

« Sì, sì, glielo prometto. »

Il criminale non è né il padre né il ragazzo, siamo tutti noi, pensa.

Settembre 1951, l'alba. Henry sta per scoprire il peggio.

Si è appena abbassato per entrare sotto a un telone.

È stato il prete della parrocchia vicina che è venuto ad avvertirlo. C'è poca luce. Una donna è lì, con un bambino rannicchiato contro di sé. Il padre non c'è, è al lavoro in fabbrica. Henry dà un buffetto sulla guancia al bambino.

« Come ti chiami, giovanotto? »

« Joël », risponde il piccolo.

« Da quanto tempo è qui, signora? »

« Da otto mesi, padre. »

« In questo prato? »

« Sì, in questo prato. È l'unico posto da cui non ci mandano via. »

« Come si chiama? »

Gli tende lo stato di famiglia. Henry lo legge, e impallidisce.

« Dove sono gli altri due bambini? Sullo stato di famiglia ce ne sono tre. »

« Morti, reverendo, il freddo, la malattia, non so... »

E sta aspettando il quarto, sotto quel telone, in quel fango! Momento terribile della sua vita di uomo, di prete! Questa madre ha visto morire sotto i propri occhi due bambini su tre. Quello che sta per nascere, lo riporterà dal reparto maternità sotto a quel tendone, e l'amerà con tutte le sue forze per impedirgli di morire... Negli occhi di quella madre si legge la tentazione di rifiutare la nascita e la vita. Che cosa le dirò? Parlarle del Cielo e dell'Inferno? No, non ho il diritto di parlarle di ciò che so essere la verità di Dio... La mia camera è povera, ma quando ho freddo posso scaldarmi, c'è la luce... So, io, che cosa significa vedersi morire i figli sotto gli occhi e non poterci fare niente?... Fare la mia piccola predica da prete e tornarmene a casa? No. « Venga, prenda le sue cose, il suo bambino, andrà in camera mia. È sua. Io starò qui. » Se non ho il coraggio di dirlo, sono solo un mistificatore... Ma quale coraggio? Prima di ventiquattr'ore dieci famiglie di buoni cristiani verranno a cercarmi perché sono un prete... Ma non una sarà stata capace di mettere questa donna al riparo; hanno lasciato morire questi bambini senza dire niente.

Henry ritorna a Emmaus, è disperato.

« Noi non vogliamo che muoiano come delle bestie », dice Georges con voce sorda.

I compagni fanno quadrato attorno a lui.

« Ci batteremo, padre, César farà loro da mangiare! » dice Zanzara. « Perché lei è in questo stato, padre, perché ci dice che non siamo spazzatura, che siamo degli uomini. Allora li faremo uscire di lì. »

Il sindaco di Neuilly-Plaisance, Cathalat, è un amico della prima ora, l'uomo delle emergenze. Ha fornito loro delle coperte, più di cento in una volta sola.

« Signor sindaco, ho troppe famiglie sulle spalle », gli dice Henry. « Le coperte vanno bene, ma un terreno sarebbe meglio. Ha in mente un terreno? »

« Sì, padre, a Neuilly-sur-Marne. »

« Grande? »

« Settemilacinquecento metri quadrati. »

« Lo prendo. »

« Con che cosa, reverendo? »

« Non lo so, pagherò a credito. »

« Ma non ha più un soldo, ha abbandonato l'Assemblea. Aveva l'indennità parlamentare, ora non ce l'ha più... »

« E allora? Devo lasciarli morire? »

Cathalat predica la ragione. Da tre mesi il reverendo non è più deputato, per una disputa, l'ennesima, con il potere e, soprattutto, perché vuole occuparsi soltanto dei poveri. Henry è andato a vedere il terreno, ci nascono dei fiori, è di buon auspicio... «Champfleuri», mormora, «lo chiameremo Champfleuri, Campo Fiorito».

E sono i compagni, questi ex fuorilegge, che vogliono proteggerlo da quella follia.

«Ma insomma, padre, lei è pazzo. Sono troppi soldi, è troppo grande... Abbiamo a malapena di che mangiare!»

«Siete voi che siete pazzi! Proprio perché non abbiamo i soldi per pagarlo, almeno prenderlo il più grande possibile!»

Il proprietario si è lasciato convincere, accettando rate scaglionate in dieci anni, alle quali, evidentemente, si aggiungeranno gli interessi. Si vedrà.

Henry non dorme; ha disegnato un cerchio di diciannove giardini, di diciannove case per diciannove famiglie! Champfleuri, il primo vero villaggio-emergenza. Alla Casa del Ponte c'erano soltanto cinque famiglie. Questa volta, diciannove! Chiedere un permesso di costruzione? Non lo otterrebbe, dopo l'alterco che ha avuto con l'ispettore degli Alloggi. Non ci sono né acqua, né elettricità, né fogne... E l'ordine pubblico, allora? e la decenza?

«Padre, lei sa bene che lavoreremo giorno e notte perché la mamma che lei ha raccolto sotto il tendone abbia il suo bambino, noi vogliamo che nasca in una vera casa. Quindi non abbiamo tempo da perdere...» Ecco ciò che si sono detti i compagni, una sorta di giuramento. Il materiale Henry l'ha trovato da un'impresa di demolizione.

«Se è per i poveri, reverendo, prenda pure, è gratis!» gli ha detto il proprietario.

«Grazie, lei è un tipo in gamba.»

«Bisogna pure che mi guadagni un angolo di paradiso.»

Henry ha piantato un cartello all'ingresso del campo: ASSOCIAZIONE DI CAMPEGGIATORI. Ci sono alcune tende, perché si dorme sul cantiere, bisogna sviare i sospetti dei poliziotti.

«E ora, al lavoro», ha detto loro Henry. «Non voglio dei tuguri, per loro voglio dei veri e propri alloggi indipendenti, perché ci vivano nella dignità.» Conosce la legge: il mestiere di deputato ha qualche vantaggio. Se non è stato ancora costruito il tetto, la polizia può far demolire in qualsiasi momento; altrimenti, ci vuole l'autorizzazione del prefetto, che lascia il tempo di trovare un compromesso. Lavorano indefessamente giorno e notte, alla luce dei fari. Ben presto dalle loro mani sorge una casetta, poi una seconda, poi una terza...

« Padre, perderà l'aereo! »

« Mi aspetterà. Il tetto, ti ho detto che è il tetto che conta per la polizia. »

Henry, con le maniche rimboccate, sistema un'asse.

« Padre, basta così, ha detto di sì a lord Beveridge! »

È la voce di Lucie Coutaz, un tono che non ammette repliche. Dato che è la « Torre di controllo » a dirlo! Salta sul camioncino, il compagno mette in moto.

« Che cosa sta facendo, padre? »

« Non vuoi mica che arrivi a Londra in tuta per un congresso federalista! »

« Oh sa, io non ci capisco niente di politica! » borbotta l'altro.

« Non è politica. È per la pace del mondo. »

« In ogni modo, non è il caso che si tolga la tuta, se è per arrivare senza nemmeno essersi lavato la faccia! »

Henry si guarda nello specchietto retrovisore, ride. Ha la faccia nera come quella di un minatore.

« Bah, mi laverò nella toilette dell'aereo. Vai! »

A Londra, dirà fieramente: « Signori, ho rischiato di perdere l'aereo per una legge stupida, una legge dell'altro mondo. Dà ai poveri il diritto di morire legalmente ma non quello di vivere illegalmente! » I delegati restano a bocca aperta.

Al suo ritorno, succede l'inevitabile. « Ce ne hanno messo di tempo! Se non mi sbaglio, ecco un commissario scortato da signori tutti in tiro, in giacca e cravatta, l'ispettore degli Alloggi, senza dubbio... Ah, viene a chiedermi il permesso... Saranno serviti a dovere. »

Comunque lo stomaco gli si chiude... quella madre sotto il tendone... A forza di vedere, di sentire, di toccare la miseria, non sopporta più che gli si venga a opporre la legge umana.

« Dov'è il suo permesso di costruzione? » tuona l'ispettore.

Henry si è avvicinato ai signori. Ha una faccia che non promette niente di buono. Fanno fatica a sostenere il suo sguardo. Parla, dapprima in tono calmo, poi la collera lo vince: « Vi avverto, se ritornate anche una sola volta a chiedermi il permesso di costruzione per queste famiglie che, tutte, sono famiglie dignitose, famiglie di lavoratori, se ritornate anche una sola volta a chiedercelo senza darci modo di ottenerlo, appenderemo un grande cartello all'ingresso del cantiere, ci appenderemo tutti gli atti di nascita di questi uomini, di queste donne e di questi bambini di Francia, convocherò la stampa, la radio, la televisione e sopra tutti questi documenti ufficiali scriverò a pennelllo: PERMESSO DI VIVERE».

«Quando avrete un processo sul gobbo, reverendo, sarete già a buon punto», ribatte un ufficiale.

«Fatelo allora, questo processo. È tutto ciò che vi chiediamo. Potremo finalmente spiegare davanti al potere costituito la realtà di una situazione sulla quale, vili e ipocriti, tutti chiudono gli occhi. Vogliamo poter andare a gridarla di fronte a un tribunale, in pubblico. Quel giorno, farò volare tutte le mie decorazioni, la mia sciarpa da deputato, la mia stola da prete anche, se è necessario, andrò davanti al tribunale e dirò la verità così com'è. Diremo al giudice e a tutte le autorità: 'Anche voi avete un cuore di padre. Siete degli uomini come gli altri. Sappiamo bene che, agendo così, violiamo la legge. Sappiamo di disturbare l'ordine stabilito. Ma qual è quest'ordine che noi violiamo? Naturalmente, non è privo di meriti. Ma vi rendete conto o no che, a causa di quest'ordine, finché quella madre dormiva sotto un tendone, in un prato, era tutto legale, e che i suoi bambini sono morti legalmente? Che li hanno sepolti nella piena legalità? Se questa mamma diventa tubercolotica, sarà nella piena legalità che la si manderà in sanatorio, e se suo marito, disperato, si butta sotto al metrò, sarà con tutto il rispetto della legge che lo si porterà all'obitorio. Ma ecco! Quest'uomo non ne può più di veder morire i suoi figli come cani. Per gli animali, almeno, si fanno cerimonie e si costruiscono rifugi... Non ci sta più a vivere come una bestia e, in questo, sembra che commetta un delitto! Se avesse avuto trentamila franchi da parte, trentamila franchi, con uno stipendio di ventimila franchi al mese! avrebbe potuto legalmente pretendere di salvare i propri bambini. Ma non li ha. Può ammazzarsi in fabbrica e continuare, di notte, suonando la fisarmonica per guadagnare qualche soldo in più... ma non rispetta le regole! Nel nostro ordinamento sociale, è colpevole.' Ecco che cosa dirò ai giudici. Un ordine come questo, siamo pronti a violarlo fino alla fine del mondo, se è necessario, perché cambi e si corregga. Ci impegneremo a farlo nel nome del Vangelo. »

Una mattina, in piena Assemblea, Henry tira per la manica il ministro della Ricostruzione e degli Alloggi. Quando farà il suo lavoro, costui? È un vecchio camerata di guerra, il reverendo e lui sono legati da amicizia: « Vuoi impedirci di costruire? D'accordo. Ti porto il padre, la madre e i figli al ministero e tu li sistemi dove vuoi, non sono miei, sono tuoi. Sei tu il ministro e sta a te trovare la soluzione! Il mio scopo è di riuscire a impedir loro di morire nella legalità. Ci riuscirò, a costo di obbligarvi a cambiare tutti i vostri testi e le vostre ordinanze. Questa povera gente, che avete reso disadattata per l'incuria e l'inadeguatezza della vostra legge, potrà finalmente e apertamente diventare 'legale' ».

Non ci sarà processo. I compagni continueranno a costruire su Champfleuri le belle casette a due stanze in doppi pannelli di legno. Diciannove case in sei mesi!

« Com'è carina! »

La piccola fissa Henry che la sta accarezzando.

« Si chiama Annie », dice la madre.

È la donna che ha fatto uscire da sotto il tendone, nel prato; è raggiante.

« La possiamo accarezzare anche noi? È il primo neonato a cui regaliamo un tetto per la nascita. Quindi siamo contenti. »

E i compagni accarezzano la bambina, questa bambina che la madre non ha ucciso nel proprio ventre perché il reverendo le ha detto: « Prendo io il suo posto ».

« Lasciatelo finire », dice la circolare ministeriale, « vista la personalità di quest'uomo che... e che... e che... Ma se venite a sapere che qualcosa di simile sta capitando altrove, avvertitemi.»

«Grazie, signor ministro», mormora Henry fra i denti, «ma sono desolato, qualcosa di simile capiterà ancora, perché la gente viene da me in situazioni spaventose. Non voglio che crepino per la strada.» Henry ha subito messo in piedi un nuovo cantiere, in un campo di papaveri. Ha disegnato la pianta di quattordici case. Anche lì non c'è né acqua, né elettricità, né fogne, e non ha alcun permesso di costruzione. Peggio: non ha il becco di un quattrino.

Siamo nel mese di settembre del 1951.

Dal 17 giugno, Henry non è più deputato. Gli uscieri guantati di bianco dell'Assemblea nazionale sono tristi all'idea di non veder più questo strano prete arrivare al volante del suo macinino pieno di reti, di mobili e di coperte e fermarsi a fianco delle auto a trazione anteriore tirate a lucido. Dopo la seduta, per ripartire, chiedeva di essere spinto: il motorino di avviamento era fuori uso. Gli uscieri ubbidivano, aiutati a volte da qualche deputato affabile. Che cosa è successo?

Nel giugno del 1946 aveva molto esitato a prendere la tessera dell'MRP. Nel 1950 l'ha abbandonata facendosi sentire. Per lui, il compromesso volgeva alla compromissione. *Peuple Inconnu* (Popolo sconosciuto), è il titolo della lettera aperta che ha mandato ai suoi colleghi di partito. Iniziava con la rievocazione della memoria di Roger Radisson e di Gilbert Dru, amici della Resistenza e pionieri del «Partito cristiano», del «Partito in cui i cristiani si sentiranno bene». «Avete tentato di far vivere questa grande famiglia del Movimento come un vecchio oratorio, angusto e privo di pedagogia. Adesso si sta svuotando. La vita non si può inscatolare. La virtù e la verità non significano paura di tutto.»

Henry non ha paura, lui, «pacifista incorreggibile», di distinguersi, nel 1949, rifiutandosi di sottoscrivere la ratificazione del Patto Atlantico, dell'OTAN, perché non accetta la «fatalità dei due blocchi». Il mondo è uno solo, ed è composto di esseri umani. Nello stesso anno, al tempo degli scioperi di Brest in cui, di fronte all'intransigenza padronale, scoppiano disordini che causano la morte di alcuni uomini, l'MRP si schiera dalla parte del governo, dalla parte dell'ordine, contro la « violenza operaia ». Il vaso è colmo.

Nel 1949 l'Assemblea è riunita per un dibattito-fiume sull'obiezione di coscienza.

Henry, quello stesso giorno, ha visto un colonnello emettere due sentenze. Una, contro un testimone di Geova che si rifiutava di uccidere: condannato. L'altra, nei confronti di un seminarista tedesco che, su ordine, aveva giustiziato degli ostaggi: assolto. Henry insorge contro questi verdetti assurdi, l'assoluzione per l'uccisore, la condanna per colui che ha detto: « Mi rifiuto di imparare a uccidere ». E si vorrebbe che, dopo tutto ciò, tacesse!

Quando Louis Lecoin, il vecchio anarchico, ha deciso di digiunare fino al voto dello statuto di obiettore, de Gaulle ha convocato Henry: « Incoraggiatelo a nome mio! » gli ha detto.

« Allora, generale, anche lei è per il voto? »

« Naturalmente, non fosse altro che per non introdurrre nelle caserme delle reclute che si adopererebbero a demolire il morale delle truppe. »

Henry si mette a gridare così forte che un MRP, Robert Wind, gli fa la predica con alterigia: « Lei è la persona meno qualificata per parlare. È carico di decorazioni militari e ha fatto la Resistenza. E il suo amico Gary Davis è un vecchio ufficiale americano che ha seminato la morte tra popolazioni civili senza difesa alcuna! »

Da quel giorno l'insorto ha veramente incominciato a scrollarsi di dosso l'etichetta di MRP. « Sono troppo stupidi! » Si batterà solo se ce n'è bisogno. Solo, contro i mulini a vento, contro la tortura in Indocina, lo sterminio dei civili, l'esecuzione degli ostaggi. Solo, o quasi, denuncia la stupidità di fingere di ignorare l'esistenza di cinquecento milioni di esseri umani e propone di annettere la Cina popolare all'ONU. Ha al suo fianco Gide e Camus.

Inafferrabile abbé Grouès-Pierre! Per gli uni prete-deputato, per gli altri semplice prete, a volte, anche, né l'uno né l'altro. Monsignor Roncalli, il futuro Giovanni XXIII, allora nunzio apostolico a Parigi, lo chiama il suo « carbone ardente ». Ha deciso di essere il figlio vestito di nero « che, all'altro, assomiglia come un fratello ». Riesce a suscitare generosità soltanto ravvivando la preoccupazione. È irritante. Durante una cena, una sera, alla tavola di un vescovo, il suo mutismo prima stupisce, poi esaspera. Piatti superbi sfilano sotto il suo naso; i commensali, facendo andare le mascelle, gustano con gioia le prime pietanze raffinate del dopoguerra. Lui sta zitto. Tiene forse il broncio? Il vescovo si china verso di lui, con aria interrogativa, cenno che basta a scatenare questo appunto tagliente: « Quello che avete appena mangiato, signori, sarebbe bastato a nutrire trenta poveri da noi per parecchi giorni! »

Il giorno dopo, il vescovo gli manda un assegno unito a un bigliettino: « Grazie per averci parlato come ha fatto ieri. Ci ha fatto bene! »

Henry è così felice ogni volta che può liberarsi di un peso che gli grava sul cuore, di un nodo che gli si blocca nel petto! Vive giorno per giorno l'insurrezione contro l'ingiustizia.

Si dà interamente a tutti, non può essere disponibile soltanto per qualcuno, da una parte o dall'altra. Lascia la politica per sposare la causa di un solo partito: il suo partito, quello dei poveri. La sua battaglia, ormai: la lotta contro la miseria, la ribellione contro l'assurdo. Ha voluto aiutare i suoi amici fino in fondo, Paul Boulet e Charles d'Aragon, dissidenti dell'MRP come lui. Insieme, hanno fondato un gruppo d'indipendenti. Le elezioni legislative del giugno 1952 si avvicinano. Lasciare i suoi amici alla vigilia di una battaglia? Sarebbe una diserzione. Allora, il 17 giugno, per la prima volta, è capolista di una lista di « indipendenti », composta da gente umilissima... « Una lista di barboni », vocifera l'estrema destra. « Lasciamo che i cani abbaino! » Conduce la campagna alla consueta maniera, senza foga, ma rende noto che, se sarà eletto, non siederà all'Assemblea. I suoi amici ne sono desolati, cercano di farlo ragionare. Niente da fare. La sua decisione è irrevocabile!

Il suo ultimo ricordo del mondo politico resterà un raggio

di luce. In piena campagna elettorale, un uomo lo insulta pesantemente durante un meeting. La confusione è al massimo. Qualcuno si alza, pallido, visibilmente malato. Si trascina fino alla tribuna, si impossessa del microfono. Lo si direbbe uno spettro. Gli trema la voce. Si fa silenzio: « Non voterò per l'abbé Pierre. Voto SFIO. Ma non posso sopportare che lo insultiate ignobilmente. Lei non mi riconosce. Sono il rabbino Sam J. Durante la guerra, a Grenoble, le ho affidato i miei fratelli ebrei e lei gli ha fatto passare il confine per la montagna. Una notte, un amico ha voluto aggiungersi al gruppo. Non aveva le scarpe adatte. Bisognava far svelti, partire prima che spuntasse il giorno. Lei gli ha dato le sue scarpe ed è ritornato a piedi nudi al presbiterio. Dio sia benedetto per avermi permesso di testimoniare pubblicamente la mia riconoscenza... »

Champfleuri non è ancora terminato. Henry pagherà il prezzo della propria libertà politica con un'indigenza completa. Quando ha fatto voto di povertà, a diciannove anni, era solo. Quando ha confermato la rinuncia all'eredità, alla morte dei genitori, era ancora solo. Ora ha a carico diciotto compagni e le famiglie dei diseredati non cessano di affluire. « Sapete », ha detto loro, « continuerà tutto come prima, anche se non sono più deputato. Abbiamo iniziato insieme un lavoro che non finirà. »

La signorina Coutaz ha trovato un impiego da segretaria part-time, che non copre però la perdita dell'indennità di deputato. Hanno venduto l'automobile e la pila di riviste parlamentari che si ammassavano in casa: ai negozi manca carta da pacchi. E dopo? Non hanno più niente e la Cité des Coquelicots, dei Papaveri è lungi dall'essere finito.

« Padre, non abbiamo più un soldo per la spesa di domani », gli ha detto la signorina Coutaz.

Questa volta, bisogna arrendersi all'evidenza: Emmaus è sul bordo del baratro. Henry pensa alle catacombe, a quei primi cristiani che si riunivano nella stessa angoscia e nella stessa felicità... « Sì, anche nel buio, resta la Speranza. »

Appassionatamente, Henry ha cercato la soluzione, senza trovarla. Si è preso la testa fra le mani, ha pregato. Molte preghiere inframmezzate da visioni, da sogni. Improvvisamente, ha preso una di quelle decisioni che scacciano le tempeste e segnano una vita: andrà a chiedere l'elemosina. Tendere la mano come san Francesco in un'epoca in cui non si riesce più a vedere la bellezza di questo gesto. La mano che si tende è diventata impudente, e san Francesco, un barbone! Henry è capace di tutto.

Quella sera, esce di casa senza dire niente. È solo. Sa portare, solo, segreti pesantissimi. Indubbiamente è la risorsa dell'adorazione. Inizia all'altezza del palazzo Bourbon, poi risale boulevard Saint-Germain fino a piazza Maubert, esile figura, con la veste al vento, in mezzo alla folla. È solo un piccolo uomo che mendica per i suoi fratelli. In quella notte ghiacciata, passa di fronte a caffè eleganti, a gioiellerie, e lui, il «figlio di papà», tende la mano. Ed è talmente dura che si ferma contro un portico e si mette a singhiozzare... Non ha più vergogna né rimorsi, insorge nel nome di Gesù, ferito nei suoi poveri.

Sui volantini che distribuisce, stampati a credito, sono scritte queste parole:

PER LORO
A che pro vivere ancora
in pieno XX secolo
in piena scienza
in paesi che si dicono cristiani?
E tu?
Chi sei?
Che cosa hai fatto?
Sei tu uno di quelli che, incoscienti o impietosi,
anche se danno, lo fanno solo se ciò si vede?
Sei colui che soffre con quelli che soffrono? Ma lo sei veramente al massimo delle tue forze... tanto quanto sarebbe necessario per tanto dolore?
Tutti voi che POTETE,
LOTTATE perché i disperati ritrovino il diritto di vivere.

LOTTATE perché Dio, amato senza ipocrisia, lo sia finalmente in tutti i fratelli infelici.
DONATE, subito, oggi, ogni giorno, ciò che potete.

Lucie Coutaz, la prima sera, l'ha trovato sfinito. Ha il viso tirato, ma sembra felice. Tira fuori dalle tasche un mucchietto di monetine.

« Ecco, per il pranzo di domani! »

Lei lo fissa, indovina, e con un tono di rimprovero materno: « Non ha niente di meglio da fare? »

Henry non risponde. Va a dormire. Sta male.

La ronda della sera dura una settimana. All'indomani del primo giorno, riceve fra la posta una busta che contiene, attaccati al suo volantino, un biglietto da cento franchi e questo bigliettino anonimo: « Ieri sul boulevard Saint-Germain ho incontrato un prete, e questo incontro mi ha riportato a Dio e alla mia infanzia. Grazie ».

Dà il biglietto da cento franchi alla signorina Coutaz e conserva il bigliettino. « Ho il mio biglietto d'ingresso al Paradiso, non sarà un male conservarlo. »

L'indomani, ricomincia a mendicare in boulevard Saint-Germain, il giorno dopo ancora in boulevard Saint-Martin, dove entra in una gioielleria e tende la mano. Un prete che chiede l'elemosina! La negoziante prende il volantino e gli dà un po' di soldi. Esce. Si infila in una stradina e, per la seconda volta, si ferma a singhiozzare come un bambino. Negli occhi di quella donna ha appena letto il disprezzo.

È mattino. Si riposa. Bussano alla porta della sua camera. Entrano tre compagni, Paul, Louis e Zanzara. Accigliati.

« Che cosa ci tocca sapere? Ecco, testuale, quello che ci ha appena riportato una brava donna: 'Eh, il vostro prete, è proprio un bel tipo! Ieri sera uscendo dal cinema, l'ho trovato sul viale che chiedeva la carità...' Quando andiamo noi a chiedere l'elemosina per la strada per bere qualcosa, lei ci strapazza, e lei... Non accettiamo che lei chieda l'elemosina per noi! Ha sempre detto che è indegno di un uomo.

E, ora, è lei a farlo! Quindi non lo accettiamo, non lo accettiamo! »

« Lo so, ma non c'è più niente da mangiare! »

« Perché non ce l'ha detto? Io so come trovare i soldi », dice Zanzara.

« È per questo che sei finito dentro... »

« So rubare ma so anche fare dell'altro. Quando uscivo dalla prigione o dall'ospedale, facevo lo straccivendolo, o cenciaiolo che dir si voglia! Può rendere bene! »

« Una cosa è comprare un pezzo di pane o un litro di vino, un'altra dare da mangiare a diciotto uomini e mandare avanti il cantiere dei Papaveri! »

« Le assicuro, padre, che rende bene! E poi, ascolti: prendendomi con lei, mi ha salvato. Quello che ha fatto ieri, l'ha fatto per farci mangiare. Mi permetta di ricominciare, non solo per me, ma per tutti noi. »

« Ciascuno deve fare quello che può. Hanno dimenticato di insegnarmelo, in seminario! Se tu lo sai fare, forza! »

E così, per la prima volta, un uomo esce da Emmaus con un sacco sulle spalle e un rampino in mano per andare a frugare tra i rifiuti. Alla sera, Zanzara ritorna con il sacco pieno.

« Bisogna che altri vengano con me! »

E Zanzara spiega l'arte del cenciaiolo. In ogni bidone, prelevare il « buono », ciò che può essere interessante per la vendita.

Eccoli in due, con una carrozzina, poi con una carretta. Con i primi soldi comprano un vecchio camioncino. Si organizzano. La metà degli uomini va a fare il lavoro di straccivendolo, a smistare con cura bottiglie, vecchi giornali, stracci, per venderli al miglior prezzo possibile. Con questo, riusciranno a vivere. L'altra metà dei compagni potrà così continuare a costruire alloggi per le famiglie.

La caccia al rifiuto riciclabile si rivela una pesca miracolosa. Tutti i giorni, vanno a rivendere il buono al mercato delle Pulci, ai rigattieri. Il denaro arriva. Come potrebbe Henry non incominciare a crederci? Ma non tutto corre liscio... Gli spazzini comunali, professionisti, si sentono defraudati. Di che si immischiano, questi? La caccia al rifiuto riciclabile è loro! Dato che sono pagati male e dato che il «buono» è un surplus di mancia, hanno sempre vegliato sulle «loro» spazzature come sulla grotta di Ali Babà. La frode è individuata e i ladroni smascherati: i barboni, gli avanzi di galera!

«Ehi ragazzi! C'è un comitato di accoglienza!»

I nostri straccivendoli si voltano. Sono accerchiati da un pugno di marcantoni.

«Vi faremo la festa, farabutti!»

Zanzara improvvisamente ispirato, urla: «Un attimo, non è per noi che lo facciamo, è per il nostro prete a Neuilly-Plaisance, quello che costruisce per le famiglie che non hanno casa!»

«E io lavoro per lo Spirito Santo.»

Il caso vuole che Eraclito, uno spazzino, sia venuto in lacrime da Henry due settimane prima, a chiedergli un tetto. Con la forza della persuasione, trascina i suoi compagni dal reverendo, per spiegarsi.

«Capiamo che lei vuole mangiare, padre, ma dovete rispettare il nostro monopolio!»

«È una richiesta legittima, vi approvo!»

«Padre, potreste sgombrare le cantine e i solai!»

«Non ci avevo pensato. Perché no?»

Henry tiene una conferenza di pace al 38 di avenue Paul-Doumer. I territori vengono rispettati. Gli spazzini andranno a caccia di rifiuti da riciclare. Gli straccivendoli andranno in cerca di anticaglie.

Henry da capostraccivendolo diventa caporigattiere. Il commercio di anticaglie è un gradino al di sopra della caccia al rifiuto, nella gerarchia del mestiere. Agli spazzini le loro riserve di caccia, il «buono» delle spazzature. Riconoscenti, eccoli depositare foglietti ciclostilati a carta carbone sui quali è scritto: «Domani gli straccivendoli di Emmaus passeranno a raccogliere reti, materassi, materiale da letto, mobili, biancheria, carta, vecchi giocattoli. Aprite loro la porta! Della povera gente vi ringrazierà».

Il 29 dicembre 1951, Henry smette di mendicare. A questa data, sono in diciotto compagni. Due mesi dopo sono in trenta. Presto saranno cinquanta. A Emmaus si accede senza esame di ammissione.

Luglio 1952.

Cinquanta straccivendoli-costruttori per quanti casi tragici? Lucie Coutaz tiene lo schedario. Henry dorme poco. Si ferma, ogni tanto, anche solo per un minuto? Mai. Non smettono di lavorare. Il commercio di anticaglie non basta più, non produce più abbastanza? Troveranno dell'altro. Il gesto di dare, la passione del dono, stimola la fantasia: «Sono stanco morto, vieni ad aiutarmi», aveva detto Henry a Georges. Questa volta è Philibert che si è alzato, un pezzo di ragazzo un po' sbruffone: «Ci sono anche i 'fanghi'!»

«I 'fanghi'?»

«Le discariche pubbliche, padre!»

«Anche quelle sono una riserva di caccia!»

«No, se si passa per secondi. Padre, ne restano tante di cose, sa!»

Henry ha forse altra scelta? Se non si decide sui due piedi, dovrà dire agli ultimi arrivati che non può più fare niente per loro. E di questo non è capace.

«Andremo nelle discariche. Philibert, tu che sai, ci guiderai.»

Ecco Philibert e i suoi nella discarica di Pompadour, poi a Bordes, al Bois l'Abbé. Hanno mangiato solo un po' di minestra e di formaggio e all'alba stanno rimestando nei rifiuti. Che cosa cercano? Metallo, vetro, gomma... «La melma è il concime del contadino. Gli facciamo un bel servizio togliendo tutto ciò che non marcisce, padre!»

Un esperto di discariche, Philibert! Zanzara lo era dell'immondizia, lui della discarica! La discarica, un gradino più in giù della spazzatura. I compagni cercano col rampino in mezzo alle mosche, ai topi e al fetore, e lo fanno senza un lamento, con amore.

« Rimettiamo in piedi degli uomini con scarti di pattumiera! » pensa Henry.

È tardi. Si accampano. Dormono nelle discariche. Ci piantano le loro tende. Sono felici. Non hanno paura né della poliomielite, né della peste, né del colera. La discarica è il loro castello, la loro fortezza... Se la polizia arriva, deve fare marcia indietro. Non sono né inaspriti, né tristi, né taciturni. Hanno la pace. Sono venuti a cercarla, l'hanno trovata, non vogliono che qualcuno gliela disturbi. Per loro, che escono dalla sofferenza, è la miglior clinica. « Il lavoro della discarica », dice Henry, « è quello che qualsiasi uomo annientato può fare, fosse universitario o analfabeta. Ha la bellezza dei gesti che salvano. »

Capita che gli venga chiesto: « Ma come fa a vivere con quella gente? » Henry risponde: « Lo so: fra tutti totalizzano un secolo di galera... Ma hanno imparato a donare ». Come li conosce bene! A quell'epoca, vive e lavora con loro tutti i giorni, dall'alba al tramonto, caricando i camion, frugando tra i rifiuti, costruendo case. Tutto il tempo insieme. Non è un caso che uno di loro arrivi un giorno a pronunciare quelle parole, quelle stesse parole che ha già sentito e la cui potenza l'ha sconvolto: « Questo è sincero! »

Non sono dei santi e la comunità non è un paradiso. Ci sono credenti e miscredenti, violenti e pacifici. Se li attaccano, Henry si mette ogni volta in mezzo. Sono i suoi fratelli: « Ogni allusione fatta da chicchessia al loro passato mi è intollerabile. Non si giudica un uomo perché esce dai lavori forzati, lo si deve giudicare perché è fannullone o lavoratore, buon compagno o caratteraccio... Noi non siamo un tribunale. Che venga dal seminario o dai lavori forzati, quello che conta è ciò che è adesso ». A quelli che hanno una cultura dice: « Non fatene sfoggio. Usate un linguaggio semplice perché gli altri non si sentano umiliati o sminuiti ».

Zanzara beve. Non è il solo. L'alcol è un dramma. Henry vuole molto bene a Zanzara. Ha tentato di tutto per distoglierlo, la dolcezza, la collera. Zanzara persiste nel traffico della consegna delle bottiglie vuote. « Amici, faccio miracoli! » urla quando è ubriaco, « non è la moltiplicazione dei pani e dei pesci, ma quella dei litri di vino! » E Zanzara provoca. Zanzara picchia. Sono risse continue. Quando si è provato di tutto, bisogna pur decidersi a mandar via il ragazzo. Ma come non restare sconvolti quando lui, seduto a fianco a voi nel camioncino, vi dice: « Va bene, padre, ha ragione, non può fare altrimenti ».

Henry lo accompagna a Les Halles, dove è sempre possibile mangiare per niente, una fetta di salame e dormire sulla paglia dei camion delle consegne: « Beh, ascolta. Se veramente non va, sai dove andare! » Henry è triste quando rientra. All'ora di cena l'ambiente è strano, a Emmaus. Si direbbero degli scolaretti puniti. Improvvisamente, si accorge che l'uomo cha ha appena lasciato a Les Halles è di ritorno e che gli altri ne sono contenti. Emmaus è la sua unica casa e i compagni la sua unica famiglia.

A partire da una certa età, o da un certo grado di miseria interiore, di solitudine, un compagno non può essere lasciato così al suo destino, anche se, a Emmaus, è diventato un bravo muratore o un bravissimo falegname. Sarebbe la ricaduta. « Padre, credo che potrei... » Henry non si oppone mai. Ma nove su dieci crollano in uno o due mesi.

« Ma che cosa fai? »

« Sono allo sbando e ho deciso di tornare! »

« Entra! »

Al primo accesso di tristezza, è ripiombato a fondo.

Emmaus dà loro un equilibrio, una dignità. Uscendo, è facile perdersi di nuovo. Il dramma dell'alcol sono stati loro stessi a risolverlo. Come proibire il vino a degli uomini che fanno un lavoro così duro? Ma questo, quando ha bevuto, si dà delle coltellate, quell'altro diventa pericoloso... Un giorno, un compagno a cui tutti volevano molto bene, una faccia che mette paura, talmente ha il viso segnato, è impazzito, ha spaccato tutto, li ha minacciati col coltello: « Avvicinati, e ti sgozzo ».

A chiamare la polizia, a far immischiare i poliziotti nelle

loro storie non ci pensano nemmeno. Lo legano, lo ficcano in un armadio e lo chiudono a chiave...

« Padre, o se ne va lui o ce ne andiamo noi. Abbiamo paura. Il tipo che ha accoltellato è all'ospedale. »

Snebbiato, stupito, il compagno ascolta il padre: « Sai, ti siamo tutti molto attaccati, lavori bene, sei un buon amico, ma guarda, tutto quello che abbiamo fatto tanta fatica a fare, tu l'hai distrutto. L'altro è all'ospedale. I compagni dicono che te ne devi andare. Ecco alcuni indirizzi di centri d'accoglienza ».

Come si può dimenticare il seguito? Ha guardato il padre con la sua faccia da far paura, è scoppiato in singhiozzi: « Padre, mi picchi, mi lasci senza mangiare, ma non mi dica mai più che me ne devo andare ».

La sua vita? Era una vita di miseria: la guerra, la guerra, sempre la guerra. L'ultima era stata in Indocina. Ne è ritornato a pezzi, con la malaria, alcolizzato.

« Padre, ho imparato solo a uccidere. Mi insegnavano a cavare gli occhi ai vietnamiti. Se no, erano loro... Sapevo solo uccidere, ma qui mi sono detto che forse anch'io sarei stato capace di amare. »

Gli propongono di fare una cura all'ospedale. Accetta, il trattamento riesce. Ma il cervello gli resta in parte atrofizzato e il medico spiega a Henry: « Quest'uomo non sarà mai completamente recuperabile. È impossibile che non ricada, fino alla follia, a meno che non sia circondato da un gruppo in cui non si senta il minimo odore di alcol. Questo odore è come un fiammifero davanti a un barile di benzina, scatena l'incendio ».

« Padre », dicono gli altri, « abbiamo riflettuto e siamo tutti d'accordo. Lo vogliamo tenere con noi, quindi elimineremo l'alcol dalla comunità. »

A Emmaus sono liberi. Quante volte Henry ha detto: « Non è stata la polizia a obbligarti a venire, non sarà la polizia a impedirti di andartene. Se rimani qui, lo fai per libera scelta. Se non ti va più... addio, ci lasciamo da buoni amici, vai a cercare la tua strada altrove ».

Le difficoltà non mancano, ma la maggior parte del tempo

mettono in luce la capacità d'amicizia, d'amore di questi « traviati » che lottano contro la miseria.

Un giorno arriva un prete, un gigante. È alcolizzato. Henry esita, l'altro supplica... A poco a poco si inserisce e si fa amare dagli altri per la sua gentilezza, la sua abnegazione.

Ma qualche tempo dopo, Henry, che ha dovuto recarsi a Strasburgo, riceve una telefonata allarmante: « Padre, presto, presto, ritorni, è la catastrofe. Ha fatto baruffa nella comunità, due volte. La polizia ha minacciato. Siamo dovuti andare a riprenderlo ».

Henry ritorna di tutta velocità, temendo il peggio: in quel periodo sono una sessantina, di cui trenta dormono in tenda, sulla paglia. È teso. È risoluto. Teme l'esplosione: forse questi uomini rozzi reagiranno con violenza revanscista davanti a questo prete che è caduto. Straordinario! Sono tutti al lavoro, ma l'atmosfera è pesante. Si direbbe che c'è un morto in casa.

« Padre, abbiamo fatto tutto quello che potevamo. »

Nessuna critica, nessun appunto beffardo. In quest'uomo rispettano anche il prete. Poteva bere, avere dei cedimenti, era comunque un figlio del Buon Dio, e questo bastava. Gli volevano bene, aveva diritto alla loro indulgenza.

Dicembre 1952.

Un anno dopo la prima mattina di caccia al rifiuto, giorno dopo giorno, sono centossessanta. Impossibile ormai resistere a Neuilly-Plaisance. Emmaus si allarga. È la Réserve a Neuilly-sur-Marne, la Pépinière a Pontault, la Socomac a l'Hay-les-Roses; Les Biffins (gli straccivendoli), comunità itinerante per la ricerca nelle discariche.

« E perché non una comunità di donne, di sole donne? Ne conosco di quelle che sono sole e che non hanno più niente! »

Henry ascolta la signora Renard. L'ha conosciuta nel 1944, comandante delle « marinarette », gli ausiliari donne della marina, a Casablanca, quando era sul *Jean-Bart*. Una donna in gamba.

« Accetto di costituirla, reverendo, a patto che non cerchiate di trasformarmi in buona sorella! »

« Non ne avrei alcuna possibilità! »

Trova per lei a Plessis-Trévise una villa di campagna che era appartenuta a madame Sans-Gêne.

Il moltiplicarsi delle comunità porta una ventata di aria fresca. Aiuta a evitare i rischi del rigetto, dello scoraggiamento. Permette di risolvere le crisi. Quando c'era soltanto Neuilly-Plaisance, in caso di scontro duro o di malattia, si era obbligati a mandar via l'elemento di disturbo: « Vattene, non se ne può più, avveleni la vita a tutti ». Adesso, basta dire: « Hai fatto l'imbecille. Non è più possibile. Siamo obbligati ad agire una volta per tutte. Vai là a ripartire da zero come uno approdato di fresco. Cerca di mantenerti in piedi ».

Ai compagni distrutti dalle sventure della vita, si sono mescolate persone felici a cui non manca nulla. Si sono arruolati di loro spontanea volontà, non per un giorno, ma per mesi, anni, a volte anche per una vita intera: ma all'inizio non lo sapevano. Seminaristi, studenti, medici, ingegneri manifestano il desiderio di vivere con degli uomini che hanno sofferto per meglio riuscire a comprenderli. Bernard, il figlio di un amico d'infanzia di Henry, ha deciso di unirsi a costoro, che fino a ieri erano dei relitti umani, accasciati sul marciapiede. Vuole dimostrare loro che contano, che esistono « in pieno », loro che sanno donare così bene. Accetta la scommessa dell'amore folle.

Alcuni sono degli autentici duri. A Pontault-Combault, insieme a Lulu, ex-galeotti, legionari disertori e reduci dell'Indocina, che vivono in vagoni-merci delle ferrovie dello Stato sistemati alla Pépinière. Con il consenso di Henry, Jean-Yves e il suo gruppo lasciano la Réserve a Neuilly-sur-Marne, per lavorare a Pontault. Lulu si rifiuta di muoversi. Ci si affida alla legge del più forte: Jean-Yves s'impone coi pugni. È lui che metterà su il primo cantiere in materiale « vero »: ventinove alloggi.

Coloro che mal sopportano il carattere autoritario di Lulu

vorrebbero dargli il colpo di grazia. « Bisogna buttarlo fuori, padre, gli abbiamo dato dieci volte l'occasione di rimettersi sulla buona strada. È irrecuperabile. » Henry, consultato, si fa avvocato del combattente. Preferisce puntare sulle sue qualità di capo piuttosto che giudicare i suoi difetti di vecchio legionario. Inoltre, se lo manda via, avrà a che fare con la polizia, perché ha il divieto di soggiornare nei dipartimenti vicini. Lulu e Jean-Yves diventeranno i pilastri di Emmaus.

« Joseph sta morendo. » Joseph Antonin, detto il belga, un ex-legionario.

« Morirà qui, fra i suoi! » Non ha mai chiesto nulla. Si danno il cambio a due a due, notte e giorno, per assisterlo. Dopo la sua morte, si sono riuniti: « Non lo metteremo nella fossa comune! »

Henry prega. Con i loro quattro soldi di straccivendoli gli hanno comprato un pezzo di terra al cimitero, una vera e propria tomba: « Perché tutti sappiano che la nostra amicizia dura anche dopo la morte, è eterna... »

« Padre, è legionario, ha sicuramente diritto a un picchetto d'onore! » La signorina Coutaz telefona alla legione straniera, a Vincennes. Il giorno del funerale quattro legionari portano la bara. Il corteo dei compagni segue il carro funebre dei poveri.

Resta con noi, ché si fa sera e il giorno volge al declino.

Questa frase è incisa per l'eternità sulla prima tomba di Emmaus.

« Padre, dodici metri quadrati! Joseph avrà più spazio da morto che da vivo! »

L'uomo è piuttosto piccolo, curvo. Ha il viso pallido. Sotto gli occhi, ha occhiaie scure. Dorme poco. La barba incomincia a ingrigire. Ha quarant'anni, di cui tre di intimità con la miseria. Né apostolo, né filosofo, né profeta, non ancora: continua semplicemente l'adorazione iniziata a diciannove anni. La povertà? La racconta ai giornalisti che incominciano

Neuilly-Plaisance: là è iniziato tutto…

Lucie Coutaz: l’immancabile sostegno.

« Tu che soffri, chiunque tu sia, entra, dormi, mangia, riprendi speranza, qui ti amiamo... » E « vieni ad aiutarmi ad aiutare gli altri ».

Di ferita in ferita, verso il più grande amore: Henry, adolescente, poi cappuccino, circondato dalla sua famiglia al «Vecchio Porto» a Irigny.

Sulla montagna, con dei liceali. Questa montagna sarà il luogo di una resistenza accanita all'occupazione tedesca: « Resistere perché la Speranza non muoia, perché la Francia sia libera, giusta e forte ».

… Adorare, nella preghiera e nell'azione.

Hiver 54 - L'abbé Pierre, un film di Denis Amar. Da sinistra a destra: Sam Karmann, Stéphane Butet, Robert Hirsch e Lambert Wilson.

A Bougival o in Bolivia: « Non è una questione di carità, è semplicemente una questione di giustizia ».

Sulla tomba di Cristo.

a interessarsi a lui. Non capita tutti i giorni che un prete-capo straccivendolo, ex-deputato, ex- partigiano, figlio di gente ricca viva in compagnia di un pugno di emarginati. È così bello piangere a casa propria, al calduccio. I rimorsi svaniscono. Si dorme meglio.

A guardarlo da vicino, si trova una certa somiglianza con san Vincenzo di Paola... Stesso naso, stessa barba, stessa tonsura, stesso mantello... stessa passione: la carità! La carità « vende » meglio della giustizia! In risposta, arrivano a Emmaus decine di pacchi di corredini per i bambini poveri. I compagni, che non si lasciano prendere in giro, strapazzano i curiosi che vengono a sorvegliare da turisti il loro lavoro. « Circolare! Qui non siamo allo zoo! » Ma se avvertono una reale volontà di capire, allora parlano... E gli articoli di Gerard Marin su *Le Figaro* rendono popolare l'azione del pretino dalla barba nera. *Elle* e la *Vie Catholique* si danno il cambio. Con tutti i toni, si grida al miracolo... « Miracolo a Neuilly-Plaisance! Dei reduci soccorrono i feriti... »

Henry lascia fare... Se Emmaus fa colare inchiostro e lacrime, perché impedirlo? Il suo spirito intuitivo guarda più lontano.

Henry è esperto in materia di emergenza. Deve continuare a costruire. È a corto di soldi. Il lavoro nelle discariche non basta più. Devia per Chantilly. Là, sotto un tendone, Zappy Max gesticola. Fa sognare la Francia con la gallina dalle uova d'oro: « Lascia o raddoppia? »

Henry è seduto, con il berretto sulle ginocchia, e risponde alle domande di Zappy. Le domande si susseguono, le risposte pure. Che cosa significano le iniziali FAO? OECE? Qual era il numero dei deputati prima della guerra? E oggi?

Il prete sapiente sta per lasciare il tendone sotto scrosci di applausi con duecentocinquantaseimila franchi in tasca quando, improvvisamente, parla. Si fa silenzio.

« La domanda che a mia volta vorrei fare a ognuno di voi è la seguente: 'Quanto mi manderete perché migliaia di poveri smettano di morire di freddo?' Sono felice di essere riuscito a divertirvi, ma non sono venuto per divertirmi... » Uscendo, si chiede con che cosa farà benzina. È talmente abituato a correre dietro ai biglietti da cento franchi che ha dimenticato la mazzetta ben nascosta in fondo alle tasche!

I doni incominciano ad affluire a Neuilly-Plaisance. Il presidente della Cassa di risparmio di Parigi promette quindici milioni per telefono. Promessa mantenuta. Henry accetta le conferenze che gli vengono proposte. Trasmettere il messaggio, scuotere le coscienze addormentate è ben altra cosa che riportare a casa una tela di Corot anche se, una volta rivenduta, può cancellare qualche debito... Servire gli uomini nella città, come un fermento... essere la famosa pulce!

Pasqua 1952.

A forza di darsi da fare, due mesi dopo il completamento del secondo quartiere, i Papaveri, l'abbé Pierre riporta una vittoria. Il governo autorizza le casse degli assegni famigliari a concedere i prestiti destinati al prefinanziamento degli alloggi. Per molte famiglie è un inizio di soluzione. Henry lancia subito un cantiere legale: « Vedete bene che non siamo degli anarchici, che non ci compiaciamo dell'illegalità ».

Questi prestiti permettono di comprare i due ettari della Pépinière a Pontault-Combault, nella Seine-et-Marne, di disboscarli, di portare l'acqua, allacciare la corrente e costruire per trenta famiglie. Piccoli padiglioni in vero materiale da costruzione prendono il posto, questa volta, delle case di fortuna in lamiera. Il tutto, con permesso di costruzione! Un apporto di diecimila franchi per nucleo famigliare riesce a essere sufficiente, quando ce ne volevano quattrocentomila! Il resto è stato preso a credito... per venticinque anni. Presto, i quartieri di Torcy e di Bouquet daranno il cambio alla Pépinière. Nella primavera del 1953 trecento alloggi sono terminati o in cantiere...

Più si costruisce, più la disperazione porta decine di poveri a bussare alla porta di Henry. La domanda corre più veloce dell'offerta. Morire di freddo prende meno tempo che costruire una casa. Henry dovrà decidersi a fare una scelta fra le famiglie?

Allora, lui e i suoi amici fanno una follia. Con i loro quattro soldi comprano un pezzo della foresta di Pomponne, a venti chilometri da Parigi. Disboscano, piantano tende comprate al Surplus dell'esercito britannico, sistemano vecchi autobus, roulotte, mobili e paglericci.

Trenta famiglie, un centinaio di bambini vengono riuniti là, nella foresta; questa gente non può più pagare i seisettecento franchi che costa una notte in albergo! Gli uomini fanno tutti i giorni venti chilometri in bicicletta per andare a lavorare, o quattro chilometri a piedi per prendere il treno... Non c'è acqua, non c'è corrente, non ci sono fogne. Eppure, questa miseria è meno avvilente che la vergogna di morire in un angolo, come bestie...

E i bambini rifioriscono.

Un giorno, arriva un alto funzionario del dipartimento.

Trova Henry sul campo.

« È abominevole! È inammissibile che nel 1953 della gente sia alloggiata così! Non hanno le condizioni igieniche indispensabili. Come osa fare una cosa simile? »

« Signor direttore, ho l'impressione che lei abbia sbagliato indirizzo. Viene a dire questo a me! Se ho ben capito, signore, lei è l'incaricato dell'ufficio di Igiene e sta a lei far qualcosa per le loro condizioni igieniche. Che cosa si aspettava? Se è il permesso del proprietario che le manca, glielo do subito. Mi viene a dire che non c'è igiene? È aberrante; alcuni di loro erano in sessanta in un fondo di cortile a dividersi un solo gabinetto. Qui, hanno tutta la foresta a disposizione!... Sono centomila sotto la vostra responsabilità, in tuguri che hanno meno igiene della nostra sistemazione, ma di costoro lei non si preoccupa. Qui, almeno, ci si occupa della loro dignità di uomini e della loro salute! Non ha che da guardare i bambini; non appena c'è un raggio di sole vanno a fare quattro salti nel bosco. Dove abitavano prima non hanno mai visto la luce e appena pioveva diventava una cloaca. Vedete questa gente? Vivevano in diciassette in due stanze.

Qui ogni famiglia ha il suo angolo tutto per sé. Lei sa perfettamente che stanno meglio qui. La prova è che preferiscono rimanerci. Sono venuti liberamente e non ci sono poliziotti alla porta per impedir loro di andarsene. Ma lei, che è così intelligente, mi dica dove bisogna metterli. Abbiamo dei camion, telefono ai miei amici; nel giro di un'ora possono essere qui e accompagneranno queste famiglie sul luogo che lei ci indicherà.»

Il funzionario, non sapendo più che cosa dire, se ne va. «Si prospetta brutta per la mia poltrona!» Ritornando a casa, Henry alza il telefono e chiama il prefetto. Non c'è, ma riesce comunque a parlare con il suo direttore di gabinetto. «La avverto che è appena accaduto un fatto abbastanza grave; abbiamo ricevuto male un funzionario importante. Soltanto che, quando mi rimproverate di aver mal alloggiato quelle famiglie, sapete bene di essere in piena farsa. In realtà, quello che non mi perdonate è di averli fatti uscire dall'ombra delle cantine e dei tuguri ignominiosi in cui si rintanavano, in cui non li si vedeva. Voi non sopportate che li abbia riuniti alla luce del giorno, sulla piazza pubblica, e gettati, con la loro miseria, in faccia alla società. È questo che vi impedisce di dormire tranquilli!»

Quell'inverno, di fronte a tanta miseria sempre crescente, Henry non esita: sottopone al suo amico Léo Hamon un progetto che desidera veder discusso in fretta in Parlamento. Un progetto modesto, d'altronde: sugli ottocento miliardi previsti nel bilancio per le case popolari, propone di far stanziare un miliardo per gli alloggi di emergenza; un miliardo di aiuto immediato che permetterebbe di costruire alloggi di trentotto metri quadrati in pietra da rivestimento a ottocentomila franchi, per rimpiazzare le tende e le carrozzerie! Per le giovani coppie appena sposate e per gli altri nuclei famigliari, che vogliono invecchiare con dignità. La discussione in Assemblea è previta per il 3 febbraio 1954. Mentre per iniziativa di Georges Lillaz, il titolare del bazar del municipio, per Natale vengono distribuiti giocattoli ai bambini di Pomponne, Henry fa questo sogno: « Se si preparasse uno choc che cambiasse il cuore degli uomini... Vedo già i ricchi che si avvicinano, pieni di vergogna di sentirsi felici senza gli altri... Mi chiedono di lavorare per i poveri ».

3 gennaio 1954.

Di notte il termometro scende a meno dieci!

Si voterà per questo miliardo, come si fa quando, dopo un terremoto, si va in aiuto di coloro la cui vita è in gioco?

Al mattino, Henry chiama Léo Hamon: « Allora? »

« Niente! Quando abbiamo sollevato il problema, era troppo tardi. »

« È tutto? »

« No. Vuoi la verità? Alcuni hanno trovato l'idea strampalata! Hanno assicurato che prima di tre anni si vedranno cartelli AFFITTASI in tutta Parigi e dintorni. »

Nello stesso momento bussano alla porta. Entra un operaio, un giovane padre, uno di quelli per i quali si costruiscono le case. La sua è appena iniziata. In attesa, vive in giardino con la moglie e il figlioletto, in un vecchio pullman. Singhiozza: « Padre, questa notte il piccolo è morto di freddo! »

Henry non riesce a dormire. Prende carta e penna e si mette alla mensola dove lavora. Su quella mensola c'è una statua della Santa Vergine tale e quale è apparsa a dei bambini in Belgio, a Banneux: « Sono la Vergine dei poveri ». È stato un prete in difficoltà a mandargliela, per ringraziarlo di averlo preso con sé e di averlo aiutato. Ha scritto a Lemaire, il ministro degli Alloggi, tutto d'un fiato:

Signor ministro, il neonato del villaggio dei Papaveri a Neuilly-Plaisance, è morto di freddo nella notte tra il 3 e il 4 gennaio, mentre si svolgeva la discussione in cui lei ha rifiutato i « villaggi di emergenza ». Lo seppelliremo giovedì 7 gennaio alle quattordici. Pensi a lui. Sarebbe bene che lei venisse fra noi per quell'ora. Non la riceveremo male, mi creda. Sappiamo bene che « non voleva questo », rinviando di tre anni il problema di coloro che dormono sotto i ponti uscendo dalla fabbrica. Se lei viene, si dirà: dopo di questo saprà, cambierà, userà la sua intelligenza e il suo potere per trovare il modo di realizzare questo sogno in altro modo. Quando vuole, l'Amministrazione ha tanti modi per rendere possibile l'impossibile! Si dirà che questo dolore non sarà stato umanamente sterile. Poi, la accompagneremo a vedere con i suoi occhi Pomponne e i suoi ottanta bambini figli di operai nella foresta, e i terreni che, a forza di sofferenza e di fatica, stiamo comprando perché, giustamente, sogniamo un villaggio d'emergenza. Vedrà le nostre prime case a trecentomila franchi, che non sono indegne di francesi, dopo aver visto le loro indegne capanne. La speranza umiliata domenica rivivrà, forse in altro modo, ma rivivrà sicuramente. Sarebbe una bella cosa. Non siate per la seconda volta l'uomo che avrà detto di no.

Preferiremmo di gran lunga amarvi piuttosto che essere obbligati a lottare contro la tentazione di maledirvi.

La nostra vita è dura. Ciò ci rende rudi, ma non cattivi. È con cuore limpido che abbiamo voluto dirle tutto ciò che crediamo vero, giusto, e possibile. Non ce ne vogliate. Noi siamo pronti a non volergliene. Vogliate accettare, signor ministro, i nostri più cordiali saluti.

Per me, lasciate che le dica con tutto me stesso che prego Dio per lei e per noi, perché ci aiuti a essere finalmente un giorno un solo cuore e una sola anima, nella fame e nella sete comune della giustizia, come Egli ha voluto nell'ora della Sua suprema offerta.

Henry-Antoine Grouès, detto l'abbé Pierre

Conclude la lettera alle cinque del mattino. La porta al ministro e ne dà una copia ai giornali.

All'ultimo momento, un quarto d'ora prima del funerale, telefona un amico: « Ti avverto, il ministro ci ha appena informati che non presenzierà all'inaugurazione delle case di Choisy-Le-Roi. Manderà il suo direttore di gabinetto. Ha deciso di venire al funerale del bambino morto ai Papaveri ».

Henry è emozionato. Si precipita in automobile. Per una strana coincidenza, in una strada senza uscita l'auto del ministro si trova muso contro muso con la sua. Quella del ministro deve fare marcia indietro fino all'incrocio. Scendono tutti e due; Henry, piangendo, gli dice: « È qui la rimozione della salma. Venga ».

Il ministro, a capo scoperto, seguito da lontano dalla sua auto di rappresentanza, cammina nel freddo per due chilometri, dietro al carro funebre degli indigenti, dietro alla bara di un figlioletto di operai, morto di miseria.

Cammina, quest'uomo importante, in mezzo a una ventina di duri: gli straccivendoli, di cui più d'uno ha avuto a che fare con la giustizia. Questo strano corteo simboleggia la folla immensa di coloro di cui non parla mai nessuno e che muoiono, a volte, per colpa di tutti noi.

« Erano funerali nazionali, funerali di vergogna nazionale. » Il commento è crudele ma giusto.

All'uscita della chiesa, il ministro si rivolge a Henry: « Vede, sono venuto; naturalmente non ho mai visto una simile miseria, ma non sono incapace di comprendere ».

« Signor ministro, non siamo insensibili al suo gesto, la ringraziamo. Ma quello che conta per noi non è che lei sia venuto, è quello che lei farà. »

« Mi dia il suo numero di telefono, bisogna che noi ci rivediamo. »

Henry, la notte stessa, deve partire per l'Aveyron. Ma al suo ritorno, il ministro lo chiama: « Vengo, reverendo, vengo a vedere ».

Sguazzano tutta una mattina sui cantieri.

« Le prometto, reverendo, di riprendere in mano il suo progetto dei villaggi d'emergenza. »

Uno degli straccivendoli, con lo sguardo ben dritto negli occhi dell'altro, lascia allora cadere nel silenzio:

« Noi, signor ministro, non crediamo alle parole, crediamo ai fatti. Faccia il suo dovere ».

Inverno 1954

Il mese di gennaio volge alla fine.

Il freddo glaciale (il termometro scende a meno venti!) e le tempeste di neve prendono andamenti da catastrofe. L'Europa intera gela. Le strade sono bloccate, i treni paralizzati, le chiatte strette nella morsa del ghiaccio sui canali. Le onde si rapprendono in sculture sulle spiagge del Nord e la Senna si ricopre di una crosta azzurrina. Sui marciapiedi ricoperti di uno strato di ghiaccio la neve presta alla morte il suo lenzuolo. Perché si muore per le strade a Parigi. In nome della legge. Una circolare del ministro degli Interni ha appena raccomandato il rigore nell'esecuzione delle ingiunzioni di sfratto… Con meno venti! Omicidio volontario, per idiozia legale. L'alba porta il suo lotto di cadaveri, qualche barbone, ma anche altri, che pagano le tasse e lavorano e che muoiono all'aperto a causa dell'indifferenza e del disprezzo.

Al volante della sua 4CV, imbacuccato fino alle orecchie, Henry ritorna a Neuilly-Plaisance, sfinito e triste. Sono a centinaia, a migliaia ammassati nelle cantine e sotto i ponti, novelli trogloditi la cui carne è morsa dal freddo e che la fame tormenta. Li ha visti risalire a grappoli umani, alla superficie, come scarafaggi scuri fuori e dentro, un corteo d'ombre subito dopo l'elegante balletto delle uscite dai teatri. Una massa informe, che si muove appena, si appiccica alle bocche di calore: i senzatetto «morti all'aperto» si pigiano, si avvinghiano per avere meno freddo nel sonno.

La visione di quei corpi tremanti, aggrappati ai cancelli, incollati agli spiragli di aria calda che escono dai grandi magazzini, di quegli uomini divenuti bestie, ammassati in fondo alle uscite del metrò, lo ossessiona. Quella sera, non resistendo più, si è fermato all'altezza della gare de Lyon, poi davanti alla gare d'Austerlitz per parlar loro, per consolarli e capire. Un solo uomo di cinquant'anni, tutti gli altri ne hanno meno di trenta. Dei bei ragazzi, non hanno l'aspetto di gente finita. Uno solo è barbone professionista. Sono operai che fanno le loro otto ore di lavoro e che, dopo l'uscita dalla fabbrica, vanno là per non morire, perché non hanno i soldi per pagare una camera d'albergo a cinquanta franchi o una ammobiliata a ottomila franchi al mese.

E quell'uomo, quel nordafricano: « Mando tutto quello che guadagno a mia moglie e ai miei figli ».

« E di che cosa vivi tu? »

« Di pane e di latte. »

« Dove abiti? »

L'uomo ha scosso la testa, è ripiombato nel suo mutismo, con gli occhi fissi sul marciapiede...

A Neuilly-Plaisance, quella sera, davanti a un piatto di minestra calda, Henry racconta tutto. Gli straccivendoli fanno silenzio, Henry continua a raccontare: « Non è più possibile. Il diritto della strada? È tutto quello che la Francia può proporre a gente che lavora... Bisogna moltiplicare l'aiuto di notte, dar loro della minestra calda, salvarli. Bisogna che questo scandalo finisca ».

Notte dopo notte, dopo le ore di discarica o di cantiere, gli straccivendoli dell'abbé Pierre portano minestra, coperte e qualche parola di conforto ai « morti di fame », ai « morti all'aperto » che giacciono sul marciapiede. Il giro termina alle due, a volte alle tre del mattino. Ben presto non dormono più, o molto poco: i nullatenenti escono in massa dalle cantine, dai solai, dai magazzini, non appena sentono il freddo della morte impossessarsi di loro...

È così tutte le notti.

Ieri o avantieri, non lo sa più, il grido di uno straccivendolo ha fatto fermare i camion: « Avete visto quell'affare laggiù? Sembrerebbe un bastone bianco! » Si sono avvicinati, hanno visto due vecchi, due ciechi in punto di morte, avvinghiati per riscaldarsi un po' con il proprio respiro. I bastoni erano caduti per terra. Henry si è chinato, ha accarezzato loro il viso, ha parlato loro, forse non riuscivano più a sentirlo...

« Perdinci, non vedete che stanno morendo? Che cosa aspettate? »

Due agenti di polizia in bicicletta si sono fermati: « Reverendo, finché non sono morti non abbiamo alcun ordine ».

Parole atroci. Le hanno pronunciate con naturalezza, non come persone tristi per il fatto di non poterci fare niente.

« Le prigioni sono piene, padre, i manicomi, i commissariati sono pieni, non possiamo più arrestare nessuno per vagabondaggio. »

« E la pietà, dov'è la pietà? »

« Reverendo, la nostra unica forma di pietà per loro è far finta di non vederli. Ecco gli unici ordini che abbiamo ricevuto: se si trovano in quartieri eleganti, in luoghi turistici, bisogna raccoglierli e spingerli da Châtelet fino alle Halles, seppellirli, renderli invisibili, impedir loro di gettar ombre sul decoro della città, di sporcare o che altro! Spazzare la strada, non lasciarli crescere come funghi sui marciapiedi, toglierseli dai piedi come rifiuti. La nostra pietà consiste nel rischiare una nota di biasimo per non averli visti, perché abbiamo preferito lasciare che si scaldassero dove potevano. »

Che risposta dare a tutto ciò? Henry è ritornato dai due ciechi per parlar loro.

Com'è piccolo, pensa, un uomo che si rannicchia per morire in un mondo civilizzato... In piedi è bello, grande, ma là, steso al suolo, mentre si nasconde per soffrire e morire, è invisibile, insignificante, irrisorio; eppure questo relitto, questo essere ci giudica...

Un set televisivo. Chatelot, un reporter d'assalto, ha filmato brandelli di miseria, barboni sotto porte carraie, straccivendoli con le loro scodelle di minestra calda. Ha invitato Henry a testimoniare, a parlare di Neuilly-Plaisance, degli straccivendoli: « Allora, che cosa fa, reverendo? »

Henry è rannicchiato su una sedia di fronte alla telecamera. Si raddrizza: « Di che cosa si parla? »

La trasmissione volge alla fine e, come sempre, si è solo sfiorato l'argomento, si è dimenticato l'essenziale. È stanco di queste banalità e sente montare la rabbia... La trasmissione è in diretta, non c'è censura, vuoterà il sacco. Gli spiattella tutto sotto il naso, come uno schiaffo, come un pugno nello stomaco: « Ma insomma, signor presidente del Consiglio comunale di Parigi, per i cani ha dei canili. Non sarebbe capace di costruire dei rifugi per gli uomini che rischiano di morire di freddo sul marciapiede? »

Dopo di ciò, non c'è più niente da dire, si taglia corto... Henry guarda Chatelot che scuote la testa, felice.

L'emozione regna, silenziosa, sul set e nel cuore di milioni di persone.

L'indomani, in una trattoria della periferia nord in cui Henry sta terminando di pranzare: « Il conto, per favore », chiede.

« Lei è l'abbé Pierre? Tenga », risponde l'altro.

È una busta piena di banconote. Henry alza la testa verso il ragazzo, emozionato fino alle lacrime: « È per quello che ha detto ieri sera alla televisione, padre. Stupore. Abbiamo spento. Ci siamo guardati e ci siamo detti: 'Bisogna fare qualcosa'. Abbiamo fatto passare la busta fra i tavoli, per mandargliela, alla fine, per loro, per i 'morti all'aperto'. Dunque, ecco qua, la prenda, ne faccia quello che vuole. È il Buon Dio che la manda! »

Henry prega nella cappelletta di Neuilly-Plaisance. Quella mattina, venerdì 29 gennaio, celebra eccezionalmente la messa alle undici invece che alle sei. Coricatosi all'alba, è riuscito a malapena a riposarsi qualche ora.

« *Ite, missa est.* »

Il viso scavato gli si illumina... Vede il terreno vergine che gli hanno offerto una settimana prima, in rue Montagne-Sainte-Geneviève: « È nudo, padre, perché la casa è stata demolita e io non ho i soldi per ricostruirla. Se le può servire, glielo offro con tutto il cuore ». Henry aveva ringraziato, ma il sorriso gli rimaneva triste: non aveva più un soldo per costruire!

Quel venerdì 29 gennaio, alle undici e un quarto, per l'esattezza, si precipita fuori dalla cappella, afferra al volo i pochi straccivendoli presenti e grida loro: « Ho un'idea formidabile! »

Che cos'è successo? Una semplice associazione d'idee. Nella testa, il viso di un amico ebreo, rigattiere a Montreuil, si è sovrapposta all'immagine del terreno nudo.

« Senta, signor Mendelovitz, lei è ebreo, io sono prete. Ci sono uomini e donne che muoiono sul marciapiede. Sono nostri fratelli. Duemila... tremila... non so. Lei ha tante tende. Io ho dei compagni che chiedono soltanto di lavorare. Mi porti il materiale questa sera alle cinque, in rue Montagne-Sainte-Geneviève. Faremo una cosa meravigliosa. Pianteremo delle tende in piena Parigi. E, questa notte, non ci accontenteremo di dar loro del pane, li faremo dormire al riparo. Signor Mendelovitz, sarà una capocchia di spillo, una piccolezza, un primo passo. Se facessimo così, insieme, sarebbe così bello... »

Non un'ombra di esitazione dall'altra parte del filo: « Sì, certo! »

Henry risponde con un grido di gioia: « Alleluia! »

Le cinque del pomeriggio. Un pugno di uomini, di operai, di straccivendoli si ritrova all'angolo di rue Laplace con rue Montagne-Sainte-Geneviève, su un piccolo terreno incolto della « Maub », chiazzato di neve grigiastra e chiuso da due pezzi di muro marcio. Piantano una grande tenda verde, uscita da un Surplus dell'esercito americano, sotto lo sguardo attonito dei borghesi del quinto distretto, feriti da tanta mancanza di gusto. Ma quello strano tendone li incuriosisce e non possono fare a meno di gettare un'occhiata furtiva al suo interno, dove si svolge uno strano balletto: venti uomini stendono balle di paglia, una tonnellata, sul suolo gelato, come per un presepe tardivo, un mese dopo Natale. In cinque ore, come matti, quello squadrone dell'emergenza ha costruito il «tetto di tela dei disperati», senza autorizzazione, in barba alle autorità, con delle coperte, una batteria di accumulatori per la luce e anche un gabinetto, in ricordo, senza dubbio, di quell'ispettore dell'ufficio d'Igiene venuto un giorno nella foresta di Pomponne...

Le dieci di sera. Il freddo gela le ossa e inizia la sua impresa di morte. Henry e i compagni, senza un minuto di riposo, battono il marciapiede per sottrargli un lotto di vittime e raccogliere sessanta relitti umani sdraiati sulle bocche di calore. Quei sessanta, quella notte, dormiranno sotto un cielo di tela grigia, sulla paglia che tiene caldo e avvolti in ruvide coperte. Per la prima volta, da tanto tempo, non hanno paura e sognano. Henry dorme in mezzo a loro.

Domenica 31 gennaio. I parrocchiani di Courbevoie, un sobborgo operaio a ovest di Parigi, ascolteranno dal pulpito una predica che non assomiglia a nessun'altra. Henry si è messo a parlare. E per bocca sua, i senza voce ritrovano la parola e chiamano. Nel silenzio assoluto, quasi sacro, della chiesetta affollata, Henry emette parole, frasi frammentarie che trapassano. Non ha più fiato, non ha quasi più voce e quel bisbiglio fa trasalire. La figura nera non racconta il dolore, lo incarna e lo diffonde e, con esso, i propri dubbi, quella che chiama la propria vigliaccheria, la propria rabbia, la propria vergogna e il proprio amore. Non pronuncia mai la parola, eppure si sente solo quella.

Parla per ore e ore, per sei messe! Abbassano la testa; alcuni si inginocchiano. Degli uomini si passano la mano davanti agli occhi perché non li si veda piangere. Non è una vera e propria predica. Henry racconta. E la sua voce viene così dal profondo che il corpo gli si svuota, gli si infrange. È sfinito.

Fra una messa e l'altra crolla in ginocchio nella sacrestia. Squilla il telefono. Alza la cornetta e impallidisce: sul boulevard de Sébastopol hanno appena raccolto una vecchia agonizzante. È morta arrivando al commissariato. Stringeva nella mano destra il suo unico documento d'identità: un'ingiunzione di sfratto. Un usciere l'aveva fatta sloggiare dalla sua mansarda perché doveva ottantamila franchi d'affitto. È morta in piena Parigi, alle tre del mattino, come il bimbo di Neuilly-Plaisance. « Padre », gli ha detto l'amico al telefono, « il telegiornale l'ha ripresa la notte scorsa senza sapere che stava morendo. E noi, noi non abbiamo più posto... capisce bene... »

Henry è risalito sul pulpito, ha esposto il fatto, seccamente, come si pronuncia una sentenza in un'aula di tribunale. La chiesa si è svuotata, in silenzio; uno di quei silenzi che urlano.

Courbevoie non è né Neuilly né Passy. Ma quel giorno, l'ultimo di gennaio, i parrocchiani hanno raccolto settecentocinquantamila franchi e li hanno dati al padre, « perché questo non si ripeta più ». Alcuni, attardatisi di fronte al portico, l'hanno fermato per dirgli: « Bisogna andare in Comune a raccontare a tutti quello che lei ci ha detto! »

La sala per i matrimoni, quella sera, servirà alla celebrazione della più bella unione: la solidarietà contro l'assurdo. Uomini e donne, ricchi e poveri, diversi e improvvisamente uguali; moderati, comunisti, RPF, MRP, socialisti, preti, pastori, massoni, operai, intellettuali, associazioni di giocatori di bocce, di filatelici, di suonatori di mandolino, di pompieri... Nemmeno Prévert avrebbe saputo immaginare tanto!

Comune o chiesa, Henry non cambia linguaggio, né gli abitanti di Courbevoie emozioni. Gli odi si placano, tutti lo ascoltano. Rivolgono insieme la stessa domanda: che cosa si può fare, subito, perché cessi questo scandalo?

La sala dell'oratorio si è trasformata in Centro fraterno di aiuto e si costituisce il primo Comitato di soccorso ai senzatetto. Il prete di Courbevoie si unisce ai « mangiapreti » per l'unica causa valida: la vita. Gli abitanti di Courbevoie partono in missione, come gli straccivendoli, per tirar fuori dal fango gelato degli esseri umani agonizzanti.

È la mezzanotte di quel 31 gennaio. Il termometro segna sempre meno venti! Con tenerezza, hanno mandato Henry a dormire: « Non è il caso che si ammali proprio quando c'è bisogno di lei! » Sfinito, ha ubbidito, e si è addormentato subito, ancora vestito. L'ultimo a chiudere la porta, uno straccivendolo, guarda il suo corpo smagrito, quelle occhiaie scure che gli si disegnano sul viso pallido e scavato.

Quella notte hanno portato una ventina di sopravvissuti, congelati, stravolti, raccolti da Châtelet ad Austerlitz: « Padre, non ci credevamo del tutto alle centinaia di morti di freddo di cui parlava. Li abbiamo visti, abbiamo parlato con loro. Non sono vagabondi professionisti, ma uomini come noi. Alcuni hanno sistemato moglie e figlio da un amico, poi se ne sono andati perché non c'era più posto. Camminano per la strada, battono i piedi sulle grate dell'aria calda... A centinaia... Non ce la faremo mai a farli uscire da questa situazione! Le previsioni del tempo non ci portano belle notizie... Meno venti! Per tutto il mese! »

Ai piedi del suo letto, si raggruppano straccivendoli e parrocchiani: « Si riesce a salvarne una manciata... ma gli altri? Sarebbe ignobile lasciarli sulla strada. Noi non bastiamo più! Altro che fare da soli! Lei lo sa bene! Ci vorrebbe una catena, una fabbrica ».

Henry pensa a Georges, il primo, quello grazie al quale è iniziato tutto... « Mi aiuterai ad aiutare gli altri. » Se soltanto cento, mille Georges dicessero « sì » per un tempo brevissimo, per un lampo!

« La radio, padre, se lei lanciasse un appello alla radio, a tutta Parigi, a tutta la Francia?... »

« Non conosco nessuno alla radio. »

« Io sì! Conosco il caporedattore del giornale radio. »

Colui che glielo propone è Georges Verpraet, un giornalista amico.

« E va bene, vai! »

Georges alza il telefono a mezzogiorno passato.

« Jean, abbiamo bisogno di cinque minuti della trasmissione dell'una. »

« Noi, chi? »

« L'abbé Pierre, Jean... »

« Sei pazzo, o che cosa? La trasmissione è già montata. Stiamo per mandarla allo studio... E poi, sono desolato, ma questo non ha niente della notizia di cronaca... »

« Ascolta, se oggi rifiuti, corri il rischio di scoprirla domani una 'notizia di cronaca', come dici tu: un vecchio, un bambino morti di freddo, che condirete via in tre righe. E questo, vecchio mio, sarà colpa tua, perché avrai detto di no! »

Un lunghissimo silenzio, e improvvisamente:

« Dammi il tuo numero... Ti richiamo ».

« È mezzogiorno e un quarto.

« Su, detta il tuo messaggio. Il mio direttore di rete è un tipo giusto. Lo manderò in onda. »

In realtà il redattore ha ottenuto solo un vago consenso dal direttore. Ha trascurato di « coprirsi » ulteriormente e preferisce farsi dare una strigliata per irregolarità piuttosto che restare passivo.

Henry non ha ancora scritto una parola. Prende un foglio e scarabocchia con la sua scrittura nervosa:

> Amici miei! Aiuto! Una donna è appena morta congelata, questa notte alle tre, sul marciapiede del boulevard de Sébastopol, stringendo a sé il documento con il quale il giorno prima era stata sfrattata. Ogni notte, sono più di duemila rannicchiati al gelo, senza tetto, senza pane, parecchi quasi nudi. Ascoltatemi: in tre ore si sono creati due centri d'aiuto, uno sotto la tenda del Panthéon, in rue Montagne-Sainte-Geneviève, l'altro a Courbevoie. Sono già pieni, bisogna aprirne dappertutto. Bisogna che questa sera stessa, in tutte le città di Francia, in ogni quartiere di Parigi, si appendano cartelli sotto un lume, di notte, alle porte delle case dove ci sono coperte, paglia, minestra e sui quali si legga: « Centro fraterno di aiuto - Tu che soffri, chiunque tu sia, entra, dormi, mangia, riprendi speranza, qui ti amiamo ». Le previsioni del tempo annuncia-

no un mese di terribili gelate. Finché dura l'inverno, che questi centri continuino a esistere. Di fronte ai loro fratelli che muoiono di miseria, fra gli uomini deve esistere una sola volontà: rendere impossibile che ciò duri. Ve ne prego, amiamo abbastanza, subito, per fare questo. Che tanto dolore ci restituisca una cosa meravigliosa, l'anima comune della Francia. Grazie! Ognuno di noi può venire in aiuto ai senzatetto. Abbiamo bisogno per questa sera, al più tardi per domani, di cinquemila coperte, trecento grandi tende americane, duecento stufe catalitiche. Portatele subito all'*hôtel Rochester*, in rue La Boétie 92. Appuntamento dei volontari e dei camion questa sera alle ventitré, davanti alla tenda di Montagne-Sainte-Geneviève. Grazie a voi, nessun uomo, nessun bambino dormirà questa sera sull'asfalto o sulle banchine di Parigi. Grazie!

È l'una meno un quarto.

Henry detta così in fretta che lo stenografo del giornale radio fa fatica a stargli dietro. « E metteteci enfasi! » consiglia.

Ha appena finto di dettare il suo messaggio che, senza nemmeno aspettarne la diffusione, dice a Verpraet: « Vieni, andiamo a Radio Lussemburgo, lì mi conoscono... Presto, il loro notiziario va in onda all'una! »

« Lei è pazzo, non ci saremo mai! Ci sono cinque chilometri fra Courbevoie e gli studi di rue Bayard. »

Henry non sente, si precipita giù dalle scale facendo i gradini a quattro a quattro, salta sulla 4CV... Verpraet, che non ha più fiato per stargli dietro, deve anche spingere l'auto « intorpidita » dal freddo della notte.

« Cammina, perdinci! »

Un rombo, Georges corre e si sistema a fianco del reverendo.

« Ci saremo! »

Un quarto d'ora di rally demenziale! Passa col rosso ai semafori, sostiene di essere daltonico in perfetta malafede. Georges lo guarda furtivamente: « Non sente i fischietti o fa finta?» Nello stesso momento, Henry sospira: «Ci ho sempre sentito male dall'orecchio destro!»

Rue Boyard. Posteggia sotto il cartello di sosta vietata.

«Daltonico, sordo, perché non anche analfabeta?»

L'una! Henry corre per i corridoi, scortato dal suo coredattore, senza perdersi, come se conoscesse a memoria la strada, entra nello studio a dispetto della sacrosanta luce rossa. La trasmissione sta per iniziare. Henry fruga nelle tasche: «Georges, il testo... è in macchina».

Verpraet parte in quarta. Due minuti dopo, di fronte al microfono, di fronte alla Francia, Henry lancia il suo appello: «Amici miei... Aiuto!» Quasi nello stesso momento, i francesi ascoltano alla radio nazionale e a Radio Lussemburgo le stesse parole-pugnale, le frasi frammentate per il respiro affannoso, per l'emozione...

Un silenzio di morte nello studio. E, quando ha finito, ancora silenzio, perché i tecnici, dapprima scandalizzati da quell'intrusione, hanno ricevuto anch'essi il messaggio. È finito... Henry e Georges si scambiano una lunga occhiata. Il telefono squilla per una prima chiamata, subito dopo una seconda... Tutto squilla. Un terremoto, una valanga di domande fanno saltare il centralino: «Serve cibo?» «Soldi?» «Dove?» «Come?» «Qual è il numero di conto corrente dell'abbé Pierre?» «Posso prendere un bambino?...»

Per Henry, è un grido d'amore che sale... «Funziona», mormora... «È incredibile, eppure funziona!»

«Vieni!» dice a Verpraet, pietrificato.

«Dove?»

«All'*hôtel Rochester*!» risponde Henry, dandogli una grande pacca sulla spalla. «L'ho citato nel messaggio... Non l'ho mai visto e il proprietario non è stato nemmeno avvertito... Spicciamoci!»

Guida di nuovo come un pazzo, sotto l'effetto dello choc, del sogno in cui si perde: sono state sufficienti poche parole scarabocchiate per squarciare il velo d'indifferenza e scoprire una Francia che non ha il cuore duro. Un attimo, sorride, ha appena evitato una vettura, ne ha sfrisata un'altra. Le autorità, senza dubbio, hanno già ricordato questo problema, ma l'« enfasi » non c'era. Bisogna vivere ciò di cui si parla, aver sguazzato nella miseria per poterne parlare e reclamare giustizia e amore.

La gimcana si ferma al 92 di rue Boétie, davanti all'*hôtel Rochester*: « Non male, né palazzo né bettola, un tre stelle... esattamente quello che mi ci vuole! » Si precipita nell'atrio, si imbatte nella signora Larmier, la proprietaria, si mette a farfugliare tre parole. Emozionatissima, gli prende la mano, con un grande sorriso: « Si sistemi come se fosse a casa sua! »

« Mi sono ricordato della sua lettera », dice Henry. « Allora ho pensato... »

« Ha fatto bene! »

Otto giorni prima, la signora Larmier gli aveva scritto: « Ho letto la sua lettera al ministro Lemaire, in occasione della morte del bimbo dei Papaveri. Da allora, so che dei bambini possono morire di freddo a Parigi, che tanti altri soffrono; non mi piace più dormire pensando che in questa stagione ci sono delle camere vuote nel mio albergo. Ne metto dodici a sua disposizione, subito ». Tre famiglie erano state salvate...

L'appello è stato lanciato all'una e cinque alla radio nazionale e all'una e dieci a Radio Lussemburgo. È l'una e mezzo quando Henry arriva al *Rochester*. È già la follia: nell'atrio, un metro cubo di vestiti e di coperte e gente che fa la coda alla cassa per lasciare gioielli e soldi. Il portiere indietreggia, disorientato, di fronte a quel terremoto. Vengono tolte le poltrone, l'atrio si trasforma in magazzino. La pila cresce, una montagna di doni. Loro arrivano a centinaia, come dei novelli re magi. Hanno abbandonato la tavola per dieci frasette lanciate alla radio, sono usciti con un cappotto, dei maglioni, delle coperte radunate in fretta e camminano verso la cometa. Il corteo dell'emergenza avanza, una folla indescrivibile. Alto-borghesi, piccolo-borghesi, vecchie signore imparruccate e ricoperte di gioielli, burocrati in cravatta, studenti sbracati, bambini. In un'ora il traffico diventa dappertutto impossibile, si deviano gli autobus, rue La Boétie è bloccata.

Henry si è installato nella stanza 412, l'ufficio della signora Larmier. Apre una busta; con le banconote c'è un biglietto: « Padre, abbiamo fatto la colletta, non è molto, ma bisogna pur dare l'esempio! » Firmato: gli Straccivendoli, Neuilly-Plaisance! Telefona a Lucie Coutaz: « Resti lì... Senza di lei a Neuilly, non può funzionare niente ». La signorina Coutaz presiederà un secondo stato maggiore, nel cuore di Emmaus, laddove, un giorno, tutto è incominciato. Come il tempo di guerra, innanzitutto bisogna stabilire la comunicazione. La bontà risponde alla miseria con un fiume di telefonate alle quali il centralino dell'albergo non è preparato. Tappato nella stanza 412, Henry per tre ore cerca invano di raggiungere le Poste. Alle quattro, miracolosamente, ci riesce e lancia un SOS all'amministrazione: « Tre linee supplementari... Ne ho bisogno urgentemente ».

« Reverendo, riempia i moduli. Le avrà fra una settimana, se riusciamo a liberarne qualcuna. Non si faccia troppe illusioni, è difficile in questo quartiere... »

« Lei mi prende in giro! Se apro la guida del telefono ci trovo venti indirizzi di toilette per cani. Non ho niente contro di loro, ma la loro criniera può aspettare. Non avete che da darci quelle linee! »

Nella mezz'ora che segue, arriva l'installatore. Allaccia la prima linea. Ce ne vorranno dodici!

Parigi, la Francia rispondono giorno e notte all'appello di Henry: « Pronto, *hôtel Rochester* ». I centralinisti dell'« insurrezione » sono dodici giovani studenti in uniforme del Politecnico, che hanno immediatamente mollato i loro libri e le loro equazioni per arruolarsi contro la miseria. Si danno il cambio ventiquattr'ore su ventiquattro. E non basta!

Il giorno seguente, 2 febbraio, l'SVP, il Servizio informazioni, entra nella battaglia e mette a disposizione il suo centralino. L'ufficio informazioni è organizzato. Da questo lato, hanno vinto! Henry si frega le mani, riesce a fare da tramite fra la generosità e la miseria. È tutto a posto per la strategia della guerra-lampo in cui eccelle.

La « pulce che salta sulle ginocchia degli uomini politici » inizia la sua tattica del logoramento. Strapazza, provoca, scuote. Frédéric Dupont, presidente del Consiglio comunale di Parigi, è il primo a fare le spese del suo fuoco: « Signor presidente, bisogna che faccia aprire cinquanta stazioni del metrò stanotte, per impedire che si abbandoni questa gente sul marciapiede con meno venti! »

Frédéric Dupont detesta farsi « stuzzicare ». Di che cosa si immischia il reverendo?

« No, perché ho appena visto il prefetto di polizia. Mi ha assicurato che i commissariati saranno sufficienti e che, se la gente dormirà fuori, sarà perché lo vorrà. »

« Signor presidente, gliel'ho già detto, per i cani che muoiono per la strada ci sono i canili. Non potrebbe esserci la stessa cosa per gli uomini? »

Henry respira profondamente e riesce a contenersi per non alienarsi irrimediabilmente Frédéric Dupont. Molte decisioni dipendono da lui... Con una voce appena alterata continua: « Venga, signor presidente, a rendersi conto con i suoi occhi. Faccia il giro con noi questa notte. Il prefetto è mal informato... Altrimenti, saprebbe che sono gli stessi suoi agenti a indirizzare quelli che dormono all'aperto verso la nostra tenda al Panthéon ».

« Vedremo, arrivederci, reverendo. »

Neanche un'ora dopo, Frédéric Dupont ritelefona: « Ne ho parlato con il prefetto di polizia, con il prefetto della Senna e con la R.A.T.P., la Rete autonoma trasporti pubblici... Le apriamo quattro stazioni del metrò in disuso, Saint-Martin, Rennes, Liège, Champ-de-Mars. Da questa sera! »

Per la prima volta da quando è stato inventato, il metrò, che ne ha viste tante, assolve, per volere di un pretino tenace, la sua nuova missione: l'« asilo », come, al loro tempo, le cattedrali e le chiese.

Alle sei e mezzo, Henry si rivolge di nuovo ai parigini per radio: « Mobilitatevi, abbiamo bisogno di volontari per garantire tutte le notti la raccolta dei senzatetto, ovunque si rintanino e, insieme, salvarli... Appuntamento alle ventitré davanti alla tenda di Montagne-Sainte-Geneviève. Grazie».

Arrivano a centinaia di fronte al Panthéon, nella notte gelida. Il freddo paralizza le labbra, intorpidisce i volti, morde le carni sotto i cappotti; ma loro non lo sentono, hanno caldo dentro. Non gridano «Dio lo vuole», in risposta a san Bernardo che predica la crociata ma, in fondo ai loro cuori, questo mormorio di rimorso: «Non lo sapevamo...»

Sono un migliaio sotto un cielo d'inchiostro, umido, sgombro da nuvole.

Non «pensano» le stesse cose, non «votano uguale», ma, gomito a gomito, insieme, fanno qualcosa di semplice e di grande.

I flash crepitano nella notte e incominciano a bersagliare, senza sosta, una figura minuta, avvolta in una cappa nera che non riesce a coprire un giubbotto di cuoio frusto, carico di decorazioni.

Applausi a più non posso! Si è arrampicato su un muretto, aspetta il silenzio, poi con una mano afferra il microfono, mentre con l'altra si appoggia al bastone. Ai piedi del Panthéon, eccolo rivolgersi alla folla: «Grazie. Questa sera finisce un incubo. Il triste spettacolo che ancora ieri si offriva ai nostri occhi sulle banchine e sui marciapiedi di Parigi oggi non si rinnoverà più. Grazie a voi, degli uomini e delle donne saranno salvati dalla spaventosa notte per la strada. Ciascuno deve considerarsi mobilitato, almeno fino alla fine dell'ondata di freddo».

Silenzio. Poi la voce riprende:

«Ma non è sufficiente che gli infelici non muoiano più. Bisogna permettere loro di vivere da uomini: da UOMINI IN PIEDI!»

Si leva un clamore immenso, fervente, che copre gli applausi: mille sì promessi allo stesso tempo. Il 31 gennaio non c'era niente, il primo febbraio Parigi si solleva per carità, per giustizia.

Cinquecento veicoli, fra biciclette, motorini, motocarri, 2 CV, Buick, Cadillac, partono e si lanciano nella stessa corsa-crociata. Si dirigono verso le banchine, i ponti, le uscite della metropolitana, le porte carraie per raccogliere gli « spezzati », gli « ammaccati », i tremanti.

« Su, alzati! » A volte il consenso passa nello sguardo, ma, intirizziti, inebetiti, restano sdraiati perché ad alzarsi si sente freddo. Allora, li si prende per mano, li si fa alzare: « Va' al metrò Saint-Martin, ci troverai un prete... »

Il primo febbraio, la sera, le quattro stazioni del metrò in disuso e aperte dall'Amministrazione sono piene da scoppiare e sono costrette a rifiutare della gente. La miseria si è rifugiata nei corridoi, sulle scale, davanti agli sportelli, dappertutto... A Saint-Martin sono settecentocinquanta. La fantastica pattuglia ha passato al setaccio Parigi fino all'alba. « La notte della carità », come titola *France-Soir*, si conclude. Hanno iniziato, con il metrò, altre porte si apriranno. Sono in cinquecento a riscaldarsi al palazzo della Mutualité, e a centinaia nelle scuole. Ha dato l'esempio il liceo Michelet, poi ha offerto le proprie duecento sale l'Istituto cattolico. Sono seguiti le palestre, i palazzi di giustizia, gli ambulatori, i comuni, le chiese. L'emulazione della fraternità ha fatto dei « morti all'aperto » degli « alloggiati al caldo ».

Quella notte, nei cinquanta centri di aiuto fraterno è rinato uno dei diritti dell'uomo che era andato perduto: il diritto d'asilo. « Nessuno ha dormito all'aperto a Parigi, la notte scorsa », annuncia trionfalmente *France-Soir*. La stampa sbriga un bel po' di lavoro ma, paradossalmente, ben lontana dallo smobilitare la buona volontà, suscita nuovi gesti di solidarietà. Henry non mancherà mai di braccia per le sue sortite notturne. La più bella ricompensa? La gente non ha più paura della miseria, accetta di vederla da vicino. Non si tratta più di immagini astratte e confuse che ci si affretta a scacciare, ma di esseri umani di cui si « tocca » la sofferenza. Il miracolo di una voce che ha restituito la vista a una società deliberatamente cieca.

La stampa ha fatto di lui un eroe. Il suo nome, la sua foto sono alla ribalta, la sua immagine penetra in ogni casa di Francia e al di là della frontiera. La si appenderebbe volentieri a fianco del Crocifisso, con dei fiori attorno. Quando un gesto è bello e l'autore ne è un prete, lo si farebbe volentieri santo, sui due piedi, senza istruire alcun processo di canonizzazione.

Di questa santità, d'altronde, non porta forse i segni più evidenti? Un viso fatto di dolore, da Cristo emaciato, la barba, la magrezza... La stampa gli dà ai nervi e lo fa sorridere. Muore dalla voglia di dirle: né san Vincenzo di Paola, né san Francesco d'Assisi, bensì Henry Grouès, insorto di Dio, Henry, da vent'anni, semplicemente. Ma se proclamo di non meritare nessun complimento, pensa, rincareranno la dose: 'E, per giunta, è modesto!' »

Gli capita che dei passeggeri scendano dall'autobus alla fermata per gettargli biglietti da cento franchi dalla porta e che risalgano in silenzio facendogli un cenno con la mano.

All'entrata del Bois de Vincennes, un camioncino lo segue, lo raggiunge e, mentre tende la mano, il guidatore lo chiama: « Ehi, reverendo! è per lei! » Un gesto che si rinnova dieci, cento volte! Ritorna all'*hôtel Rochester*, si apre la strada fra la folla che lo stringe, aggira una montagna di indumenti, lenzuola, materassi, scarpe, apparecchi di riscaldamento. E i clienti? La signora Larmier ne ha conservato qualcuno, il 2 febbraio, ed essi accettano col sorriso quello sconvolgimento delle proprie abitudini. Henry ne incrocia uno, straniero: « Come va? Non la disturbiamo troppo? »

« Ah sì, reverendo! Ma i bambini che urlano di notte sono molto più carini della radio; è formidabile. Anche lei è formidabile. »

La sera del 2 febbraio, sono arrivate seimila lettere, e ne arriveranno seimila tutti i giorni, per quindici giorni. Tutti i record postali vengono battuti. Sommerse, le Poste hanno fatto « montare » dei rinforzi dalla provincia, per far fronte a questa massa di telefonate e di vaglia. Al quartier generale della solidarietà, all'*hôtel Rochester*, il centro di smistamento è organizzato « alla militare », in una sala da bagno, da alcuni studenti del Politecnico che classificano e smistano con rapidità e intelligenza. Nella vasca da bagno, hanno messo il regalo che gli allievi della X riservano ai senzatetto: centinaia di pacchetti di sigarette che si accumulano e che vengono distribuiti ogni settimana.

Henry esce poco dalla sua stanza 412.

In quelle giornate febbrili, racimola qualche ora per dormire e adorare. Sa che bisogna « tener duro » e vincere, per il momento, la battaglia contro il tempo. Si ricorda del miliardo rifiutato « come un'idea stupida »... « Cartelli *Affittasi* fioriranno in tutta Parigi. » La miseria non interessa né agli ex colleghi del Parlamento né ai membri del governo. I barboni votano, forse? Adesso, tutta la Francia sa che non si tratta più solamente di qualche vagabondo.

Frédéric Dupont, che fino al giorno prima lo mandava a quel paese per l'insistenza che metteva nel far aprire i metrò, visita, scortato da funzionari e da gorilla, i centri della fraternità. Stringe mani che non aveva mai stretto, accarezza guance, dice una parola gentile a povera gente stupita di vedere avvicinarsi loro l'inaccessibile potere: « Come va? La minestra è buona? » Viene a Canossa e quella visita sa di pellegrinaggio, di penitenza, di pentimento pubblico.

« E il servizio d'ordine, come si comporta, reverendo? »

Ed Henry, con un sorriso:

« Eccellente, i suoi agenti hanno trasformato il loro manganello in biberon! »

Su un pagliericcio, alle spalle del presidente del Consiglio comunale di Parigi, la voce di un barbone si leva scherzosa: « Il poliziotto, signor presidente, mi ha rimboccato le coperte! »

La polizia gioca alle dame di carità, felice di obbedire alla consegna del giorno: « Aiutate l'abbé Pierre ». Non arraffa più, salva. Manda i propri cellulari in missione di sopravvivenza per raccogliere e curare. Le « irruzioni » della beneficenza si moltiplicano, senza controllo di identità. Lo Stato viene a compromessi con la strada. Senza vergogna, dopo averlo « snobbato », ecco le autorità recuperare volentieri questo pretino. Henry resta di sale di fronte alle adulazioni di palazzo. Un ministro gli ha fatto sapere che sarebbe stato onorato e lieto di stringergli la mano quella sera, alle undici, in rue Montagne-Sainte-Geneviève, « appena prima di prendere il treno per il suo ministero ». Henry gli fa rispondere che lo assicura della propria simpatia, ma che non sa dove sarà alle undici!

Chi vuole vederlo, parlargli e anche, capita! sfiorarlo, toccarlo, può farlo, arruolandosi, ricco o povero, umile o potente che sia. Giornate che non hanno né inizio né fine, ore che si susseguono senza che la notte interrompa il giorno o il giorno la notte.

Detta le lettere all'ora dei pasti, un po' di carne trita, un tramezzino di pancarré. I denti che gli fanno male, la mandibola che gli si infetta, non gli permettono di alimentarsi in altro modo. Trema dallo sfinimento: sono quindici o diciotto ore che è in piedi. Ha freddo, anche lui, è sempre stato freddoloso; si mette il giubbotto sulle spalle per non sentirsi costretto nei movimenti. Di tanto in tanto viene un medico a fargli delle iniezioni. Sviene, a forza di vertigini, perché degli uomini vivano. È felice. Quando gli capita di crollare, lo lasciano dormire un'ora o due. Si sveglia in forma, con la testa brulicante di nuove idee, folli, e si rimette a dettare, a ricevere, a dare ordini, ad agitarsi, a chiudere gli occhi per qualche istante: un raccoglimento, un pensiero che vivifica, a saltare nell'automobile permanentemente parcheggiata davanti all'albergo perché lo porti in fretta negli uffici dei ministri, nei centri d'emergenza, per le strade.

E la messa? La dice tutti i giorni, nella chiesa di Saint-Philippe-du-Roule, a ore imprecisate, all'alba, in piena notte, quando può. Se la fatica lo coglie in piena azione, impreca: « Non è il tempo di dormire. Ne avrò tutto il tempo quando arriveranno le grandi vacanze! » È così che chiamerà per sempre la morte.

L'*hôtel Rochester* è requisito, « occupato » al cento per cento. Il suo ultimo cliente, un ufficiale dell'US Army, ha spinto la grande porta a battenti. Portava due enormi valigie di cuoio e le ha affidate a due adolescenti. Questi si sono precipitati, le hanno aperte e hanno buttato alla rinfusa, sulla montagna di indumenti ammassati nell'atrio, cravatte, scarpe, maglioni, camicie, gomme da masticare...

« *Hey you, my luggage! Are you crazy?* » (I miei bagagli, siete matti?)

Gli hanno spiegato. Il cliente è diventato donatore. Ha lasciato le valigie e, in aggiunta, ha regalato un grazioso pacchettino di dollari. La crociata si arricchisce di un luogotenente texano!

Attorno a Henry restano le « nuove leve ». La « vecchia guardia », loro, sono rimasti a Neuilly-Plaisance, a Plessis-Trévise, a Pontault-Combault. Georges, Paul, Auguste, Jean-Yves, Lulu, imperturbabili, di giorno frugano col rampino nelle discariche, recuperano, vanno in cerca di anticaglie, di notte vanno a pesca di relitti umani. Sono così fieri del « loro padre ». Al *Rochester*, le « nuove leve », eterogenee, sono alcune donne di mondo, un membro del gabinetto ministeriale, un ex-combattente di sottomarino, un direttore onorario della Banca di Francia, un militante comunista, un regista cinematografico, un ingegnere agronomo, un religioso olandese, un pugile, un ex direttore di ospedale, un'ex segretaria del generale de Gaulle e quella di Robert Schuman, che vivono tutto il giorno gomito a gomito. Il giorno prima non si conoscevano. Giornalisti dal grande cuore, venuti a fare indagini come professionisti, lasciano la redazione e si arruolano sotto la bandiera. Si danno tutti del tu, si chiamano per nome: Pierre, Jean, Mayden, Jocelyne, Sophie, Simone, André... La fraterna vicinanza alle macerie.

Assistono a spettacoli inauditi.

Quell'uomo ha appena posato il suo pacchetto nell'atrio, esce, cammina lungo il marciapiede, con meno dodici gradi, torna sui propri passi, si toglie il cappotto, lo butta nel mucchio ed esce.

« Signore, prenderà freddo », lo avverte un giovane.

« Ci sono altri che ne hanno più bisogno di me », risponde.

Un piccolo noleggiatore d'auto, sedici anni, ha appena dato cinque dollari, la mancia lasciata da un americano. Alcuni bambini rompono il salvadanaio, offrono tutto quello che hanno.

Quella ragazzina è venuta a piedi dalla periferia: « Tenga », dice al padre, « sono tre anni che risparmio monetina su monetina per regalarmi una bicicletta. Sono diecimila franchi, sono per lei, per loro... » Henry l'abbraccia, commosso.

Le due del mattino! La lampada posata sulla scrivania della stanza 412 illumina alcune buste: « Abbé Pierre, Francia » « Abbé Pierre - Prete degli straccivendoli » « Abbé Pierre, Comunità degli straccivendoli, Neuilly-Plaisance ». Aperte, davanti agli occhi che gli bruciano, due, tre lettere fra le cinquantamila ricevute in una settimana. Gli fa male dappertutto, ma vuole leggere il dolore o il grazie dei poveri. È divorato dal bisogno di ritemprarsi la fede nella loro speranza. « Non butti via quindici franchi per rispondermi e per ringraziarmi. Ma io ho bisogno di scriverle semplicemente per dire: grazie a lei e ai suoi compagni di esistere, perché aver saputo che esistono cose del genere, che non sono soltanto leggende del Medioevo, ma che possono esistere nella cattiveria della nostra epoca, ciò mi ha ridato coraggio per continuare la mia vita di mamma operaia. »

E quel ragazzino di otto anni: « Le mando i miei soldi invece di comprarmi caramelle e giocattoli! »

Ha tappezzato la stanza delle lettere e dei disegni dei bambini. Gli fa male la schiena da urlare, si alza, si stiracchia, fa qualche passo. Lo sguardo accarezza sul muro una carta da lettere rosa... una bimbetta di dieci anni: « Padre, non abbiamo casa. Siamo tanto infelici. Ma la mia capogruppo in oratorio mi ha detto proprio oggi che lei fa delle case per quelli che non ce l'hanno. Allora venga a fare una casa per noi. Saremo felici. Eravamo così infelici fino a oggi nella mia famiglia, che credevo che tutte le persone fossero cattive. Ma ora penso che dovevo sbagliarmi, che non è vero, che forse ce ne sono più di buoni che di cattivi, solo che io non li conoscevo ».

«Bambina mia», mormora, «ti hanno messo la disperazione nel cuore e non hai ancora dieci anni!»

«Sono una donna anziana», scrive quest'altra, «non sono ricca, ho appena di che vivere. Non avevo niente da donarle. Dopo averla ascoltata, ho riflettuto, allora gli occhi mi sono caduti sulla fede. Mi sono detta: ora che sono vecchia, a che cosa mi serve? Se può servire per far entrare una mamma un'ora prima in una casa, non ho il diritto di tenermi l'anello...»

Anelli, braccialetti, assegni, contanti... i doni affluiscono. Assegni di celebrità, Yves Montand, il cardinale Liénart, il presidente Auriol, la regina Elisabetta del Belgio... insieme alle monetine dei salvadanai dei bambini. Un giorno, deve girare milleottocento assegni! La banca accetta un timbro come firma e apre uno sportello nell'albergo. A fianco dei grossi assegni di industriali, uomini politici, artisti, si impila una quantità di biglietti da cento franchi, testimonianza del cuore della piccola gente: «Sono un vecchio, economicamente debole, come si usa dire, le mando dieci francobolli da quindici franchi, è poco, ma mi fa felice!» Ognuno fa il gesto alla sua portata: là risiede tutta la bellezza della generosità anonima.

Il conto in banca, immediatamente aperto per assicurare la trasparenza del movimento dei fondi, annuncia duecentocinquanta milioni nel giro di undici giorni.

Henry sogna villaggi d'emergenza che dovranno la propria esistenza solamente alla carità degli uomini e al loro senso della giustizia. Non si dovrà chiedere niente allo Stato, si potrà dire a coloro che lo dirigono: «Vedete, signori, che cosa noi riusciamo a fare. A voi, ora, di dichiarare guerra alle cause della miseria, alle sue radici». A chi lo tratta da «grand'uomo», da «santo», risponde: «Incominciate col rimboccarvi le maniche per venire con noi a tirarli via dal marciapiede e smettete di dire stupidaggini».

Un giorno gli capita di assestare, mezzo scherzoso e mezzo tagliente, un commento di questo genere: «Sono molto sensibile alla vostra ammirazione, ma mi trovo obbligato ad ammettere con imbarazzo che, malgrado i miei numerosi sforzi, non sono ancora riuscito, nella nostra comunità, a cucinare l'ammirazione e sarei contento se ci faceste pervenire derrate più commestibili».

All'*hôtel Rochester*, tutte le sere alle sette, si tiene il consiglio, la riunione dei condottieri dell'insurrezione. Consiglio di gabinetto improvvisato, per lo più presieduto dal padre. È l'ora del bilancio: un'inchiesta a caldo sulla miseria da far impallidire tutti i sondaggi ufficiali. La verità nuda e cruda.

Si sapeva che gli operai nordafricani si ammassavano in dieci per stanza, ma si ignoravano le condizioni di vita dei braccianti agricoli. Senza lavoro, da Ognissanti a Pasqua, approdano a Parigi, e la *ville lumière* divora in tre notti i loro soldi, li getta sul marciapiede come feccia, li mescola ad altri relitti umani, quelli dell'ospedale, della prigione, della disoccupazione. Georges Verpraet, Gérard Marin, del *Figaro*, la cui figura è familiare agli straccivendoli di Neuilly-Plaisance, hanno capito e, con occhio esercitato e penna incisiva, denunciano senza tanti fronzoli che cosa significhi la povertà vissuta, quasi nelle carni, a fianco del padre.

Fra Henry e lo Stato inizia un incredibile braccio di ferro.

Prima scaramuccia: i dottori Jacqueline Debain e Jean Gamache, che visitano i centri d'emergenza per curare i poveri e individuare i danni della miseria, rilevano alla stazione di Rennes ventidue casi di tubercolosi polmonare su centotrenta esami. Il quattro per cento di radiografie sospette, un tasso superiore a quello delle prigioni. Lo riferiscono a Henry, che denuncia il triste bilancio alle autorità. Commosso più che umiliato, il ministro della Sanità si impegna solennemente a riaprire il sanatorio interdipartimentale di Saint-Gobain, a moltiplicare i sanatori. Ma cade vittima di un rimpasto ministeriale... Così va la Quarta Repubblica. Cochin, Tenon, Saint-

Antoine, la Pitié, Beaujon, gli ospedali si danno il turno, mandano personale, accolgono i casi più gravi e rifiutano gli altri per mancanza di spazio! Henry percorre i ministeri, porta cifre, condanna, impreca, propone.

La disoccupazione è una piaga, nutre la miseria. Il ministro del Lavoro acconsente ad aprire in piazza Italia un « Centro di smistamento e di ripartizione dei disoccupati recuperabili »! Questo funziona in stretta collaborazione con il quartier generale all'*hôtel Rochester*. Henry ottiene che l'indennità di disoccupazione, i contributi della Previdenza sociale e gli assegni famigliari vengano versati ai « recuperabili » che accetteranno di presentarsi. Ma gli « irrecuperabili », lavoratori non specializzati, intellettuali, artisti sconosciuti, sono così numerosi...

Il 4 febbraio, un mese dopo il loro primo rifiuto, giorno dopo giorno, governo e Parlamento convengono dell'« urgenza » dei quartieri d'emergenza! Come per miracolo! Non sono cambiati, sono gli stessi uomini che, un mese prima, rimandavano « a più tardi », all'infinito, la discussione sul miliardo reclamato da questo pretino « disturbato » e disturbatore, ispirato da un'« idea strampalata ». La tenacia ha pagato, quella di Henry e quella di un pugno di uomini che avevano deciso di « non essere felici senza gli altri ».

La morte di un bambino, la venuta di un ministro al suo funerale, nel freddo e nel fango, l'epidemia della miseria, una vecchietta uccisa dal freddo sul boulevard de Sébastopol, dieci frasi mal redatte hanno provocato questo ribaltamento di situazione. Lo Stato cede alla pressione popolare.

Non credo che si mettano anche loro a non voler essere felici senza gli altri, pensa Henry, ma l'essenziale è che seguano.

Il Consiglio dei ministri decide l'« urgenza » di mettere in moto un piano di dodicimila alloggi di « prima necessità ». Il reverendo deve quindi andare al Credito fondiario a trattare l'anticipo dell'80% del finanziamento.

« Reverendo, avrà la prima parte del prestito fra due mesi, è il termine di rigore. »

« Il termine di rigore? Bene, non ve ne fate un problema, prendete pure tempo. Noi, abbiamo fretta. Delle persone muoiono ogni giorno. Allora, per una volta, signori, saranno gli straccivendoli ad anticipare i fondi. Li rimborserete quando potrete. »

Quest'operazione è da segnare con l'inchiostro rosso negli annali del Credito fondiario.

L'indomani, all'alba, davanti a un pugno di imprenditori esterrefatti, Henry dice: « Sul tavolo, avete trentacinque milioni! Firmo il contratto per la costruzione delle prime quarantotto case di Plessis-Trévise. Al lavoro! I poveri non aspettano! »

GAUMONT-PALACE: delle lettere cubitali sulla facciata del più grande cinema di Parigi.

« Ogni francese deve considerarsi mobilitato... » La voce non è più filtrata dalla radio o dalla televisione, né trascritta sui giornali: in quella domenica 7 febbraio, alle dieci e mezzo di mattina, arriva in diretta, senza artifici. Nel freddo, seimila persone sono venute a riempire l'immenso Gaumont-Palace. In piazza Clichy il traffico è bloccato. E, tuttavia, nessun manifesto! Un semplice annuncio, furtivo, alla radio.

La scena è vuota. Sullo schermo si vedono le immagini riprese dal telegiornale francese: una vecchia, morta di freddo, in boulevard de Sébastopol.

La figura nera avanza sulla scena, minuscola. Un organo suona *Vagabonde*, l'aria degli straccivendoli, Henry si avvicina al microfono con le mani strette l'una nell'altra, gli occhi chiusi sul proprio raccoglimento, pronuncia con una voce ritmata, dolce e ansimante allo stesso tempo, parole di tutti i giorni e per tutti.

« Avevo chiesto cinquemila coperte e un po' di soldi. In meno di cinque giorni, i francesi mi hanno mandato quindicimila coperte, seimila cappotti, ottomila pantaloni, mille gilet, cinquemila paia di scarpe, diecimila maglioni, mille camicie, e quasi tutti questi indumenti sono nuovi. So che il tetto di centoventi milioni di franchi è già sfondato. Tutto il denaro è quasi interamente versato, ogni sera, sui conti correnti postali e bancari. Le spese generali sono infime, appena cinquantamila franchi al giorno. Non si tratta certo di sostituirmi al governo, ma di fare la parte della pulce che pizzica l'Amministrazione, che la obbliga a scuotersi, ad agire... Ci saranno sempre malelingue che diranno che la gente sarà uscita dai nostri centri con indumenti che si sarà affrettata a vendere per ritornare a farsi vestire daccapo. È possibile, ma se avessimo istituito un controllo severo, i veri disgraziati avrebbero dovuto aspettare il mese di giugno per essere protetti. Mi capita di sentire, negli ambienti agiati, frasi di questo tipo: 'Reverendo, se la miseria dei senzatetto fosse stata così terribile come la descrive, la gente si sarebbe ribellata. Dal momento che non si rivolta, vuol dire che questa sofferenza non è così terribile come la dipinge lei'. Oh! Voi che siete persone con una casa, persone felici, cercate di capire quanto questo ragionamento sia mostruoso. Un ragionamento come questo? È un ragionamento che mostra di credere che la rivolta sia la peggior cosa che possa succedere. Ebbene, io vi posso assicurare, perché lo vedo tutti i giorni, che non è vero. La rivolta non è la peggior cosa che possa capitare. Certamente è terribile, perché coloro che ne soffrono di più sono spesso coloro che anche prima erano più disgraziati. Eppure, c'è qualcosa di peggio per una nazione, peggio della rivolta: è quando chi soffre, soffre talmente tanto da abbrutirsi e da degradarsi nella propria sofferenza! Ciò è ben peggio, è l'abbrutimento e la disperazione della gioventù, di tutto un popolo.

« Quando la gioventù di un popolo arriva a questo punto, è peggio che se questa gioventù si rivoltasse.

« Bisogna che questa gioventù, unita agli anziani, sia capace, pacificamente ma con energia, di sollevarsi per gridare: 'Vogliamo case, vogliamo che cessi questa follia che consiste nel negare un miliardo per costruire alloggi, perché sappiamo che rifiutare questo miliardo, in realtà, significa accettare di pagarne dieci negli anni a venire per i tubercolotici, gli alcolizzati, i matti, le prostitute, per la gente disperata che si suicida, per i bambini delinquenti, per i disgraziati abbandonati. Ogni volta che si nega un miliardo per dar loro un alloggio, si stanziano dieci miliardi per i tribunali, le prigioni e i manicomi'.

« Dobbiamo capire tutto ciò e dobbiamo gridare che ne abbiamo abbastanza di vedere condurre le cose in questo modo assurdo!

« Amici miei, sappiatelo. L'anno scorso la Francia ha speso centosessantadue miliardi semplicemente per cercare di rimediare alle conseguenze dell'alcolismo e, nello stesso tempo, si stanziavano quaranta miliardi per la produzione dei derivati della barbabietola o per la difesa di altri prodotti che non servono a niente, che sono in sovrappiù e che forniscono dell'alcol supplementare.

« Dovremmo forse lasciare che simili follie continuino quando, in occasione della nostra richiesta di un miliardo per gli alloggi di emergenza, ci siamo sentiti rispondere che era un'idea da pazzi, che era del tutto inutile, che non bisognava correre, che fra tre anni ci sarebbero stati troppi alloggi, che avremmo visto cartelli *Affittasi*, quando si è fatta passare l'approvazione di questi duecento miliardi per la produzione di alcol e le conseguenze dell'alcolismo?

« Bisogna prendere coscienza di questa miseria! »

Henry tace.

Gli applausi scrosciano da far tremare la cupola del Gaumont. L'organo intona un'aria che dovrebbe essere soltanto quella della fraternità: *Allons enfants de la Patrie*... I mille intervenuti si sono alzati in piedi e hanno cantato in coro la *Marsigliese*, la maggior parte ha le lacrime agli occhi, la voce rotta, mentre l'esile figura nera arretra verso le quinte e sparisce...

« Giovani, siate volontari per il servizio civile della pace. Il servizio militare è, forse, una necessità, ma è in ogni caso una triste necessità. In tempo di pace, non serve a niente. In tempo di guerra, serve solo a distruggere.»

L'uomo che ha pronunciato queste parole è un eroe del Vercors, ha la croce di guerra e la medaglia della Resistenza. I giovani hanno risposto a migliaia al suo appello.

L'8 febbraio si dà il primo colpo di piccone al cantiere di Plessis-Trévise, in Seine-et-Marne, dopo che Jean-Yves e i suoi compagni costruttori di Pontault-Combault hanno, in quattro giorni e quattro notti, diboscato il terreno.

Rispondere all'emergenza volta per volta è una sfida che ben si adatta allo spirito ingegnoso di Henry. Con ogni evidenza, l'*hôtel Rochester* non ha la vocazione di stazione di smistamento. In tre giorni, i doni invadono tutto.

« Orsay! », ha esclamato due giorni dopo l'insurrezione, per un'improvvisa ispirazione. I vicini sono stufi, è così ogni dieci minuti... « Orsay », ripetono, « e allora? » Parlotta nella barba e rievoca, senza farsi sentire, un vecchio ricordo. L'immagine dei treni del '45, il ritorno dei prigionieri, dei deportati, dei sopravvissuti, gli incontri sulle banchine, le grida di gioia... Alza il tono: « Non ci sono più treni in quella stazione, dovrebbe funzionare! »

Si precipita al telefono e chiama il ministro dei Lavori pubblici e dei Trasporti: « Posso requisire la gare d'Orsay? »

Gli rispondono come se avesse chiesto di far arare la Groenlandia!

« Impossibile, via, dentro ci sono dei camion! »

« Ma, signor ministro, fuori ci sono degli uomini! Non crede che sarebbe meglio far dormire gli uomini dentro e i camion fuori? »

Cinque giorni, al ministro ci vorranno cinque giorni per trovare la risposta adatta a quest'argomentazione e concedere il permesso a fior di labbra. Henry otterrà l'uso della gare d'Orsay; fa stendere sull'elegante facciata, nel pieno centro di Parigi, uno striscione verde – il colore della speranza – sul quale scrive a lettere cubitali: STAZIONE DELLA SPERANZA. PARIGI VI AIUTA. Orsay diventerà il principale centro di ricezione delle tonnellate di indumenti e di merce che affluiscono ogni giorno da tutte le parti di Francia. Nessun magazzino già esistente può uguagliare Orsay, con la sua immensa superficie e il sottosuolo dove si allineano un centinaio di camion di straccivendoli e i veicoli prestati dall'esercito e dal bazar del municipio. Il bazar è un alleato della prima ora, dopo che il suo titolare, Georges Lillaz, è venuto nella foresta di Pomponne a distribuire giocattoli di Natale ai bambini poveri.

Il « Deposito della Speranza » ha il suo capitano dal primo febbraio.

Nel lussuoso bagno di un appartamento di Lilla, un industriale si fa la barba, rilassato, felice per le vette innevate di Megève, quando sente l'SOS a Radio Lussemburgo. Chiude la valigie, abbraccia la moglie: « Riposati », le dice. Prende il treno, si ferma a Parigi, si precipita al palazzo d'Orsay, dove Henry tiene la sua prima conferenza stampa e chiede di essergli presentato.

« Jean, industriale di Lilla, capitano di riserva. »

« Capitano di che? » chiede Henry, vagamente divertito.

« Dei treni, padre. »

« Bene, sarai incaricato della gare d'Orsay. »

E contemplando le montagne di doni e quello spazio immenso, Henry ha un nuovo colpo di genio.

« L'ultima idea dell'abbé Pierre », titola François Mauriac, che celebra nel suo editoriale « l'alleanza di un fuoco ardente e di uno spirito positivo ».

L'Operazione-sgombero? Un progetto folle. Henry si spiega: « Fra coloro che, a Parigi, dispongono di stanze di servizio vuote, bisogna distinguere due categorie di persone.

« La prima è composta da persone miserabili che non cedono la propria stanza all'ultimo piano unicamente perché non gradirebbero incrociare per le scale della gente meno distinta di loro. Costoro valutino la gravità del proprio crimine: ci sono mamme disperate per colpa loro.

« Esiste, d'altra parte, anche chi non per mancanza di generosità, si rifiuta di dare le proprie stanze. Ma queste ultime sono ingombre da generazioni di reliquie ammonticchiate. Queste persone provano ripugnanza all'idea di pagare un rigattiere per sgomberare la soffitta ed è troppo complicato farlo da soli. Se ci andiamo noi, ci lasceranno fare.

« Evidentemente, spezziamo il cuore a gente che ha una memoria sentimentale e che non vuole separarsi da vecchi documenti ingialliti, crinoline ammuffite, poltrone sbilenche, pendole che non funzionano più, reti sfondate, materassi che perdono l'imbottitura di lana, stracci a brandelli, ferraglie corrose dalla ruggine, pneumatici lisi e altri mobili sfasciati, ereditati dalla bisnonna e relegati nel santuario della soffitta con religiosa venerazione.

« Può darsi che rattristeremo tutti questi bravi conservatori, non ce ne sono soltanto tra i ricchi! perché facciamo loro un dovere di sgombrare tutto questo incredibile vecchiume, inutile, inutilizzato e inutilizzabile.

« Ma, nello stesso tempo, svuoteremo locali che ci permetteranno di fare la felicità di mamme e bambini senza tetto, in attesa della costruzione dei villaggi di emergenza.

« Prenderemo tre piccioni con una fava: libereremo dei locali, libereremo delle coscienze, libereremo soldi per finanziare i villaggi d'emergenza rivendendo la ferraglia, la carta e gli stracci ai rigattieri. »

L'8 febbraio, cento camion partono con settecento volontari in direzione del sesto distretto. Sei palazzi stanno per essere passati al setaccio, dalla cantina al solaio, con la complicità attiva di proprietari, inquilini, studenti, liceali, scout, commercianti e anche « funzionari ».

La sera, dopo quattrocento viaggi, si ammassano alla gare d'Orsay quattrocento tonnellate di ferro, duecentocinquanta di mobili, cento di indumenti, subito smistati verso i depositi del Parco delle Esposizioni della gare de la Chapelle, della Porte Maillot, del quai de Javel.

Il giorno seguente, il 9 febbraio, centoquarantacinque camion e milletrecento volontari piombano a loro volta sul settimo distretto! Gli altri li seguiranno, a colpo sicuro, e poi sarà il turno di Puteaux, di Clamart eccetera, Henry sogna un giro della Francia e, perché no?, un giro del mondo.

A Orsay, lo spettacolo è superbo e spaventoso: dei letti stanno in compagnia di orsacchiotti di peluche, statue della Vergine e di Giovanna d'Arco, insieme a bottiglie e pendole. Un gigantesco *bric-a-brac*, un alveare ronzante, centinaia di volontari che spostano e smistano in mezzo a grida, ordini, chiamate. « Aggiudicato! » gridano i banditori che mettono all'asta i pezzi di prima scelta. Le cifre sono a sei zeri, perché si compra a prezzo d'oro ciò che non vale niente o molto poco, in uno slancio folle di generosità. Anche lo Stato, magnanimo, rinuncia al suo 12% di diritti di registrazione.

L'Operazione-sgombero deve fermarsi, vittima del proprio successo. Un giorno l'atrio della gare d'Orsay emette sinistri scricchiolii: il pavimento minaccia di crollare sui binari, si teme la catastrofe! Ogni giorno, i passeggeri della periferia si accalcano a milioni; la sicurezza prima di tutto!

Il tono del comunicato del 19 febbraio ha accenti vittoriosi:

> In quindici giorni PARIGI VI AIUTA ha raccolto trecentoventi tonnellate... dieci tonnellate di scarpe, stivali e pantofole, dieci tonnellate di legna da bruciare e parecchie centinaia di stufe di tutti i modelli, Godin perlopiù, venti tonnellate di alimenti, cinquantacinque tonnellate di materiale da letto, cento tonnellate di indumenti... Lo sgombero degli appartamenti e delle stanze di servizio si è tradotto nel recupero di centoventicinque tonnellate di materiali di ogni tipo: trenta tonnellate di ferro da letto, sessanta di mobili, di cui dieci in perfetto stato, venti di carta, cinque di bottiglie e dieci di anticaglie pescate in fondo a cantine e solai. Tutta questa mercanzia è stata, da un lato, immediatamente utilizzata in favore dei senzatetto, dall'altro, recuperata dagli straccivendoli-costruttori per la costruzione dei villaggi d'emergenza.

In quindici giorni, trentamila famiglie saranno vestite con indumenti caldi e puliti.

Henry è felice. Henry è triste. C'è un'ombra nel quadro. Si preferisce donare ai poveri piuttosto che frequentarli?...

Sempre questa difficoltà di guardare, di toccare la miseria da parte di coloro che non la conoscono. Soltanto trecentocinquanta stanze di servizio saranno liberate quando, in una sola parrocchia di Parigi, se ne contano duemila vuote...

La celebrità si è abbattuta su Henry. Dappertutto si offre lo spettacolo del suo « viso emaciato di uomo che brucia dentro ». Tutto, nel suo sguardo, traduce una sensibilità esasperata.

Alla televisione, alla radio, la voce è chiara, fremente. Henry vive nell'oscurità dei poveri. I mass-media riusciranno a divorarlo, a ricoprire dei loro lustrini la luce segreta del cammino dell'adorazione? Impossibile.

Quando il lirismo sconfina nel panegirico, Henry ci si diverte... San Vincenzo di Paola, padre de Foucauld, Ozanam, san Francesco d'Assisi, perché non il Cristo risorto?

« Bisogna canonizzare l'abbé Pierre », proclama un imbrattacarte. Henry ribatte, con malizia: « I giornalisti, che sono dei tipi gentili, si sono improvvisamente presi, non so perché, una cotta per me. Canonizzarmi? Mi preoccupa un po'. Preferisco rimettermi al Buon Dio fra un po'... »

Si diverte al gioco dei soprannomi: Pierrot l'infuocato, Pierre il costruttore, l'Asceta di creta, Santo e Milioni, l'Apriti Sesamo, Pierre « Lotit », Il Cavaliere dell'abbondanza d'oro, Robin dei tetti, Pierre termite, San Pietro delle pietre, Bernardino dai cento sassi... Si indispone quando gli si propone una sua statua al Museo Grévin.

« Non ho fatto nulla per arrivare a tutto ciò. Non ho fatto nulla per impedire che questo accadesse. Ho pensato che non avevo il diritto di oppormi, se poteva servire a commuovere gli altri e a fare in modo che tutti insieme potessimo impedire che ciò continuasse. Intendo con 'ciò' quella situazione, quell'istituzione della Miseria totalmente ripugnante, imbecille e per questo stesso motivo intollerabile. »

Il 9 febbraio, l'*hôtel Matignon* stende il tappeto rosso all'abbé Pierre. René Coty, il presidente della Repubblica, gli ha scritto: « Grazie per quello che ha fatto per i più disgraziati fra i disgraziati ». E il generale de Gaulle ha unito a un assegno due righe semplicissime che si concludono con: « le chiedo di tenerlo segreto ».

L'usciere guantato di bianco apre la portiera. Henry arriva con una mezz'ora di ritardo e, senza scusarsi, dice al presidente del Consiglio, Joseph Laniel: « Signor presidente, la Francia di oggi è completamente diversa dalla Francia di dieci giorni fa! Ha preso coscienza della catastrofe nazionale che la situazione dei senzatetto e dei mal alloggiati rappresenta. Ha preso coscienza del fatto che questi gravi problemi non sono insolubili ».

« Reverendo », lo interrompe sorridendo Joseph Laniel, « lei ha i suoi straccivendoli, lei è più potente di me. »

« Un miliardo immediatamente consacrato agli alloggi », riprende il padre, « significa il risparmio di cinque o dieci miliardi di spese più avanti. Per arginare tanta miseria, sarebbe assurdo voler agire senza l'aiuto e il concorso dello Stato, ma sarebbe altrettanto assurdo lasciare allo Stato la cura di far fronte da solo al problema. Che tutti si impegnino, facciano la loro parte di lavoro... »

Laniel lo ascolta. Forse pensa a quello che si mormora nei corridoi: « Colpo di Stato »... « 2 dicembre ». Henry, che si ricorda di quel momento come di uno dei più strani della sua vita, conclude: « Sembra, signor presidente, che persone molto serie abbiano espresso al Consiglio dei ministri di giovedì scorso delle preoccupazioni sui secondi fini che potrebbe nutrire questo pretino che gode di una tale popolarità... Un prete-straccivendolo che minaccia la Repubblica! Buffo, no? Allora, perché nessuno sia tratto in inganno, vi ripeto quello che ho detto l'altro giorno nel gabinetto del prefetto di polizia: 'Se la fonte del potere è l'adesione entusiastica di tutta la nazione, noi deteniamo il potere'. Siete preoccupati perché vi domandate che cosa dovreste fare, se noi, per caso, mandassimo tutto all'aria. No, non siamo né Napoleone, né Giovanna d'Arco... Ma avete ragione ad avere paura, perché la nostra ambizione è grandissima. È di essere la pulce che fa circolare il sangue dell'Amministrazione!... Naturalmente, la pulce potrebbe diventare cattiva. Ma non lo vuole assolutamente. Ho un solo desiderio: rovistare nel mio mucchio di discariche, in mezzo ai miei compagni e fare in modo che gli avanzi di galera o i disperati diventino i salvatori degli altri. È la cosa più bella. La preferisco di gran lunga al compito che sto assolvendo in questo momento!... »

Laniel gli stringe la mano, lo riaccompagna. Dopo quel monologo, Jacques Solier, viceprefetto, membro di gabinetto, assicurerà la collaborazione tra Matignon e l'*hôtel Rochester*, sbloccando la situazione, « ammorbidendo » l'Amministrazione, subendo le conseguenze della cattiva volontà o dell'irritazione di Tizio o di Caio.

René Coty, il presidente della Repubblica, ha ricevuto il reverendo all'Eliseo. Si erano conosciuti al tempo della lotta per il federalismo, all'indomani della guerra, si stimavano. Emozionatissimo, il presidente gli ha detto: « Continui! »

« Continui! »

È quello che tutto il popolo gli chiede.

Un passante gli stringe la mano e si eclissa lasciandogli l'anello d'oro. Gli spazzini del sindacato di sinistra, per la maggior parte comunisti, gli consegnano le proprie mance, una mamma gli mette in tasca un braccialetto d'argento e un mendicante il berretto con la questua... I camerieri dei ristoranti si rifiutano che paghi e gli danno le mance che hanno raccolto.

Teme già che la generosità sia soltanto un magnifico fuoco di paglia. Al di là dell'effimero sussulto, vede lontano. Che cosa succederà dell'assurdo sperpero, dell'immenso fossato fra ricchi e poveri?

E la fraternità? Per il momento è endemica, si attacca come la varicella. Ci si mette anche l'arte. Si recita, si canta per i poveri. Fa furore e porta enormi guadagni un disco, *L'abbé Pierre vous parle*, registrato in tempo di record dalla Pathé-Marconi: « Ha dieci minuti, reverendo! »

Si è concentrato un secondo e ha comunicato il proprio messaggio tutto d'un fiato, senza una ripetizione, davanti ai tecnici esterrefatti. Sono le stesse stelle dello show-business a venderlo per la strada.

Henry solca la Francia e, dappertutto, incontra lo stesso slancio di solidarietà. Parla, predica la crociata, novello san Bernardo di Chiaravalle, di città in città, di cinema in seminario, di Rotary in aula universitaria, di pulpito in palco all'aria aperta. A Lione, sono in tremila, a Lilla in seimila, seimila a Laon, seimila a Grenoble, quindicimila ad Angers, impressionati dalla stessa voce semplice, dalle stesse parole che lacerano e che medicano allo stesso tempo. Di fronte alla figura nera, uniti nella fraternità, racchiusi nell'empatia dell'amore. Scoppiano in applausi, con una stretta al cuore, le lacrime agli occhi, la voce rotta. Poi, ogni volta, il balletto dei braccialetti, delle collane, degli orologi donati, delle banconote sgualcite nelle mani contratte dal pudore, come alla messa, perché non si veda la somma donata. Questo vecchio signore dona l'anello nuziale che lo unisce, quando lo accarezza, alla sposa morta prima di lui...

Che cosa ha detto?

« Sogno il giorno in cui si vedrà dappertutto, in ogni città, costruire alloggi in numero sufficiente per rispondere alle esigenze delle giovani coppie e delle coppie anziane.

« Sogno il giorno in cui sarà ridata la Speranza a tutta questa gioventù che, per il momento, vegeta e si dispera, che sciupa i suoi anni d'amore più freschi e più belli.

« Ho scoperto che l'unico fondamento dell'intelligenza politica... è di partecipare in modo vero, reale, alla sofferenza di coloro che soffrono di più nella comunità che si deve governare. Alcuni uomini, anche se sono i primi del Politecnico e delle Grandi Scuole, anche i più intelligenti del mondo, a forza di vivere senza problemi, di non mancare di niente in mezzo a coloro che mancano totalmente di tutto, sono diventati amorfi e non vedono nulla...

« La Francia era come un cadavere; che cos'è un cadavere? È forse qualcosa senza più vita? Naturalmente no. Un cadavere è pieno di vita, formicola di miriadi di vite. Ma che cosa gli manca per essere un corpo vivente? Gli manca un'anima comune, che armonizzi la ricchezza di un corpo vivente...

« Quello che è accaduto il 1° febbraio è la rinascita di un'anima comune, la resurrezione di una volontà comune di impedire che degli innocenti soffrano di una miseria così stupida. »

Sono trascorse cinque settimane dal SOS del 1° febbraio. Il Soccorso d'emergenza ai senzatetto ha raccolto cinquecento milioni in assegni e in contanti. Alcuni avanzeranno la cifra di un miliardo! L'*hôtel Rochester* ha ricevuto cinquantamila lettere e ventimila visitatori. Più di duemila « inquilini del marciapiede » sono stati ospitati, nutriti, curati e trentamila famiglie sono state vestite. Quaranta centri fraterni di aiuto si sono aperti spontanemente.

Da dove è venuto l'uragano? Da quale oscura forza? Dalla tenacia avvolta di grazia di un piccolo prete in rottura permanente con chi non si univa all'amore. Nessun'altra spiegazione vale quella di Henry: « Quando è stato lanciato questo grido: 'Venite in nostro aiuto, venite in aiuto di coloro che sono tanto disgraziati', non è stato un grido venuto dall'alto, dai funzionari, dalle autorità, nemmeno da un uomo... Questo grido viene da una comunità di uomini disperati, uniti dalla disperazione, capaci di amarsi abbastanza, malgrado i propri difetti. È la parola dei miserabili che dicono semplicemente: 'Guardate, guardate, dunque, quello che noi, i buoni a niente, siamo stati capaci di fare, da soli, senza niente... Semplicemente perché abbiamo saputo un poco, per davvero, *amare*! Capite, ma capite, dunque! Che cosa mai riusciremmo a fare se voialtri vi metteste una buona volta con noi!' Allora questo grido, proprio perché viene dal più profondo del dolore e della sofferenza, ha mosso il mondo... »

Il freddo diminuiva.

Sulla Francia arrivava la primavera...

Di ferita in ferita

19 FEBBRAIO 1954, le dieci del mattino... Un vivo raggio di sole penetra nella basilica di Argenteuil e illumina l'altare. Sulle vetrate, la Sacra Famiglia sembra animata dalla voglia di rinascere. I fedeli prendono posto, anch'essi impazienti. Oggi, giorno di Quaresima, giorno di penitenza, di astinenza e di perdono, sono venuti più numerosi del solito. Parla l'abbé Pierre. Con la cotta sopra il giubbotto, eccolo che sale sul pulpito, un fremito percorre i presenti.

« Tutti voi avete dormito in un letto, questa notte. E i poveri di Gesù Cristo, dove sono, loro? Voi che siete qui non sareste capaci di accogliere fra di voi uno di questi miserabili! D'altra parte, questi miserabili non verranno fra di voi. Non si sentirebbero a casa propria... » Lo choc. Henry li coglie a freddo e spiattella loro la verità in faccia, i beneducati, i benpensanti si guardano. Ingannati dalla leggenda, si aspettavano un messaggio d'amore, delle parole di dolcezza, le beatitudini... « Beati i poveri! »

« Avete fatto della casa di Dio un tempio in cui i diseredati dalla vita non sono a casa loro. È tanto se, per ascoltare la parola del prete, osano venire sul sagrato e accoccolarsi sui gradini. »

In quella parrocchia, come in altre, la maggior parte dei cattolici tradizionalmente conservatori giudica severamente il prete provocatore dell'« insurrezione della bontà », si preoccupa che non diventi quella della collera e comincia a detestare questo prete anarchico. Una minoranza progressista, al contrario, ritrova nel suo messaggio la primitiva freschezza del Vangelo.

La basilica di Argenteuil si svuota in silenzio, velocemente. Henry rimane solo, sfinito, pieno di compassione per coloro che ha fustigato, ma felice di aver « toccato il tasto giusto », di aver trasmesso il proprio messaggio... Vendicare l'uomo amando.

In quella fine inverno del 1954 lo slancio di generosità dei francesi sembra fondersi come neve al sole. Il freddo non li impressiona più, i senzatetto non li fanno più piangere; le ginocchia livide dei poveracci non ghiacciano più loro il cuore. Il vento di umanità è passato come una corrente d'aria. A una a una si ripongono le risoluzioni di bontà come ornamenti di Natale. La gente ha avuto pietà, ha dato, la neve ha purificato loro la coscienza. Adesso, ognuno si sente autorizzato a pensare in tutta tranquillità alle sue ferie retribuite.

Bisogna scatenare la seconda ondata di una vera e propria strategia d'azione, centrata immediatamente sul problema degli alloggi. Una cosa è definire i senzatetto come « primi fra i sofferenti », provocare l'opinione pubblica facendoli uscire dall'ombra e rendendo lo scandalo insopportabile alla coscienza collettiva. Un'altra è ingiungere ai poteri pubblici di agire in fretta, di prendere misure di emergenza per soccorrerli e, una volta fatto ciò, mettere in atto una vera e propria politica degli alloggi. Questi due obiettivi, unitamente, sono il centro della campagna dello « straccivendolo di Dio » nel 1954. Ne determinano il comportamento. Ma la pressione sulle autorità pubbliche, legittimo prolungamento dell'impegno presso i diseredati, comporta le proprie regole e i propri pericoli. Nonostante sia stato deputato, è sicuro Henry di conoscere a sufficienza le prime e di avere abbastanza timore dei secondi? Si lancia a capofitto, spinto dall'urgenza. Urgenza di non lasciare che il movimento dell'inverno del '54 si spenga, urgenza di rimediare alla piaga.

L'emergenza avrà i suoi villaggi... E l'incursione dell'abbé Pierre sul terreno politico, non più come deputato ma come « leader di opinione », gli costerà una crudele delusione. E la Francia perderà, in materia di alloggi sociali, un'occasione storica per prendere, fin da quegli anni Cinquanta, la via della modernizzazione.

Le cifre, anch'esse, sono allarmanti. Il deficit delle abitazioni, ufficialmente stabilito, ammonta a due milioni e duecentomila unità. Traduzione: un sesto della popolazione è alloggiata precariamente. Si sarebbe dovuto costruire dal tempo della guerra, per sanare le carenze esistenti e far fronte alle nuove richieste, quattrocentomila alloggi all'anno. Se ne sono realizzati quarantamila. Quasi un milione e ottocentomila alloggi sono sovraffollati. Più tragica ancora è la situazione di tutti coloro (quattrocentomila persone solo nella zona di Parigi) che alloggiano in camere ammobiliate. Alla mercé dei « mercanti del sonno » che prosperano, costituiscono una massa potenziale di senzatetto, perché sono tutti passibili di essere sfrattati da un giorno all'altro, del tutto arbitrariamente.

L'incuria dei poteri pubblici in materia di alloggi riassume tutti i blocchi della società francese. Incapacità di fronteggiare l'urbanizzazione, incapacità di promuovere una politica sociale quando l'economia si rivolge a settori più redditizi che l'edilizia; incapacità di scuotere il malcostume, le lentezze burocratiche, i gioghi dei diritti acquisiti e dei privilegi. Incapacità, per finire, persino di mettere insieme i fondi necessari alla realizzazione dei dodicimila alloggi « di primaria necessità » concessi alla pressione popolare...

I francesi non hanno forse appena dato? All'abbé Pierre, a Emmaus, alle organizzazioni di carità... Si chiede loro di dare ancora, ma allo Stato, questa volta! La carità come mezzo di finanziamento di una politica senza mezzi. Il prestito, « naturalmente », non frutterà interessi.

La trappola architettata dai responsabili politici per non perdere la faccia, per quanto grossolana, farà la sua vittima prestabilita: l'abbé Pierre. A lanciare un prestito allo Stato sarà l'abbé Pierre, che viene così designato, che si designa egli stesso, accettando di promuoverlo, come il responsabile del suo successo o, più probabilmente, del suo fallimento... Perché l'ipocrisia del governo, alleata all'ingenuità, in questa faccenda, del fondatore di Emmaus, faranno di questo « prestito del cuore » un imbroglio.

L'obiettivo politico immediato di questo trabocchetto? Far fronte alle necessità più urgenti, evitare la rivolta dei senzatetto. Fare in modo, così, e per il tempo più lungo possibile, che un vero e proprio movimento popolare di rivendicazione del diritto all'alloggio non venga a dare il cambio e ad amplificare lo slancio spontaneo del febbraio 1954. Squalificando l'abbé Pierre, si priverà questa corrente di opinione di un potenziale leader, troppo capace di sovvertire la vita politica nazionale.

Ma in questo gioco, c'è anche la possibilità per la Quarta Repubblica, per la società nella sua globalità, di fronteggiare efficacemente i cambiamenti sociali dell'epoca moderna che svanisce. E per lungo tempo...

Chiamato da Maurice Lemaire e dal governo a collaborare al piano di emergenza, Henry risponde: « Sono pronto a farlo, qualunque sia il vostro colore, ma voi non vi rendete conto di niente, perché voi, la casa, ce l'avete... »

Gli si parla di prestito, di villaggi provvisori, di reinserimento. Risponde: « Ho bisogno di doni, la gente ha diritto alla casa, gli uomini devono vivere in comunione nell'Amore... »

Gli hanno detto: « Abbiamo bisogno del suo appoggio, quello dei suoi straccivendoli, perché il prestito riesca ». Si irrita: « Avete la tecnica e non trovate i soldi? Noi non abbiamo la tecnica, ma riusciamo a spremere qualche lira! Ma attenzione, la nostra forza è la nostra purezza. Venendo al vostro seguito, non siamo sicuri di restituirvi la vostra e temiamo di perdere la nostra... »

Gli spiegano che il prestito non frutterà interesse alcuno, nemmeno il modesto tasso delle casse di risparmio. Vede in questa « originalità senza precedenti in materia di finanza pubblica » l'espressione di una vera solidarietà, sancita dai poteri pubblici. Beata innocenza!... Ma l'innocenza è da una parte sola! In questo dilemma, in cui la ragione suggerisce la prudenza, e l'esperienza la diffidenza, è il cuore a guidarlo.

Eppure non mancano avvertimenti e messe in guardia sul principio stesso di quella collaborazione con lo Stato. Ma come ci si può tirare indietro quando è il cuore che, di fronte a questi pericoli, suggerisce di rispondere di sì, nonostante tutto? Il cuore comanda d'agire, di fare subito tutto quello che si può, per alleviare un po' di miseria. Henry ed Emmaus ottengono la garanzia che il prestito servirà proprio a questo obiettivo.

Donare e unire, riconciliare carità e giustizia, generosità e solidarietà; Henry non chiude gli occhi di fronte alla realtà, ma si sbaglia sulla possibilità dell'alleanza fra la buona volontà della gente e la sete di giustizia dei governanti.

L'essenziale è proprio lì, nella confusione fra il gesto di carità e la politica di giustizia. L'abbé Pierre, lui, ci crede. Appoggerà il prestito non solo offrendo il suo nome e la sua popolarità come garanzia, ma facendosene il principale avvocato, il primo, per non dire l'unico promotore... « Non chiedo altra ricompensa che assistere a una fioritura di decisioni costruttive », dice. E si impegna alla sua maniera, a fondo.

Dopo il suo appello, percorre la Francia, tappezzata di manifesti con uno slogan degno dello sforzo necessario: « E ora, alle cazzuole! » In un primo momento tutti, organi di stampa, banche, organismi ufficiali e pubblicitari, concorrono, a titolo gratuito. L'abbé Pierre è, a quel tempo, colui al quale non si può rifiutare nulla.

Gli stessi che hanno mandato, in febbraio, il proprio umile obolo, sottoscrivono senza esitazione. Ma la partita, questa volta, si gioca su un altro terreno, e le vie della carità hanno poco a che vedere con quelle della finanza pubblica. Su questo terreno, la magia della parola di Henry, l'efficacia della sua provocazione alla bontà non hanno più potere in se stesse. Quelli che contano, i possidenti, non hanno niente da dare allo Stato per i villaggi della miseria, soprattutto gratuitamente, senza interessi finali. Anche se è l'abbé Pierre a chiederglielo. E, come se non bastasse, anche lo Stato non fa nulla per assicurare il successo di questo prestito avvelenato.

I suoi rappresentanti danno il cattivo esempio, sostenendo solo a parole, se pure la sostengono, l'azione dell'abbé Pierre al servizio del loro prestito. Quasi tutti invece, eccetto Maurice Lemaire, avanzano le proprie riserve. Laniel, presidente del Consiglio, arriva all'assurdità di tenere nel Nord un comizio sull'edilizia senza dire una parola sul prestito. Il governo non spinge gli organismi pubblici a impegnarsi più di quanto non faccia esso stesso. Bisognerà aspettare quindici giorni perché la Banca di Francia, su intervento diretto presso il suo direttore, faccia lo sforzo di sottoscrivere per dieci milioni di buoni! Dieci milioni su dieci miliardi!

Ascoltando il discorso di Laniel, e soprattutto i suoi silenzi, Henry ha capito il tradimento: « Ci piace essere degli straccivendoli e dei miserabili », tuona, « ma non dei merli!... »

La gente modesta ha sottoscritto, sarà coperta a malapena la metà del prestito. Gli altri, tutti gli altri, quelli che hanno i mezzi e il potere, fanno gli indiani. Gli avvertimenti, fino alla minaccia apertamente espressa, « rivolta o mobilitazione », con la quale l'abbé Pierre tenta di salvare i beni mobili, non la risveglieranno.

Tradito, ingannato, deluso, Henry denuncia il tranello nel quale è caduto. Così si esprime in *Franc-Tireur*, giornale comunista e anticlericale:

> Ci avevano supplicato di togliere dal pantano un carretto. Non senza preoccupazione, eccoci a tirare. Ma quando ci giriamo, dove sono gli altri? Dormono sul carro o si distraggono altrove. Smettete di moltiplicare i vostri sacrifici per questo prestito con il quale ci si sta prendendo gioco di noi. I vostri doni, i vostri prestiti, dateli direttamente agli organismi privati che costruiscono, qualunque essi siano... Quanto allo Stato, che chieda ad altri di coprire la cifra che manca! Se lo vuole veramente, si sveglierà e sa-

prà svegliare gli altri. A voi di giocare, signori! Quando avrete fatto il vostro lavoro, noi riprenderemo il nostro.

In queste poche righe è detto tutto, all'indirizzo di ciascuno. Il prestito è chiuso, e frutta due milioni e duecentomila franchi. Edgar Faure, sempre alle Finanze, ma in un'altra legislazione, saprà trovare nelle casse pubbliche gli otto miliardi che mancano per finanziare i villaggi di emergenza. Maurice Lemaire e l'abbé Pierre sono a Plessis-Trévise, il 15 novembre 1954, per l'inaugurazione del villaggio, il primo dei villaggi detti d'emergenza, di prima necessità o di transito. Quei villaggi che diventeranno, nel corso degli anni, le bidonville francesi.

Henry stringe nella mano la lettera della prima inquilina di Plessis-Trévise: «Padre, questo pomeriggio sono andata a vedere come stavano andando le cose a Plessis. La signora Renard, la responsabile, mi ha detto che potevo traslocare subito; all'inizio non riuscivo a crederci, poi mi è venuta la febbre; sono andata a prendere i bambini e ci siamo sistemati lì molto sommariamente. Faccio fatica a pensare che sia vero, eppure i bambini dormiranno lì stanotte e io ho le chiavi della porta in mano. È meraviglioso, una fiaba dopo un incubo senza fine, una storia con i suoi buoni e i suoi cattivi geni e i suoi miracoli. Domani manderò dei fiori alla cappella di Emmaus, perché amo quella cappella e ci ho pregato molto, nonostante il mio animo di miscredente. Padre, lei è l'artefice del Miracolo e la ringrazio. I bambini sono pazzi di gioia, perché apprezzano la cosa per il suo giusto valore. Si uniscono a me e sperano insieme a me di avervi un giorno nella nostra casa quando sarà a posto».

Anche se Henry gioisce nel vedere, all'avvicinarsi di un nuovo inverno, dei senzatetto sistemarsi a Plessis-Trévise in alloggi costruiti con vero materiale edile, ancora decorosi (ma per quanto tempo?) le riflessioni sono amare. Scrive: «La grande rivolta si è conclusa... Ritorna il tempo dei lavori lenti e pazienti...»

Un sogno è finito, quello della carità che comanda la giustizia. I villaggi di emergenza avranno, purtroppo, un lungo avvenire. Vent'anni per quello di Plessis-Trévise! Daranno adito ad altre polemiche, ad altre lotte. Ma per Henry Grouès si volta pagina. Emmaus continua e lui continua in Emmaus. Coloro che credevano, avendogli dato scacco, di aver chiuso con lui, avranno solo una parte di ragione. Se la questione sociale degli alloggi resta senza soluzione, perché l'abbé Pierre ha fallito nel parlare nei giusti termini, la traiettoria personale di Henry Grouès prende, a partire da quegli anni, la sua inclinazione naturale. Quella del profetismo...

A Ginevra, a memoria di giornalista, non si è mai assistito a un simile trionfo... « È per sentir parlare della sofferenza che siete venuti! » La svolta si profila. Durante la conferenza, Henry proclama che la propria azione è interamente votata alla predicazione, a « questa specie di crociata » contro la miseria. Il dramma degli alloggi è stata la prima lotta di Emmaus, e la sua, ma non può costituire l'unico terreno di lotta. Il movimento non può limitare i propri obiettivi a un problema sociale, anche se è così grave. La missione, quella in cui si impegna Henry dopo la disillusione del marzo 1954, è la lotta « contro ogni inutile e ingiusta sofferenza ».

L'abbé Pierre definisce in quella conferenza il seguito della propria vita. Dalla tragica miseria francese dei senzatetto, passa alla miseria mondiale perché, dappertutto, il bilancio è lo stesso: il potere è cieco, la miseria muta. Tra i due, il silenzio, l'ignoranza. Manca il tramite, la « voce dei senza voce ». Tale è il posto e la funzione del profeta. Il posto che occuperà, la missione che assolverà...

L'appello al volontariato che consegue da questa riflessione sarà ampiamente sviluppato nel corso degli anni a venire. Nel suo spirito prende la forma di una sorta di congregazione aperta a tutti, credenti e non credenti, cristiani e non cristiani, che saranno i « monaci della miseria ». In questa crociata planetaria tutti verranno accolti, purché « abbiano compreso il primato dell'Amore ».

Questa missione profetica, Henry se la porta dentro da sempre. La tormenta del 1954 ha spazzato le sue illusioni, ha lasciato libero campo a queste voci in lui.

L'anno 1954, se annuncia il profetismo, è, prima di tutto, per Henry, l'anno della mitizzazione. Un processo che si innesca a partire da febbraio. L'insurrezione della bontà e lo scacco del prestito concorrono nella stessa misura all'edificazione del mito vivente, che assorbe indifferentemente il successo e il fallimento, purché la parola che lo alimenta sia la stessa, invariabile e identificabile.

Il mito è innanzitutto coincidenza. Prete, partigiano, deputato, straccivendolo, uomo semplice ed eroe, uomo di Dio e uomo del popolo, « bella testa che presenta chiaramente tutti i segni dell'apostolato », come scrive Roland Barthes: l'immagine di Henry coincide con quella che i francesi si fanno di un santo.

Bontà, carità, giustizia riassumono la vocazione del santo, come la barba, il taglio « francescano », la pellegrina e il bastone compongono la sua figura obbligata. Il mito prende il viso dell'abbé Pierre, identità conquistata con i fatti (la Resistenza) e magnificata con l'azione (Emmaus). L'iconografia di cui parla Barthes è riconoscibile dappertutto.

Il mito non si costruisce da solo. Ci vuole il concorso di colui che lo ispira. Concorso innocente. Certamente è innanzitutto la vita, ciò che gli è capitato, a fare di Henry l'abbé Pierre. Concorso consenziente? Senza dubbio. Come si può rifiutare, in coscienza, ciò che va nella direzione del buono e del giusto? Come si possono respingere i mezzi che vengono offerti? Ma ciò si impara, con inevitabili sbandamenti. Sbandamenti? Durante questo periodo ce ne sono stati, innegabilmente, fino alla buffonata. Presta il proprio nome alla « campagna Persil », il « detersivo dell'abbé Pierre »; *Le Canard enchaîné* lo prende in giro:

> Nel XX secolo il signor Vincent è agente pubblicitario di una grande fabbrica di detersivo! Signor venti per cen-

to! Può essere nell'ordine naturale delle cose... Si capisce che di fronte all'urgenza dei bisogni, il reverendo consideri che il denaro non ha odore di santità e che bisogna prenderlo dove c'è. Ma prestando il proprio nome a imprese il cui scopo è così diverso da quello che egli ricerca, non teme che sia la propria opera a finire per essere scolorita dai detersivi?

La «campagna Persil» non scolorirà Henry...

Impara a poco a poco a fare la cernita. All'irruzione scatenata, insensata del mito, oppone la propria rabbia e la propria fede. La rabbia resta intatta e la fede assoluta. Sono loro a salvare la lucidità. L'abbé Pierre si presta dunque per calcolo dell'aureola che gli si vuole mettere, alla canonizzazione che gli si promette? Acconsente, in realtà, a ciò che serve alla sua lotta, al prezzo della deformazione, della «follia». Ma non mente. Soprattutto, non mente a se stesso. I mass-media esistono... Sarebbe folle non utilizzarli!

I media, ancora ai primi passi, si avventano su di lui per «costruire» il personaggio, ma lui mantiene la parte di purezza e di verità che permette all'«uomo» di attraversare la tempesta. I grandi mezzi di comunicazione non gli hanno ancora assicurato il trionfo. È ancora l'era della radio e della voce, prima di quella della televisione e dell'immagine. Si va a vedere e a sentire l'abbé Pierre nelle riunioni, nelle conferenze. Lo si tocca. Il «mito» è dunque vivente... La leggenda delle stelle si nutre dei loro segreti, della loro inaccessibilità. Henry, lui, è visibile, come i santi del Medioevo. Eppure, davanti alle folle in delirio, isteriche di fronte alla «santità vivente», Henry mantiene in se stesso la parte irriducibile di mistero.

È l'epoca in cui la minima riunione assume l'aspetto di meeting. Folle non più impressionate, pietrificate come ad Argenteuil, di fronte alla predica che li «colpisce», ma folle esaltate, vociferanti, che ascoltano solo per meglio adulare il proprio idolo.

Il pubblico prende, accaparra senza misura. Si appropria del reverendo. Vuole racimolare una reliquia. È il tempo delle calche attorno all'esile figura già curva. Vogliono un pezzo della sua veste, vogliono toccare il suo viso emaciato, la sua barba da missionario, le sue scarpacce. Gli portano dei bambini da guarire, gli ordinano dei miracoli. A fianco di manifestazioni commoventi, in cui la pietà ritrova talvolta la sua freschezza iniziale, si sviluppa la febbre, un misticismo esacerbato, l'isteria che li rende branchi allucinati.

Questo turbine ghermisce Henry e lo sommerge. Riceve denaro, oggetti di ogni tipo, cibo, indumenti, gioielli. Al di là di lui, sono Emmaus e tutti gli infelici dei villaggi, dei tuguri, della strada a ricevere. Risponde agli inviti, si prodiga in ogni luogo dove, dopo averlo biasimato, ora lo si reclama.

Henry incassa. La disgraziata storia del prestito non ha offuscato la sua popolarità, anzi, al contrario. Ha denunciato la mistificazione e ha preso due piccioni con una fava: solleva coloro che il suo impegno al servizio dello Stato aveva giustamente preoccupato e rassicura i benpensanti, la Francia borghese e freddolosa che si era spaventata di fronte alla commistione di beneficenza e politica. Tornato a forza alle opere di carità, in via accelerata di mitizzazione, l'abbé Pierre fa il pieno di consensi.

L'edificazione del mito non sarebbe stata possibile senza il concorso della stampa. Essa ha orchestrato la campagna dell'inverno 1954.

Solamente la stampa dell'estrema destra si scandalizza dello « straccivendolo del Buon Dio », dell'« apostolo dei senzatetto », del « prete-straccivendolo ». Quella di sinistra non attacca l'abbé Pierre, ma il tentativo di manipolazione di cui la sua azione è fatta oggetto.

Questa quasi unanimità della stampa d'opinione ricopre e seppellisce le polemiche iniziali sul « criptocomunismo » del reverendo, ma è rapidamente e abbondantemente inghiottita dalla bulimia d'incensamento della grande stampa... Un delirio di frasi sulla « grande famiglia degli straccivendoli e del loro prete che fanno miracoli con i relitti umani della zona ».

Ed Henry, in questo vortice? Ci prende gusto? « I primi tempi sì, lo ammetto in tutta sincerità. Parola! Non è spiacevole, direi che è lusinghiero sentire la simpatia, l'ammirazione, tutto ciò che si vuole. Ma poi... veramente, ne posso testimoniare, non c'è niente di peggio! »

Henry vive e soffre e non soltanto degli eccessi che lo opprimono da tutte le parti. Soffre nella carne come nello spirito. E grida, spossato, stremato dall'adulazione, abbattuto dall'ipocrisia di coloro che lo hanno ingannato, tormentato dalla malattia che gli rode le mascelle, grida: « Lasciatemi in pace! Ci si riempie la bocca con il 'formidabile' abbé Pierre e ci si accontenta così. Il resto? Non importa... Perché, così, voi provocate una sorta di sterilizzazione: una deviazione dello scopo... Si crea un culto e, con la scusa di questo culto, si dimentica la cosa più importante: le famiglie e i bambini sotto le tende... Che domani possa tirare le cuoia; se le cose sono orientate su un uomo e non su un problema, che cosa succederà? »

Nel profetismo, sa trovare la sua strada. Nella malattia scopre il proprio rifugio...

Il suo mistero? Forse è là, in quella commistione di profetismo e di familiarità con la morte... È nel momento più vicino alla morte, tanto attesa, anzi, persino desiderata, che riesce a sopravvivere. Quando le forze lo tradiscono, quando una grave infezione alle mascelle lo porta una prima volta in clinica, nell'estate del 1954, eccolo subito ricompensato e « ritemprato ». Ogni volta, l'uomo malato, condannato dai medici, la scampa e « resuscita » indenne, uguale a se stesso.

Ventidue mesi di clinica fra il giugno del 1954 e la fine del 1958... Là, finalmente, il silenzio, l'unità ricostituita di un puzzle che la follia degli avvenimenti ha sparpagliato; la visione, se non serena, perlomeno rischiarata, « di quello che è stato, di quello che potrebbe essere... ».

L'onda l'ha trascinato con sé, adesso rifluisce e lo lascia senza forze, tremante, un po' di felicità, un po' di panico, molto di spossatezza.

« Ho veramente voluto tutto ciò? »

Quei villaggi di emergenza che sono la gioia di un momento e, forse, la piaga di domani... Quel denaro che porta sollievo, ma sempre troppo poco... Cifre astronomiche pensando ai duecendo straccivendoli che hanno saputo tirarsele fuori di tasca, irrisorie di fronte alle esigenze della miseria. Crudeltà delle astrazioni. Dodicimila poveri alloggi, dieci miliardi sui quali si domanda insidiosamente: « Che cosa ha fatto di tutto quel tesoro?... »

Anno convulso, in cui tutto passa la misura ed è folle. Bisognerà valutare, e ritornare sulla terra, nel fango degli accampamenti. Ricostituire l'unità, riconciliare. Il silenzio, accanto a Dio, delle « grandi vacanze » dell'aldilà, è tanto dolce quanto schiacciante è l'impegno.

Un altro inverno... la stessa lotta.

Malato, Henry si batte, assilla, sfida i benpensanti, i governanti, dall'alto del suo amore e della sua rabbia. « In faccia » lo considerano un puro, ma deplorano che si circondi di pregiudicati! E ritorna, soprattutto, incisiva e crudele come la mannaia della ghigliottina sulla testa del condannato innocente, la domanda: che cosa ha fatto di tutto quel denaro? Dove sono andati a finire dieci miliardi? Risponde: « Nessuno vuole credere che la miseria sia così grande. Nessuno vuole credere che dieci miliardi non siano sufficienti a tappare il buco. Nessuno vuole credere a questo baratro di povertà ».

Ha lasciato la sua 4CV a Saint-Eustache, è passato dalla sagrestia per salire discretamente su una grande automobile degli Artisti Associati. All'*hôtel Crillon*, a Parigi, entra dalla porta segreta. Un salottino. Due uomini, l'uno di fronte all'altro, emozionati entrambi. L'abbé Pierre, con l'occhio che brilla e il viso dall'aria sognante. Di fronte a lui, con i capelli bianchi, lo sguardo vivace, attento, Charlie Chaplin, Charlot...

Hanno voluto che l'incontro dell'*hôtel Crillon* fosse discreto, ma duecento giornalisti fremono d'impazienza nei saloni, centinaia, presto migliaia di persone, scalpitano nervose sul marciapiede. Chaplin e l'abbé Pierre!

Non è Chaplin a incontrare Henry, è Charlot, il vagabondo dal viso pallido, dai pantaloni a fisarmonica, dallo sguardo triste, così umano. Charlot e i suoi baffetti, la bombetta che stringe fra le dita febbrili, e quel sorriso che dice tutta la miseria dei poveri, dei deboli, di quelli che non hanno niente. Charlot e il suo bastone da pellegrino, le sue scarpe troppo grandi. Il bastone e gli scarponi di Henry hanno conosciuto le stesse strade di polvere e fango, nei villaggi dell'ingiustizia, dell'egoismo che uccide, del denaro che disprezza. Hanno pianto entrambi il dolore dell'uomo incatenato, umiliato, ed entrambi hanno espresso la propria rivolta, il proprio bisogno della mano che salva, del sorriso che riscalda.

Charlot non è nient'altro che un povero ragazzo del circo che ha conosciuto il freddo e la fame nei sobborghi di Londra. Non è nient'altro che il clown che, per far ridere, si mangia le scarpe; è il barbone che, una sera, ha tentato la fortuna. Un monello di fronte al Cavaliere delle Pattumiere; un povero clown-barbone con un vagabondo della speranza.

Emigrato negli Stati Uniti, esiliato oggi dal suo paese ospite, esposto, come Charlot, all'ipocrisia del mondo, Chaplin si è appena stabilito in Svizzera. All'apice della gloria, resta il vagabondo senza frontiere di *Tempi moderni*. Il *Monello* solo, in cerca di speranza, sotto le *Luci della città*. Con Henry, non c'è bisogno delle parole. La vita, la miseria, la solitudine, l'ingiustizia, lui le conosce. Delle lacrime, del sudore conosce il prezzo. E gli slanci del cuore, li canta.

Le mani di Charlot diventano nervose, impazienti. Incrocia le dita, le disincrocia. Una sorta di timidezza si impossessa di lui. L'abbé Pierre l'ha notato; Charlot ha la tremarella. Poi, improvvisamente, la sua mano avanza febbrile, tremante, come per un primo numero. Stringe una busta: « Le dovevo dei milioni: non glieli regalo, glieli rendo. Appartengono al vagabondo che sono stato e che ho incarnato. È soltanto il giusto ritorno delle cose. È del tutto naturale che le dia questo denaro. È il Premio della pace. Non posso tenerlo per me, devo renderlo a coloro che lavorano per la pace, e lavorare per i disgraziati è lavorare per la pace».

La busta contiene due milioni.

Davanti all'atrio del *Crillon*, la folla aspetta. La gente si accalca, si contende i primi posti. La voce corre come una traccia di polvere. Chaplin ha consegnato metà del Premio della pace all'abbé Pierre. Due milioni di un premio vinto a... Mosca! Non si tratterà, per caso, di un abboccamento politico? L'abbé Pierre accetta l'oro di Mosca!

« Signori giornalisti, nel Vangelo c'è una parabola, fra le tante altre, di cui credo si debba saper decifrare la lezione. È la parabola del denaro a Cesare. Se il Signore avesse raccomandato di pagare l'imposta, si sarebbe detto: 'È un venduto' e se il Signore avesse rifiutato di pagarla, si sarebbe detto: 'È un anarchico'. È un po' quello che capita oggi a me. Se io rifiutassi questo dono perché viene dai Partigiani della pace, si direbbe: 'Vedete, la sua carità è politica; preferisce aver meno, poter dare meno aiuto alla gente piuttosto che accettare denaro offerto da coloro che non hanno la fede'. Ma se accettassi, lo so, ci sarebbero persone pronte a dire: 'Serve agli infelici minestra rossa'. »

Subito dopo Charlot si reca a Londra. Per i suoi fratelli della strada e dei tuguri ai quali versa l'altra metà del Premio. Poi, sir Charlie Chaplin, sereno, ritorna in Svizzera.

A Parigi, Henry è entrato in clinica; la sua salute peggiora nuovamente e il male che lo rode minaccia di avvelenargli il sangue...

Metà novembre 1954. Henry dev'essere operato d'urgenza. « Il san Vincenzo di Paola moderno paga due anni di fatica sovrumana, di veglie, di privazioni », si commuove la stampa che spia ogni minimo suo gesto.

Appena operato, soggetto a sincopi e febbricitante, Henry fa urlare i medici che lo curano: si mette in testa di recarsi al gala dell'infanzia, dove devono consegnargli le chiavi di cinquanta case che alcuni bambini felici hanno voluto offrire ai loro fratellini senzatetto. Al presidente dell'Aiuto fraterno scrive, senza speranza alcuna di poter presenziare: « Bisogna che quei bambini capiscano... »

Si alza, i medici alzano le spalle, eccolo al *Grand Palais*, barcollante davanti al suo giovane pubblico: « Amici miei, non dimenticate mai che la cosa che deve venire prima di tutto nella vita è la preoccupazione di rendere giustizia a ognuno ».

Qualche giorno prima, prima di entrare in clinica, stava talmente male che era dovuto rimanere in automobile in occasione dell'inaugurazione del villaggio di Plessis-Trévise. Gioco incosciente, suicida, con la malattia? Ma la malattia non è forse diventata una complice, una sorella?

In convalescenza alla clinica Saint-Pierre, lavora, legge, scrive. Sono i medici e gli infermieri a essere gli intrusi, gli scocciatori, e non i suoi giornali, le sue pile di lettere, quel telefono che squilla in continuazione. L'atrio della clinica si è trasformato in sala-stampa. I reporter assediano il malato. Non è forse la loro preda, « roba loro »?

« Supplico la stampa di fare uno sforzo per strapparsi dalla pigrizia e dalla faciloneria. Bisogna denunciare questo mito dell'abbé Pierre, questo culto malsano che è una comoda scusa per strapparsi dal proprio dovere. Il pittoresco dell'abbé Pierre, la sua salute, il grafico dell'andamento della sua temperatura, le sue operazioni... Basta! L'importante sono le famiglie e i bambini nelle tende! Un idolo? Sono il primo bestemmiatore di questo idolo! Mettetemi in condizione di poter svolgere il mio lavoro e lasciatemi in pace! »

Questa stampa che ha saputo farsi alleata e che in quel momento si perde nel futile gli dà ai nervi. Henry le ingiunge di svolgere il suo vero lavoro, di andare sul campo. Anche presso lo Stato tradisce la causa dell'abbé Pierre. Lui insorge, rimprovera ai giornalisti di non fare il loro dovere.

Nonostante le sue ingiunzioni e i suoi richiami all'ordine, Henry non riuscirà a invertire il processo. Quello che i giornali continuano a mostrare è l'ultima realtà dell'uomo ammalato, quella realtà che per lui non conta. La rigetta, ma l'indignazione che manifesta rimane senza effetto. Lui sparisce.

« Parto a una sola condizione », ha detto ai suoi amici, « i bambini del campo di Noisy-le-Grande non devono rimanere esposti al pericolo di un inverno sotto la tenda. Se fra quindici giorni non sono anche loro sulla Costa Azzurra, ritornerò ad abitare a Noisy-le-Grande. »

Un antico convento dei carmelitani nell'entroterra nizzardo... Henry vi si è nascosto e scrive un libro *La Misère juge le monde* (La Miseria giudica il mondo), sempre ripreso dall'inizio e mai terminato. Un anno esatto dopo l'insurrezione della bontà, i segugi della stampa hanno perso le sue tracce. Circolano delle voci. Si dice che sia agonizzante, stroncato dalla malattia e dal peso della gloria. I più frettolosi lo seppelliscono già. Nelle comunità, alcuni cercano una seconda ventata di vita nell'« omicidio del padre » e dicono: « È finito, ha fatto troppo e troppi errori! » Al suo ritorno, dopo la grande malattia del 1958, quando rientrerà in casa sua, in rue des Bourdonnais, Henry troverà la porta chiusa e le sue valigie fuori.

Per il momento, ribatte, riconcilia. Nel 1955 getta le basi di Emmaus. Pensa di dargli delle strutture, di federare i compagni, gli amici, i volontari. È forse mai stato amministratore, teorico, dottrinario, guida intellettuale? No! Sempre e soltanto animatore.

Dopotutto, se il profeta non ha emuli e se Emmaus ha « più estensione che profondità », tanto meglio, farà da solo, fra una tregua della malattia e l'altra...

I fedeli sanno che lui è sempre lì, fra loro, che la vita e la lotta continuano. Henry si rimette un minimo in salute. Nella sua tana, Lucie Coutaz e un gruppetto di intimi lo tengono informato. Quando dodici famiglie di occupanti abusivi, in rue de Strasbourg, a Parigi, vengono minacciati di sfratto, lui insorge di nuovo: « La sentenza che li colpisce è la prima di questo genere da molto tempo, nella regione parigina. Questa sentenza equivale a una dichiarazione di guerra. Noi ne cogliamo la sfida».

Per i giornalisti, la lotta non è là. Si tratta di ritrovare l'abbé Pierre. E se si seguisse Lucie Coutaz, l'amica, la confidente? Lascerà pur qualche indizio lungo la strada. Due reporter di *Paris Match* le fanno la posta. Lascia Parigi; la pedinano. Li semina a Nizza, ma loro sono tenaci e finiscono per ritrovare il taxi che l'ha portata all'eremo di Notre-Dame di Laghet.

«Fateli entrare!»

Piuttosto che essere vittima delle astuzie dei paparazzi, Henry li riceve. Hanno il loro «scoop»: l'abbé Pierre non è né morto né sequestrato, ma tranquillo e della miglior cera. Il mito, la sua frenesia e le sue prove non hanno ucciso l'abbé Pierre. Non è né pazzo né depresso. La malattia-rifiuto è arrivata a puntino come l'evasione-salvezza. Henry Grouès è maturo per mettersi sulla strada tracciata, scelta da lunga data e finalmente apertasi.

L'America, aprile 1955.

Dove il profeta potrebbe affilare meglio le proprie armi? Per pura coincidenza, l'invito viene dall'università di Princeton, dove Henry ha incontrato Einstein per la prima volta.

Gli Stati Uniti, «primo principe» del regno dei ricchi, dispensatore di un modello universale di felicità, l'*american way of life*, sapranno ben intendere le sue parole. Henry negli USA è san Giovanni Battista di fronte a Erode, Nathan di fronte a David: la verità, nient'altro che la verità, anche se fa male. E, come entrata in scena: «Sono un francese che non viene a parlare della Francia. Sono un prete che non viene a parlare della Chiesa. Sono un ex deputato che non viene a parlare di politica. Non sono venuto in America per parlare dell'America. Voglio semplicemente cercare di essere un uomo che viene a parlare con degli altri uomini di buona volontà dei problemi che schiacciano l'uomo di oggi nel mondo intero. Vengo dall'Europa e non vengo a chiedervi soldi! Che buffonata parlare di libertà per degli esseri umani che sono torturati, rosi dalla fame. Soltanto alcuni mistici, per effetto di una grazia particolare, sono capaci di conservare la propria personalità in quello stato».

Fa e ripete a New York, Washington, San Francisco, Los Angeles un discorso-fiume la cui filosofia si riassume in tre parole «APRITE GLI OCCHI!»

«Ogni società che impiega quello che produce non per migliorare le condizioni dei diseredati ma per aumentare il benessere di coloro che sono già felici, è condannata al declino e alla morte. Aprite gli occhi su quanto accade anche qui, attorno a voi, su quanto appare all'orizzonte. I vostri poveri e tutti quelli del pianeta. Osate guardare ciò che il potere vi nasconde, perché il potere vi tiene lontani dalla vita. Osate guardare e agite. A che cosa sarà servito vincere la grande guerra contro il nazismo se chiudete gli occhi sulla guerra che oggi richiede la vostra attenzione, la guerra contro la povertà, la fame, l'ignoranza?... Non sentite coloro che soffrono? È che non hanno la forza di battersi e nemmeno la forza di dire la propria sofferenza. Ma temete l'avvenire, se non li sentite, se non sentite coloro che parlano per bocca mia!»

Né demiurgo né Pigmalione, Henry provoca ingaggi. Fa proseliti senza saperlo. Profeta «della denuncia», «profeta dell'emergenza», l'abbé Pierre, senza dubbio, facendo fronte alle necessità più urgenti, crea lo choc per prevenire il caos. Una corsa affannosa, una crociata-espresso.

Gli sarà negato l'*imprimatur* della Chiesa? Non l'ha chiesto, ne fa a meno. Fa scandalo a Montreal? Si sente bene; dice quello che ha da dire, getta il proprio sasso nel sontuoso stagno della Chiesa ufficiale: «Canada cattolico, Canada troppo ricco...»

Parla al Mont-Royal, davanti a ventimila persone e a microfoni e telecamere della radio e della televisione. L'occasione è eccezionale: si inaugura l'immensa e sfarzosa basilica di San Giuseppe. La platea è prestigiosa, con il mondo politico e l'episcopato al gran completo. Henry si è programmato il discorso o è la vista di quei prelati pieni di sé, in pompa magna, che escono dalle loro limousine, che gli ha chiuso la gola e gli ha fatto ribollire il sangue? « Ho detto loro cose che non erano abituati a sentire e per le quali avrei potuto temere che mi facessero lapidare o impiccare, ma era il Vangelo... »

Era il Vangelo!... è quanto basta.

« Voi costruite questa basilica gigantesca per la quale si sono messe insieme cifre iperboliche. Certamente, ci vogliono luoghi di culto, luoghi per riunirsi a pregare ma, di grazia, finché avrete dei tuguri nella vostra città, una volta erette le quattro mura e posato il tetto, smettete di abbellire il vostro santuario. Non è moltiplicando l'oro, i marmi e gli arredi sontuosi attorno a Gesù che lo si onora, ma soccorrendolo nelle mani e nei piedi dei bambini che, in ogni parte del mondo, muoiono di freddo perché noi li abbandoniamo... »

Parole « incendiarie »? Indubbiamente, ma l'arcivescovo di Montreal lo invita a ritornare a parlare ai suoi fedeli. I vescovi statunitensi, più scioccati, non avranno la stessa calorosa reazione.

La nuda realtà, la denuncia, vedere ciò che non si vuole vedere, « non piacerà ai cuori di pietra, alle pance piene, alle coscienze tranquille, ma piacerà a tutti gli esseri umani che hanno fame e che hanno sete di giustizia... » Per la Chiesa, da lunga data, l'abbé Pierre passa per uno « strano parrocchiano ». Ma lui non si cura delle sue « dissonanze », delle denunce di eterodossia che arrivano dal Vaticano. Scossa dall'emergenza del problema dei preti-operai, la Chiesa si blocca in un atteggiamento conservatore. Interdice questa forma di impegno. Si può forse facilmente ridimensionare o interdire un mito vivente? Si preferisce servirsene, far valere l'appoggio che gli si dà, fosse anche condito di qualche seria ma prudente riserva. Henry si accontenta di questa indulgenza, non cerca di ottenere la benedizione dei suoi pari. Se alcuni vescovi, nelle città e nei paesi in cui si reca, sono diffidenti, se non, persino, ostili, peggio per loro! A lui importa di più l'accoglienza, il calore, l'incoraggiamento dei preti e dei monaci della « base ».

Nel 1954, all'apice della celebrità, Henry ha ricevuto una lettera di monsignor Guerry, il suo ex-vicario generale di Grenoble, diventato arcivescovo di Cambrai e segretario dell'Assemblea dei cardinali e dei vescovi di Francia: « Ci sembra che il nostro ruolo di vescovi consista nel lasciarle piena libertà... Un patronato che imponesse un credo o che desse l'impressione di farlo paralizzerebbe di certo, presso molte persone, la sua azione ».

« Grazie, caro padre », ha risposto Henry, « lei ha compiuto un miracolo! Mi ha dato la benedizione assieme alla libertà! »

È allora che sopraggiunge il tuono, senza dubbio la crisi più grave che mai abbia dovuto affrontare. Dopo aver ardentemente combattuto la pratica della tortura in Algeria, si ammala di nuovo e sfiora la morte.

Dicembre 1957. È sfinito, ha i nervi a pezzi. È il suo superiore, il vescovo di Grenoble, monsignor Fougerat, a ordinargli di rimettersi alle cure del dottor Charles Durand, nella sua clinica di Rives de Prangins, in Svizzera, vicino a Losanna. Legittima preoccupazione della Chiesa di vedere Henry seriamente curato o risultato di una volontà della gerarchia cattolica di controllare l'attività dell'abbé Pierre? Da due anni il cardinale Liénard gli ha messo accanto, per assisterlo, don Leurent, ben presto affiancato da un secondo assistente. In mancanza di certezze, non si è forse autorizzati ad avanzare qualche supposizione?

Henry è in cura del sonno, a Rives de Prangins. Esaurimento fisico e psichico. La diagnosi medica individua un'« ernia del diaframma dello stomaco ». In sé, una cosa da poco. Il Papa è stato operato dello stesso male, il cui normale effetto è di mettere a dura prova il sistema nervoso dell'ammalato. Infatti, l'operazione riesce. Il giorno prima, il 17 dicembre, Henry redige un lungo testamento « per completare quello scritto da molti anni ».

Come in tutti gli altri suoi scritti testamentari, pieni di aggiunte e codicilli, la sostanza è contenuta in una riga: « Non possiedo niente, tutto quello che resterà di ciò di cui mi sono servito vada ai poveri... »

Per Henry il testamento è, come sempre, occasione di esame di coscienza e di « ritiro spirituale ». Si prepara alla fine.

Sono quasi quarant'anni che aspetto di morire...
Morire,
cioè essere per sempre nell'unità
nell'Unica Universale Unità dell'Amore
senza mai più poter volere offenderLo.

Perdono
per quando finalmente quest'ora verrà,
perdono a coloro che restano, di sembrare
di volerli lasciare così nel labirinto e nelle sue insidie.

Ho pianto molto di fatica
o piuttosto di paura, di me...
di dover continuare ancora la strada
se la speranza di morire non si concretizzasse ancora.
Ho pianto tanto che solo il seno virginale di Nostra Signora
ha potuto essermi di tenero conforto,
abbastanza tenero
per potermi abbandonare,
stanco di piangere
e perché non trionfasse la disperazione.

È da Lei che attendo ogni liberazione.
Che lei prenda nelle sue mani,
quando vorrà, ogni mia volontà
e che la offra all'Eterno
per la Pace,
vorrei tanto morire perché non si uccidesse più
in nessuna parte del mondo.
Pace, Gioia,
che il Padre abbia pietà del suo figlio sciocco
ma non cattivo.

Henry si rivede a dieci anni, a contemplare per la prima volta il viso della morte nei lineamenti di suo nonno. Quel viso calmo, l'espressione stessa dell'armonia, dell'equilibrio totale, della felicità assoluta. Da allora questo desiderio di morte, di perfezione nell'amore impregnato in sé non l'ha più lasciato. Gli trema la mano, gli sale la febbre, lo sguardo gli si offusca, lo stomaco lo tortura. Ha sete ma non può bere. Scrive. Parola dopo parola, frase dopo frase, edifica l'eredità da lasciare, a qualunque costo. Vuole terminarla, la terminerà. Donare non costa niente a confronto di quanto costa non donare niente.

Che possa prima di morire
domandare perdono
perdono per tutte le bassezze
per tante ricerche
sviate dall'unione con l'Unico universale.
A tutti i miei fratelli
supplico,
chiedo che smettano di ammirare
e che intercedano.
L'ammirazione che va all'utile
e non all'invisibile mano
che, sola, compie ogni servizio dell'Unità
e mistificazione di sé
vile creazione di mito
nel quale ciascuno si libera
in passiva ammirazione
di ciò a cui si pente di non aver sufficientemente
acconsentito.

19 dicembre 1957.

L'abbé Pierre apre gli occhi. La luce, un po' cruda, lo disturba per un attimo. Si guarda attorno e riconosce con stupore la camera 7 della clinica di Prangins. È quasi deluso. Drenaggi, trasfusioni, tubi lo riportano in vita, impietosi. L'operazione è riuscita; eppure, i medici nutrono più di una riserva riguardo alla possibilità del completo ristabilimento. Uno di loro viene a trovarlo e gli confessa: « Padre, bisogna che si rassegni. Non potrà mai più fare niente. Non ritroverà più le forze necessarie a una vita veramente attiva».

Sovraffaticamento, esaurimento nervoso, depressione. Terminata l'operazione, rimane ancora tutto da fare, e non è più di competenza della chirurgia, della chimica. L'esaurimento psichico di Henry richiede cure lunghe, riposo e riduzione dell'attività. Ha forse legittimato l'intervento della Chiesa, mettendo attorno al reverendo non solo un cordone sanitario, ma una vera e propria tutela?

Chi sono le persone riunite il 30 dicembre 1957 a Rives de Prangins, su precisa richiesta, sottolineano, dell'abbé Pierre, e in sua presenza? Il dottor Durand, medico curante, padre Monnier, don Leurent, la signorina Coutaz, il signor Lillaz (amico di vecchia data di Henry, membro del consiglio centrale di Emmaus). L'oggetto della riunione? Conoscere le condizioni di salute dell'abbé Pierre e collaborare con il medico curante per organizzare la sua esistenza nei mesi a venire...

Il rapporto del dottor Durand è categorico: l'abbé Pierre presenta «uno stato nervoso patologico che richiede un'interruzione parziale della sua attività abituale e una riorganizzazione della sua esistenza...»

Una volta preso atto di questa situazione, i partecipanti decidono che l'abbé Pierre ritornerà a Parigi soltanto su parere inconfutabile del dottor Durand; che, nel frattempo, vivrà in luogo da questi deciso, in compagnia della signorina Coutaz e di un *socius*, cioè un religioso designato di comune accordo dalla Chiesa e dal medico, incaricato di assistere il reverendo (è padre Monnier ad assumere questo incarico, per il momento); che il dottor Durand rimarrà l'unico giudice delle attività del reverendo, ridotte a quelle secondo lui «compatibili e utili alla continuazione della cura»; che, infine, questa organizzazione non potrà essere modificata o interrotta finché «il medico curante la riterrà necessaria».

Come non vedere in tutto ciò, a partire da uno stretto controllo medico, la messa sotto tutela di Henry da parte del dottor Durand e della Chiesa, uniti? Bisogna ancora precisare che Henry accetta e sottoscrive queste disposizioni che, in fin dei conti, rimettono la sua sorte nelle mani del medico.

Il « sacrificio di Abramo » di cui parla Henry a posteriori, a proposito di questo periodo decisivo e terribile della sua vita, non è forse, in realtà, il proprio consenso ad abbandonare le proprie attività, almeno parzialmente, a vederle controllate e determinate da altri, a sottomettersi, in fin dei conti, all'ordine di rientrare nei ranghi?

« Non potrà mai più fare niente... »

Henry si scioglie in lacrime. Quale può essere la sua ragione di vita se non può più testimoniare? Quale può essere il senso dell'adorazione se non c'è più azione? Come rendere credibile che siamo amati e che siamo capaci di amare?

Può solo pregare e piangere di fronte alle disgrazie del mondo contro le quali, ormai, si sente impotente.

Le sue mani rugose, segnate da un passato di fatica, sgranano senza sosta un rosario: « Sì, anche se è vero che non potrò più fare niente, e che per tanti anni, forse, dovrò rimanere l'ammalato che sono diventato, voglio accettarlo, farne offerta, sì, che sia di riparazione a tutti gli errori della mia vita e ancora, in un altro modo ma altrettanto concretamente, che sia utile ancora a coloro che soffrono, che amo... »

Henry mette « in conto alla malattia » quell'organizzazione della sua esistenza che gli viene imposta, ma come si può non vedere in essa la preoccupazione della Chiesa, che trova nella medicina un'autorevole alleata, adatta a emettere un verdetto inconfutabile, di porre fine agli eccessi dell'abbé Pierre?

Eccesso la « gloria » del reverendo innalzato a mito vivente; eccesso quel profetismo in cui si impegna, portando lo scandalo nella sua propria famiglia; eccesso quella vocazione di Emmaus, il cui fondatore si ostina a ripetere che è un movimento aconfessionale, a diramarlo per il mondo, a sfidare dappertutto l'ordine. Il '58 è anche un giro di vite... Controllare strettamente l'abbé Pierre e riportare Emmaus nei ranghi della Chiesa. Tarpare le ali al profeta e richiamare il suo movimento all'ordine stretto della carità ecclesiastica...

Questa strategia di separazione e di accerchiamento ha l'abilità di non svilupparsi sul terreno dottrinale, in cui la Chiesa fa fatica a imporre il proprio tradizionale punto di vista conservatore. La questione dei preti operai, che ne prefigura altre, le correnti profonde che attraversano non senza danni il mondo cattolico, non depongono a favore di un irrigidimento teologico. Questa strategia non assumerà nemmeno l'aspetto di un richiamo autoritario, fondato sul principio dell'ubbidienza alla gerarchia. Non che la Chiesa francese non abbia i mezzi per farsi ubbidire da uno dei suoi preti, ma il « caso » dell'abbé Pierre val bene qualche precauzione. Non si « interdice » un profeta come si interdiranno, nel 1959, i preti operai!

Per quanto riguarda i mass-media, è notevole che la messa da parte e la ripresa in mano del 1958 non abbiano fatto scalpore. Semplicemente perché ciò che è successo allora dietro alle quinte non è stato portato a loro conoscenza. Il 1954 è lontano dalla memoria, la malattia di quell'epoca, la fuga del gennaio 1955 hanno già esaurito le riserve di curiosità della stampa nei confronti del suo idolo. I viaggi che sono seguiti, gli inizi della crociata profetica hanno allontanato l'abbé Pierre. Dall'attualità immediata, francese e tangibile, perché orientata sul problema sociale prioritario degli alloggi, è passato all'attualità planetaria.

Per quanto riguarda Emmaus le cose sono più complesse, ma si regolano in famiglia. La potenziale scissione, già messa in luce nel 1954-1955, tra lo stato maggiore di rue des Bourdonnais, discretamente incoraggiato dalla Chiesa, e i fedeli di sempre, potrebbe essere messa in atto nel 1958. In rue des Bourdonnais hanno detto: « Basta con il chiasso, la pubblicità e gli errori di ogni tipo. Basta con l'idolatria! » Questo richiamo alla ragione, in realtà, nasconde molte cose, alcune auspicate da tutti, anche da Henry stesso, altre più oscure, che tradiscono il desiderio di qualcuno di « far fuori » il padre troppo ingombrante. Indubbiamente, anche di rendere Emmaus più rispettabile, meno scandaloso, orientato verso la carità piuttosto che verso la giustizia... Un'organizzazione caritatevole come le altre... Finalmente!

Conservatori o reazionari, che operano nell'ombra per « raddrizzare il corso delle cose », si rifugiano senza vergogna dietro i discorsi ragionevoli di coloro che si preoccupano sinceramente degli sbandamenti del movimento e dell'attivismo del padre fondatore. Trovano alimento fra i più vicini a Henry.

In Emmaus stesso, la messa da parte, per non dire in un cantuccio, del fondatore è all'ordine del giorno. Dall'altra parte, si vedono alcune comunità intitolarsi *Communautés de l'abbé Pierre*, Comunità dell'abbé Pierre, e sancire a loro modo la frattura del movimento in due rami rivali. Lì si ostentano i ritratti dell'abbé Pierre e della signorina Coutaz, si è fedeli al padre fino all'adorazione. Questa fazione è quella, in particolare, delle comunità itineranti, la cui proclamata vocazione contrasta con quella della corrente sedentaria. Nella famiglia che si lacera in assenza del padre, l'accusa o la difesa contro venti e maree passano attraverso l'opposizione di persone di livello secondario, e di scelte di vita. Non ci sarà « processo » al fondatore, né disputa dottrinale sui fondamenti, ma una sorda lotta di influenze, una pressione, un accerchiamento...

In seno allo stesso « staff » medico-spirituale che costituisce, attorno alla persona dell'abbé Pierre, il primo cerchio, quello che nello stesso tempo isola l'ammalato e lascia filtrare il rumore dell'esterno, la morsa si stringe. La procura generale firmata da Henry prima dell'operazione a beneficio di don Leurent e della signorina Coutaz è annullata su richiesta del dottor Durand. Non soltanto, asserisce, non c'è più ragione di mantenerla, ma anche « mi pare indispensabile dal punto di vista della sua salute che limitazioni di questo tipo non sussistano più ».

Ciò che si profila allora nell'atteggiamento di coloro che vogliono « salvare Emmaus cambiandolo » è il tentativo di ottenere da Henry la garanzia per evitare la scissione, giudicata troppo bruciante. In assenza del fondatore, è la signorina Coutaz a essere sollecitata a salvare il movimento. « Lei sola », le scrive padre Monnier il 16 gennaio 1958, « può trovare l'accordo che favorisca la costituzione di un'autorità temporaneamente valida. » Se Emmaus « si disfa », se l'abbé Pierre è « sotto tutela », chi potrà rincollare i pezzi? Henry stesso, è evidente. Lo si tiene da parte, lo si isola, lo si accerchia, ma non si riesce a rimpiazzarlo, ecco la semplice verità a cui, almeno per il momento, bisogna arrendersi...

Per quanto riguarda lui, il margine di manovra descritto sopra dal dottor Durand è più ampio di quello che potrebbe sembrare, nella misura in cui il malato stesso acconsente a ciò che accade. Alla cura, innanzitutto, che condiziona il resto. Oggetto d'orgoglio del dottore, che assicura di essere l'unico medico a praticarlo, questo trattamento consiste nell'immergere il paziente, per periodi che durano fino a sette giorni consecutivi, in una totale « ibernazione ». Privazione di conoscenza e di nutrizione, morte temporanea programmata dalla chimica. Più di una cura del sonno, questa terapia chimica, per la sua durata e la sua reiterazione, è una cura della morte... Henry esce senza forze, con la memoria vacillante, da questi coma prolungati. Nel gennaio del 1958 rischia di non uscirne del tutto...

Negli intervalli di coscienza che questo trattamento gli lascia, lui acconsente. Dopo anni di lotta, di sforzi e di un'attività prodigiosa, si può concepire che quella inattività forzata, quell'abbandono nelle braccia della medicina gli sia inizialmente dolce. Il vantaggio della malattia sta in ciò, in quest'irresponsabilità in cui ciascuno, anche il meno disposto a una cosa del genere, ama, un giorno o l'altro della propria esistenza, essere preso in cura e coccolato...

Ma la rinuncia per lui non può durare. Secondo il dottor Durand il risultato di una tale rinuncia sarebbe la depressione, e anche peggio. Non si tratterebbe più di un ritiro volontario, liberamente deciso, di un raccoglimento, di un ripiegamento su se stesso. No, questa volta quell'eremo sarebbe di tutt'altra natura e assomiglierebbe alla morte. Impedendogli per lungo tempo di pregare, di offrire, di testimoniare, gli si impedirebbe di vivere.

Henry può, dunque, inizialmente con parsimonia, poi a poco a poco sempre di più, ma mano che gli ritornano le forze, riprendere il suo lavoro. Attorno a lui, tutto viene filtrato e sorvegliato. Gli sarà forse giunta l'eco di un articolo apparso il 23 febbraio 1958 sul *Sunday Express London*, ripreso nella sostanza l'indomani da *Paris-Journal*?

L'abbé Pierre è malato ma, più ancora, abbattuto dal proprio fallimento. La sua azione si fondava su questo pensiero: aiutiamo i poveri, i sofferenti e costoro, riconoscendo di essere stati aiutati, si mobiliteranno a loro volta per aiutarne altri. Ma il padre spirituale di Emmaus si è accorto che l'umanità non è così bella, così generosa come credeva! Allora, profondamente scoraggiato dall'ingratitudine degli sventurati, si è trovato senza più forze.

Senza troppe sfumature, i giornalisti! Henry getta la spugna sul crollo di un sogno, lo choc dell'ingratitudine umana. In realtà, è stato padre Monnier, il *socius* incaricato dalla Chiesa dell'assistenza spirituale di Henry, a servire da « interprete ». I giornalisti, sulla base delle sue affermazioni, si sentono autorizzati ad affermare che l'abbé Pierre è finito, che bisognerà trovargli un successore, che è pronto a ritirarsi in Africa, una volta guarito. L'indomani, *Paris-Journal* rincara la dose. L'abbé Pierre rinuncia, non al proprio messaggio, ma alle proprie funzioni. Ha delegato il potere. Emmaus continua, esce dalla crisi dell'adolescenza, più vivace che mai, e autonomo. L'avvenire dell'abbé Pierre? Se non è il Congo, sarà lo scrivere libri!...

Tenuto conto del contesto, si può vedere in tutto ciò soltanto l'espressione della fantasia giornalistica?

In marzo, giustamente, Henry è autorizzato per la prima volta a scrivere « all'esterno ». Si tratta del messaggio alle comunità di volontari e agli Amici di Emmaus. Scrive « all'esterno », precisiamo noi, perché il dottor Durand, fin dal 6 febbraio, l'ha vivamente incoraggiato a stendere un racconto scritto di un suo sogno. Ma bisognava assolutamente che, nei riguardi di Emmaus e del mondo, il suo silenzio durasse almeno tre mesi, « nell'interesse della cura »...

« Così lontano da tutto ciò in mezzo a cui, da dieci anni, ho scelto di vivere », scrive, « ho tentato di non smettere di lavorare insieme a tutti voi in questo dolore... »

Sottolinea che in mezzo alle cure « si soffre molto » e che a volte « lo scoraggiamento e la tristezza erano grandi ». Ribadisce la missione « minuscola ed esplosiva » di Emmaus, capace di « scuotere molti animi... a condizione che, ognuno al suo posto, la compiamo con coraggio e umiltà ».

« Ciò che vorrei soprattutto dire a ciascuno, oggi, è che io sono qui... l'ultimo, in qualche modo, dal momento che non posso fare nient'altro che offrire del dolore soprattutto passivo... »

Essere « fedele e gioioso », « umile nell'impegno », « riconoscere le proprie imperfezioni... di non aver amato abbastanza, di non essere stato abbastanza vigile, riflessivo... per essere uniti, non nel culto dell'uomo, ma in un gruppo che si evolve, che si forma lentamente... » Se non è l'abbandono che conduce questa forma di autocritica, è comunque al passaggio del testimone in seno a Emmaus! « Rimettetevi ai responsabili designati, lottate contro la malattia delle parole al vento, dette per sventatezza, a volte per invidia, per vanagloria, per gelosia. Queste denigrazioni sono atroci... » Ringrazia coloro che gli hanno testimoniato affetto « non con le parole, ma con atti di lealtà », e, per quanto lo concerne: « Il dottore non pensa che possa riprendere un'attività di un certo peso prima della metà di maggio. Tutte le mattine, sono ancora quasi annientato dalle iniezioni di insulina che devono rimediare ai danni dell'iperattività... »

Tale è, lungo questi mesi terribili del 1958, il consenso di Henry. Lì risiede il « sacrificio di Abramo », in questa « amputazione » accettata, della quale si vorrebbe, per di più, che non fosse del tutto cosciente. Su questo duro cammino di rinuncia a essere se stesso, interamente, vi sono, tuttavia, sacrifici al limite della sopportabilità. Dall'abbazia di Hauterive, in Svizzera, vicino a Friburgo, dove continua la convalescenza e la cura, Henry scrive alla signorina Coutaz, all'inizio dell'estate del 1958: « Sì, continuo a offrire... Ma quanto sono lontane ancora le forze! Ci sono dei giorni orribili, in cui piango, in cui tutto mi opprime e mi strazia... Che cos'ho d'altro di valido, se non questo tempo del Santo Sacrificio?... A volte, ho paura di tutto... » E nella stessa lettera le chiede di riservare per loro, senza che si sappia, un appartamento nelle case popolari di Charenton...

Forte del consenso di Henry, sicuro che il suo avvenire si limiti ormai alla congrua porzione promessa dalla scienza e limitata dalla gerarchia, lo stato maggiore di rue des Bourdonnais ha sancito a suo modo la « messa in pensione » dell'abbé Pierre. La signorina Coutaz è letteralmente sbattuta in strada, destituita dalle sue funzioni. Non ha più né domicilio né lavoro! È già tanto se ci si è trattenuti dal mettere sul marciapiede gli oggetti del fondatore di Emmaus...

La tattica messa in atto al suo riguardo nel dicembre del 1957 trova in ciò il suo esito, la sua improvvisa conclusione.

È il momento in cui si riconoscono i veri amici e sono meno numerosi, in questa estate del 1958, che all'epoca in cui Henry ed Emmaus hanno conosciuto il « pieno giorno ». L'abbé Pierre desidera la loro presenza, quella di padre Jacques Vreck, di padre Delaloye, di don Zundel, perché siano testimoni delle risposte che il dottor Durand deve dargli sul suo avvenire e del giudizio sull'« assurdità del comportamento del gruppo di Parigi, in più di un punto in contraddizione con le sue opinioni... » Se non c'è stato processo, a Emmaus, nei confronti dell'abbé Pierre, c'è però, in quelle settimane oscure, la volontà di qualcuno di pronunciare in sua assenza il verdetto! Così severo che Henry arriva a consigliare alla signorina Coutaz, in ottobre, di non recarsi a un'assemblea del movimento, e di delegare il suo voto a padre Jacques...

In quella « notte » così lunga, in cui le forze gli ritornano soltanto per fargli sentire più chiaramente fino a che punto gli altri hanno suggellato la sua sorte, chissà se Henry si ricorda del sogno citato più sopra, che trascrive il 6 febbraio su richiesta del dottor Durand?

Fece questo sogno, « incubo, per certi versi, benché al risveglio l'impressione d'insieme fosse di una grande pace dell'anima », nel pomeriggio del 4 febbraio, « durante un breve riposo che durò certamente meno di dieci minuti »: « La prima impressione fu quella di isolamento, vedendomi nell'oscurità come posto davanti a una palizzata dietro la quale indovinavo un'intensa attività che mi riguardava. Impressione senza angoscia, ma un po' ansiosa, con un sorprendente sentimento allo stesso tempo di coscienza morale in pace, di una sorta di indefinita forza in me, e di un'imminente terribile prova. Come un prigioniero che prevede che sarà malmenato... Un pensiero: là, dietro a questa palizzata, mi stanno preparando il peggio... Era una certezza... Improvvisamente, una luce abbagliante e mi trovo precipitato nel recinto... Ci sono numerosi prigionieri come me, tesi. Si sente un grido violento: 'Bisogna distruggere il Giusto!' Una forza, totalmente estranea alla mia libertà, ma dentro di me, e del tutto irresistibile, mi precipita sul 'Giusto'. Non ha una forma precisa, tuttavia è qualcosa come un potente e grandissimo uccello bianco, al centro del recinto, fra me e la folla. Una lotta confusa, selvaggia. E l'uccello ricade subito inerte fra le mie braccia. Rimango inebetito di fronte alla sua morte... Allora, scorgo la 'Madre', subito riconosciuta come la 'Madre del Giusto', mia, della folla. Con un gesto doloroso e dolcissimo, mostra sul lato chiuso del recinto una parete ripidissima ma possibile da scalare, e dice semplicemente, con una voce di infinita bontà: 'Miei poveri figli...' Subito mi sento interiormente totalmente sciolto da tutte le costrizioni in cui ero fino a quel momento avviluppato e invaso, e in una sorta di fiera volontà come di vendetta verso quelle forze che prima subivo e che mi hanno fatto compiere quello strangolamento, mi lancio verso la parete scoscesa mostrata dalla Madre, e mi sento nello stesso tempo debole e sicuro di vincere. Con uno sguardo di sfida, grido loro: 'Ebbene, che altra salvezza ci resta, a tutti, ora, se non salire i gradini dell'uomo?' E mi lancio su per la salita tremendamente dura... Tutti mi seguono. Sfinimento... Ed ecco il culmine dell'ascesa, non più il brutale accecamento della falsa luce in basso, ma l'aria e la freschezza, e la luce nella loro pienezza. Stupore: là, in alto, alla fine dello sforzo, la Madre e il Giusto, vivi, e tutti gli uomini, esausti come me per la salita, si trovano a faccia a faccia nella Pace, nella Gioia e nella Vita, uniti nella Giustizia stessa... »

« L'essenza di tutto ciò non si può comunicare », conclude Henry, ma è forse necessario spiegare questo sogno, alla luce dei tormenti subiti nel 1957-1958?

A che cosa si deve che Henry, nell'autunno del 1958, oltrepassi la rinuncia a cui aveva acconsentito, sfuggendo al giudizio ultimo degli uomini e della scienza?

La sua salute, innanzitutto, si ristabilisce, invalidando tutti i pronostici. Con le forze, gli ritorna il gusto di lavorare, di agire. All'Eremo des Voirons, in Alta Savoia, dove si trova in ottobre, non recupera solamente « un po' di forza e di testa », ma un'energia intatta.

A Roma, monsignor Roncalli è diventato Papa Giovanni XXIII, lui che diceva all'abbé Pierre: « Lei è il mio carbone ardente... » Promessa di una svolta nella Chiesa cattolica, di un più attento ascolto del mondo, di risposte diverse ai problemi del tempo...

Soprattutto, la lacerazione francese di Emmaus, a proposito della sua stessa natura e del ruolo del « padre », ha provocato danni limitati, interni e puramente francesi. Lo sviluppo internazionale del movimento testimonia, al contrario, di una maturazione, di una crescente vivacità e di una confermata autonomia. Henry può avere tutti i torti, o quasi: rue des Bourdonnais ed Emmaus nel mondo gli danno ragione, e ciò sarà sufficiente a ridargli coraggio, se mai gliene fosse mancato. La cicatrizzazione delle piaghe francesi avverrà più tardi, ciò che importa è la buona salute del movimento laddove, alla fin fine, accade ciò che veramente conta agli occhi di Henry: in America del Sud, in Oriente, in Europa del Nord. La buona salute, la prova cioè che Emmaus, rimanendo fedele al suo ideale e conforme alla sua vocazione, senza sminuire l'uno né snaturare l'altra, esiste, agisce e risponde in tutto il mondo a un'attesa.

Così, è dall'estero, dall'America Latina, nella persona di padre Balista, che fa visita all'abbé Pierre nel 1958, che giunge una ventata a rompere l'accerchiamento e l'isolamento di Henry.

Dei passi nel viale fanno scricchiolare la ghiaia; volge il capo. Un uomo di media statura, già con un po' di pancetta, si dirige verso di lui. Dev'essere sulla cinquantina. Ha un sorriso sincero, gioviale. Dietro gli occhiali si avverte il calore dello sguardo. Il suo viso è improntato a una bonarietà piuttosto affascinante.

Il tono di José Balista si fa pressante: «Bisogna che lei venga, padre, glielo assicuro. Emmaus, per gli altri, è lei!»

Ma l'abbé Pierre scuote la testa: «Si sbagliano, bisogna dirglielo: Emmaus è soprattutto loro!»

Ci sono tante cose da fare in America Latina. I tuguri sono pieni da scoppiare. La povertà scorre lungo i canali di scolo: il sole asciuga questa miseria, ma le tracce di fango non si cancellano, hanno odore forte, non ci si avvicina più.

Nel fragile corpo del fondatore di Emmaus, ecco che si scatenano gli anticorpi del furore all'assalto dell'ingiustizia sociale. Improvvisamente, il suo stato di salute non gli interessa più. Laggiù, dei bambini muoiono, degli uomini si uccidono fra loro, delle donne partoriscono per la strada.

È profondamente deciso, adesso. Partirà. Le comunità all'estero, che hanno ancora tutto da mostrargli e tutto da ricevere da lui, non hanno nei suoi confronti né secondi fini né malanimo. È il fondatore, non pietrificato nella statua di un glorioso eroe del passato ormai lontano, ma agognato, atteso come guida. Ciò che lui stesso chiama un «animatore».

Al profetismo volontarista del dopo 1954, succederà il profetismo sollecitato da tutti i senzavoce.

Come potrebbe l'autorità gerarchica in Francia opporsi a

che l'abbé Pierre risponda sul posto all'invito delle autorità religiose straniere, dal momento che sarà proprio con questa svolta che si giustificherà la sua nuova missione? A meno di non ammettere la propria volontà di tenerlo sotto tutela, non può che allentargli la briglia sul collo.

La « cospirazione » medico-spirituale del 1957-1958 ha dunque fallito nel rinchiudere Henry nella cornice dorata riservata alle immagini sacre, come nel ridurre Emmaus all'azione caritatevole.

Nel novembre 1958, l'abbé Pierre rinasce, senza aver sacrificato niente dell'essenziale, quantunque abbia acconsentito a sacrificare tutto.

Dichiarare guerra alla miseria

DAPPERTUTTO, dal mondo intero, arrivano le sollecitazioni. Il primo appello al quale Henry risponde viene dalla Svezia. Questo paese ricco, dove si gode di un sistema di previdenza sociale unico in Europa, soffre di un male che colpisce la gioventù: si muore di noia, il suicidio è un'epidemia. Per una sorta di prodigio, come Lazzaro uscito dalla tomba, il primo gesto di Henry è di andare a parlare davanti a questi adolescenti che vogliono morire. Eccolo a Stoccolma, poi a Uppsala, con la parola fremente: « In fondo, per capire la vera natura della vostra malattia, non c'è niente di meglio che ricordarsi della parola del nostro poeta Péguy: 'Non succede forse spesso che la tristezza dei figli dei costruttori di cattedrali consista nell'avere come unico destino di esserne i sacrestani?' Tutto da voi è così ben organizzato che la gioventù nasce con l'impressione di non aver più nulla da fare, di dover soltanto mantenere l'ammirevole realizzazione, l'ammirevole cattedrale sociale edificata da mamma e papà. È fatale, allora, che un giorno o l'altro i giovani raccolgano pietre per gettarle sui vetri, per fare qualcosa, perché ciò cambi...

« Il rimedio è che con il vostro coraggio, con la vostra salute, con i vostri studi, vi prendiate per mano e usciate dal vostro universo così perfettamente organizzato per andare a portare, non come maestri, ma come fratelli, la vostra forza e la vostra volontà in mezzo a coloro che soffrono! »

Ecco che cosa Henry propone a questa gioventù indecisa e frustrata: dichiarare guerra alla miseria. Si annuncia una nuova crociata.

Dicembre 1958.

Gli studenti cristiani dell'India lo invitano a recarsi a Bombay dove si tiene il loro congresso nazionale. È fisicamente in grado di andarci? « Ci provi, se si sente meglio », rispondono i medici. Si scrive agli studenti cristiani dell'India che la cosa non è possibile. A questo proposito, una nuova lettera, sostenuta da due autorità di peso: il nuncio apostolico e il cardinale di Bombay, un indiano che caldeggia vivamente la venuta di Henry. Come ci si può sottrarre? Improvvisato in qualche giorno, previsto di quindici, questo viaggio dura tre settimane. Un giro-pellegrinaggio, più di diecimila chilometri, da Bombay a Delhi, da Calcutta a Madras, da Nagpur a Pondichéry...

A ogni tappa – quasi una quarantina – Henry parla, osserva, si mescola a tutte le collettività etniche e sociali. Ogni notte, appena uscito dalla riunione, salta su un aereo, seguito dal suo interprete, e atterra nella città seguente. Un itinerario folle, continuamente modificato per soddisfare le sollecitazioni che affluiscono.

Choc di un paese di quattrocento milioni di abitanti, dalla densità sei volte più elevata di quella europea. Choc di un paese dal suolo arido, devastato ogni anno dalla violenza dei monsoni. Choc di un paese di carestia, dove si muore in massa.

Bombay. Un milione di senzatetto, un terzo della popolazione della città, vive in capanne e sul marciapiede. Miserabili fra i miserabili, molti si installano su immensi terreni incolti da dove possono essere scacciati ogni momento.

L'interprete ha avanzato la domanda che brucia sulle labbra di Henry: « Naturalmente, padre, ci sono occupazioni abusive. Se questa gente trova una casa vuota, un alloggio disabitato, se ne impossessa... fino a quando non viene buttata fuori! Guardi, per esempio, quest'uomo! È il capo degli occupanti abusivi di Bombay, padre».

Henry ha davanti a sé un uomo senza età, calvo, col viso altrettanto scavato del suo, ornato di un barbone bianco. Quella determinazione nel suo sguardo...

« Siamo fratelli. »

Calcutta. Su sette milioni di esseri umani, un milione di rifugiati pakistani vive e dorme per la strada. Nel cuore di uno *slum*, una donna ha preso fra le braccia un bambino, un piccolo lebbroso. Lo culla, gli parla. I loro occhi brillano dello stesso amore. Madre Teresa.

Religiosa albanese, era professoressa in un istituto irlandese per ragazze di buona famiglia. Ce ne sono, a Calcutta, come dappertutto. Tutti i giorni, sulla sua strada, delle persone agonizzavano nell'orrore delle strade-obitorio e a lei si straziava il cuore. Andava da loro per un gesto, per una carezza; arrivava in ritardo al pensionato. Non ce la faceva più a non far nulla, ha deciso di agire. Ha lasciato l'abito religioso occidentale e si è rivestita del sari delle indiane. Per essere libera nei movimenti, ne ha liberato un lembo, che si è attaccato sulla spalla con una spilla inglese alla quale ha appeso una piccola croce. E poi si è messa a percorrere da sola le strade di Calcutta. Si è inginocchiata a fianco del primo moribondo, circondato da decine di altri, gli ha lavato il viso, l'ha calmato. Uno dopo l'altro, li ha assistiti con la sua presenza e il suo amore.

« Capisce, reverendo, non ci sono più letti all'ospedale. Quando la polizia raccoglie un moribondo e lo porta all'ospedale, accadono scene orribili... Che cosa vuole che faccia il medico? L'accettazione è satura e rimangono solo due o tre letti vuoti, nei quali è appena morto qualcuno.

« Il dottore esamina la gente che gli si porta: 'Questo è curabile', dice 'non è troppo malato, mettetelo nel letto... Quello', sussurra discretamente ai poliziotti, 'rimettetelo do-

ve l'avete preso. È moribondo, che muoia sul marciapiede...'
« Venga, reverendo, vedrà. »

Nell'istituto che ha creato, sono venute a raggiungerla ottanta religiose, indiane e occidentali. L'« obitorio » di madre Teresa è adiacente al più grande tempio di Calcutta. Le sorelle vi accolgono continuamente gli agonizzanti, i malati, i lebbrosi; si occupano di tutti, riescono a salvarne molti.

« La dea Kali è stata buona », sottolinea madre Teresa.

« La dea Kali? »

La madre sorride: « Lei crede di essere in un ospedale? In realtà è nella foresteria dei devoti della dea Kali. Serviva a ospitare le folle dei pellegrini, quattro o cinque volte all'anno. I sacerdoti di Kali me l'hanno donata. »

Commossi nel vedere madre Teresa a quattro zampe per le strade, china sugli agonizzanti, sono venuti da lei: « Sorella, prenda i suoi moribondi, li metta nella nostra foresteria, è sua ».

Musulmani, cristiani, indiani, tutti hanno diritto di cittadinanza e di amore. Sulla porta si legge: NIRMAL HRIDAYA. Henry non ha domandato il senso di quella scritta. Deve essere simile a quella di Emmaus.

Nota la fragilità di madre Teresa, così minuta. Ma l'Incontro in lei è compiuto, definitivo, e la rende indistruttibile.

Una pressione della mano. L'apostolo dei senzatetto saluta la santa dei moribondi nella speranza. Si allontana, e il bambino lebbroso ritorna ad accoccolarsi contro il sari della sua beneamata; lei si china, lo solleva al petto.

« Arrivederci, padre! »

Ha spezzato il mito del lebbroso intoccabile. Con lei, il male non è più contagioso, pensa Henry.

Il congresso di Bombay, scopo iniziale del suo viaggio, riunisce duemila studenti e i più alti dignitari della Chiesa cattolica. Se lo contendono: « Venga, padre... » Un programma folle, in questa India copiosa, multiforme, dove dappertutto si constata che « la gente ha realmente il sentimento di una patria comune ».

Ciò che non cambia mai in questo mosaico, ciò che è onnipresente, atroce, è la miseria delle folle affamate e ammalate.

Ma l'India, indipendente da dodici anni appena, ereditiera di Gandhi, non rinuncia a far sentire al mondo la propria voce. In piena guerra fredda, nel discordante dialogo Est-Ovest, l'India, ambasciatrice dei paesi sottosviluppati, dà al mondo una formidabile « lezione di realtà ».

È a Madras quando Nehru, il primo ministro, che presiede l'assise del partito del congresso a Nagpur, gli fa telegrafare che desidererebbe incontrarlo.

Il pandit Nehru, calotta bianca sulla testa e rosa rossa all'occhiello, è il figlio spirituale di Gandhi, il leader carismatico dello Stato indù, il combattente dell'indipendenza. Primo capo di Stato del Terzo Mondo ad aver praticato la « terza via », neutrale e pacifista, rifiuta l'allineamento del suo paese su uno o sull'altro dei due blocchi.

Henry è seduto per terra, in mezzo a trentamila persone, fra le quali ministri e Nehru in persona. Si discute così dell'avvenire dell'India e a lungo, prima a Nagpur e poi a Delhi, Nehru e il reverendo confronteranno le proprie idee.

Si sostiene che Nehru sia scettico, ateo. In ogni caso, anticlericale. Rifiuta che si accordino visti e permessi di soggiorno a missionari stranieri.

« Permetta ad alcuni gruppi di volontari venuti dall'Europa di lavorare per l'India », gli dice Henry.

« Se è per portarmi le vostre frottole e tutte le sette protestanti in sovrappiù, lei cade male, reverendo... Le religioni che coesistono in India sono uno degli ostacoli maggiori alle riforme sociali. Non le religioni in sé ma le loro degenerazioni, le loro forme corrotte. Le religioni in quanto perpetuano le vecchie superstizioni e gli interessi di casta. Le religioni che mummificano la società... Se ci sono cristiani indiani, che siano cristiani e che agiscano conformemente alla loro fede. Ma che se ne vengano ad aggiungere altri, venuti da fuori, questo no! »

Eppure, contrariamente all'immagine ufficiale, Nehru appare all'abbé Pierre come un uomo profondamente credente, un uomo fatto soprattutto di spiritualità, di dovere e di preghiera.

« Del fatto che mi si dica un uomo morale, un uomo etico, ne sono fiero; un uomo religioso, no. Sono a capo di un paese immenso e sovrappopolato, reverendo, mi devo misurare con un unico e vero problema: quali mezzi, per lottare contro la miseria? Come riuscire a essere efficace? »

Questo realismo, che all'estero si qualifica un po' troppo sbrigativamente come cinismo, fa il paio con la convinzione profonda di Henry: il senso dell'emergenza. Scrive:

> C'è un valore morale nella volontà di essere efficace. Siamo in presenza di un'esigenza di efficienza che è, in fondo, tutto il destino del futuro dell'umanità. Il futuro prossimo dipenderà non dalla conferenza in cui sarà mostrata la superiorità di san Tommaso d'Aquino su Karl Marx, ma da questa affermazione: « la diga che irrigherà la nostra terra di carestia, l'avremo fra un tot di anni... Ci lavoreremo tutti insieme, ma l'avremo... »

Tale è la realtà, nell'ora della scelta, per un paese che deve « preferire la diga alla scheda elettorale individuale. E se si può averla con meno tirannia, tanto meglio... Perché, in India, il livello di sofferenza è tale che la formula della democrazia occidentale appare un inganno ».

Una mattina del gennaio 1959.

A Novabas, un villaggio indiano sperduto in montagna, di notte fa un freddo terribile, di giorno un caldo soffocante. Vinoba Bhavé, l'apostolo dell'India moderna, si avvolge nella sua coperta grigia. Se ne tiene un angolo davanti alla bocca, non per conformarsi all'uso di alcune sette che si velano le labbra per non uccidere la vita ingoiando qualche moscerino, ma semplicemente per riscaldarsi. Sono le tre del mattino. Vinoba è vecchio e freddoloso.

I trenta o quaranta discepoli che gli sono intorno si svegliano a loro volta. Salmodiano la prima preghiera. Partono alle quattro, nella notte gelata, per una lunga camminata che li porta in un altro villaggio, identico. Henry cammina fra loro. Nehru cammina, pellegrino fra gli altri, a fianco di Henry, sulla montagna...

Camminano sempre e vedono sorgere il sole, al di sopra delle cime che definiscono l'orizzonte. Si fermano e cantano preghiere. Poi ripartono. Il villaggio è ancora lontano ma, improvvisamente, scintillanti nell'ombra, più sotto, scoprono delle luci, centinaia di lumini accesi, in prossimità di un villaggio. Si avvicinano, la scarsa popolazione viene loro incontro, notabili in testa.

« Venga a vedere il nostro tempio! »

Gli mostrano i lumini e aggiungono, per fare piacere a Vinoba: « È un tempio dedicato alla dea della non-violenza. »

« La dea della non-violenza? Che cos'è? » replica Vinoba stupito.

Gli raccontano una bella storia: « Una vecchia ha visto in sogno una tigre terribile, che divorava tutto ciò che aveva intorno. Ma una mamma, l'unica ad avvicinarsi senza paura, la accarezzava, la ammansiva così bene che lei restava tranquilla, inoffensiva. Si sedeva anche in groppa a quella tigre improvvisamente domata. Al risveglio, la vecchia si è detta: 'Non c'è dubbio, è la dea della non-violenza che, con questo sogno, mi esprime il suo desiderio di essere pregata, adorata nel nostro villaggio'. Allora, la vecchia ha venduto le bestie e ha consacrato tutti i suoi averi all'edificazione e alla decorazione di una minuscola capanna quadrata. Si sono accesi lumini tutt'intorno, si è scolpito un pezzo di legno che rappresenta la tigre e la mamma seduta su di lei. Si portano alla dea della non-violenza ogni sorta di omaggi, verdura, uova, frutta... Si depongono ai suoi piedi reliquie e immagini sacre in cui convivono tutte le confessioni... »

Vinoba è stato meraviglioso. Ha ascoltato la storia che combina terrori paesani e insegnamenti di Gandhi, ed Henry, che lo segue passo passo, lo sente rispondere con la sua dolce voce: « La non-violenza siete voi! Questa cosa viene da Dio, ma non esiste un Dio della non-violenza. Dio è Unico, Dio è Spirito, Amore... Non è forse questo un tempio dove si prega il Dio Universale? Altrimenti, pregheremo di fuori, perché mi accompagnano qui l'abbé Pierre, che è un prete cattolico, e questo studente americano, che è ebreo, e quest'altro, che è musulmano... Non ci sono più differenti dei, preghiamo il Dio Universale... »

Gli abitanti del paese hanno un solo desiderio, che Vinoba entri nel loro tempio. Rispondono: « Certo che ci si prega il Dio Universale! »

Vinoba entra, ammira la scultura, come noi ammiriamo, per esempio, la vetrata di una chiesa che rappresenta la virtù della Speranza. Se qualche semplice di spirito dicesse che è la dea della Speranza, gli spiegheremmo ciò che Vinoba ha spiegato ai suoi paesani.

Vinoba purifica la religione, la ripulisce dei feticismi e delle idolatrie. Vinoba restituisce Dio, « lava » la morale: « Voi credete di essere figli di Dio, ma nel vostro villaggio, ogni volta che si celebra un matrimonio, la giovane coppia, che vuole salvaguardare l'onore della tribù, si indebita per ricevere e festeggiare. Rimarrà indebitata fino alla morte. Tutte le vostre coppie sono indebitate. Se foste veramente figli di Dio, sarebbe il villaggio a sostenere le spese della cerimonia... »

Vinoba predica la distribuzione delle terre...

« Dio ha dato le terre all'uomo perché mangi. Noi abbiamo terre ma non mangiamo! Bisogna assolutamente metterle in cooperativa. Chi mi dà le sue terre?... »

Vinoba ha già raccolto cinque milioni di acri di terreno, di cui un milione sono in cooperativa! No, Vinoba non farà, da solo, la riforma agraria, ma ha preparato lo stato d'animo, il clima che permetterà a Nehru, a Indira Gandhi, sua figlia, di farla. « È là il punto di contatto tra la funzione dell'uomo di Stato e la funzione del profeta. Il profeta opera sul fondo, crea. »

« E ora, preghiamo! »

« Ho visto allora quell'uomo affascinare quegli esseri rozzi con un'autorità straordinaria. Con l'aiuto del suo piccolo microfono, li interpellava a uno a uno. Diceva. 'Ehi, tu, mamma là in fondo, prega, tu che sei con il tuo piccolo, non è il momento di giocare, digli che ora è il momento di raccogliersi in sé per ascoltare Dio! Insegnagli a sedersi a gambe incrociate, a tenere il busto eretto, e poi, che non si muova più, dagli l'esempio... E poi tu, laggiù, che stai discutendo a quanto venderai la vacca, ebbene, discuterai dopo. Andatevene oppure sedetevi!'

« Vinoba li riprende così, uno per uno. Gli ci vuole tempo e pazienza infiniti perché, per cinque minuti, una folla intera resti in silenzio e in raccoglimento. Allora canta, davanti al microfono, con la sua vocina tremula. 'Se prendeste tutta la terra del mondo come carta, se prendeste tutta l'acqua del mare come inchiostro, se prendeste tutti gli alberi della foresta come calamaio, non ne avreste abbastanza per scrivere e cantare la realtà della grandezza di Dio.'

« Vinoba è totalmente al di fuori del partito del congresso. Ma Nehru si è recato da Vinoba come semplice pellegrino. Ha camminato con Vinoba, come ho fatto io isolato, come potrebbe fare un uomo di Stato cristiano – capita! – che andasse a fare un ritiro di otto giorni dai benedettini.

« E Nehru ha camminato per più giorni con Vinoba. Non smetteva di parlarne. Ne ha parlato anche con me. Ne ha riparlato con l'ambasciatore di Francia a Nuova Delhi.

« Quando Gandhi iniziò l'ondata della propria campagna attiva di non violenza per l'indipendenza, a forza di meeting e di atti spettacolari, bisognava designare l'oratore che avrebbe parlato per primo. Tutti desideravano che fosse Nehru la testa, il cervello, e Gandhi avrebbe risposto: 'No, Nehru lo riservo ad altri compiti. L'uomo di cui abbiamo bisogno è Vinoba, perché in questo momento ci vuole il mistico'.

« Se Vinoba è venuto a raggiungere Gandhi, Gandhi si è messo per un certo tempo alla scuola di Vinoba, nonostante quest'ultimo fosse più giovane di lui di vent'anni. E Gandhi ripeteva: 'Vedrete che il mondo intero parlerà di Vinoba'. »

Tre giorni di pellegrinaggio a fianco di Vinoba. Una lezione finisce. Quella della saggezza dell'India millenaria; quella che Henry ha sentito pregando davanti alla tomba di Gandhi: « Sono felice che sia venuto qui con noi, che preghi per tutti noi... Dobbiamo pregare tutti con grande fervore, uniti gli uni con gli altri. Bisognerà che lei viva ancora per molto tempo per continuare il suo lavoro... » gli ha detto Vinoba.

« Padre, lei ha visto il mio paese, ha visto la miseria », gli dice Nehru. « Ora, c'è un grande enigma per me. So che rientra dai paesi scandinavi. Come si spiega che ci si suicidi in proporzioni sorprendenti là dove non manca niente, dove si hanno tutte le garanzie sociali, mentre non esiste quasi suicidio in mezzo alla miseria disperante dell'India? »

« Hanno la sensazione di non avere più ragioni di vita », risponde Henry.

Prima di lasciare l'India, ha voluto raccogliersi davanti alla tomba di Gandhi.

Il lamento della folla si è zittito. Solo il rumore della ruota, la *charkha*, il ritmo sovrano del destino dell'India. Come l'eco della voce del profeta.

L'umidità dell'aria non è più che la traccia delle lacrime sulla guancia dell'India. Le lacrime che il popolo *satyâgrahi* versa in memoria del maestro spirituale, il mahatma Gandhi.

Henry si raccoglie, solo davanti alla tomba. È assorbito nell'ascolto della morte. Si può pensare la morte? Lui, in ogni caso, lo può. Ha, per il suo fervore, questa facoltà di dialogare con l'infinito, di unirsi al tutto invisibile.

Questa presenza, che lo invade improvvisamente, nel più profondo di se stesso, non la conosce, la riconoscerà. La nonviolenza... L'*Ahimsâ*, oh dolce stella...

Henry si fa il segno della croce, poi guarda il cielo. È così bello che fa una foto alle stelle.

Libano. Febbraio 1959.

Si era previsto uno scalo di due giorni in questo piccolo

paese per risparmiare la salute di Henry. Ci resterà tre settimane e moltiplicherà le conferenze su Emmaus. Lo ricevono il presidente Fouad Chehad e le personalità civili e religiose del paese. Si intrattiene con i deputati della commissione degli Affari sociali sui problemi che pongono le bidonville di Beirut e della sua periferia. Eddé, ministro dell'Interno, gli consegna l'onorificenza al Merito civile libanese. Sulla stampa di Beirut si legge: « Fa più per il prestigio della Francia quest'uomo che tutti i diplomatici che essa ci manda! »

Sui seimila metri quadrati offerti dal vescovo di Beirut crescerà un'oasi nel deserto. Due grandi edifici chiamati « Oasi della Speranza ».

« Che contrasto con l'India... Uscivo dalla visione di quattrocento milioni di abitanti in uno dei più grandi crocevia del mondo ed ecco che sono approdato in un angolo minuscolo, in una specie di Monaco di un milione e mezzo di abitanti in cui si uniscono e si affrontano l'Europa, l'Africa e l'Asia... Con una popolazione mezzo cristiana e mezzo musulmana, con strati sociali più evoluti, benché vi si trovino ancora parecchi gruppi primitivi e brutali: ne ho visti esempi terribili, ho assistito a massacri...

« Fermate questi massacri... Non spargete più sangue... Che il fratelli non uccida il suo fratello, né il cristiano il musulmano, né il musulmano il cristiano... Altrimenti il Libano sparirà con una semplice spintarella... Qui, fratelli miei del Libano, dove tanta generosità è all'erta e vuole di giorno in giorno, sempre di più, vincere le divisioni che possono essere la causa della morte della vostra patria, una sola cosa può permettervi di raggiungere quell'unità che vi renderà forti e raggianti, a dispetto della piccolezza del vostro territorio, del vostro piccolo numero: la vostra applicazione a contemplare l'Essere di Dio e ad ascoltare la Vergine Maria (...) piccolissima nella scala dei valori sociali, ma prima fra tutti, perché è stata la più consenziente, colei la cui anima è stata la più profondamente segnata dalla sete di amore. Amare. Ognuno riceverà pienamente nella misura in cui avrà saputo donare il suo amore, e si vedranno molti fra i più piccoli essere i primi, perché hanno straboccato d'amore per i fratelli... »

La causa di Henry, in questi anni di guerra alla miseria, è planetaria. L'ha perorata in India, in Libano, la ripete in Francia, e ben presto in America del Sud. Un'arringa universale per la vita.

Eccolo, nel luglio 1959, a visitare le comunità Emmaus-Argentina, a percorrere il Brasile, a soggiornare in Bolivia, in Perù, in Colombia, in Venezuela. Dappertutto saluta e incoraggia il lavoro compiuto « al servizio innanzitutto del più sofferente ».

Povertà, sottosviluppo, esplosione demografica del Terzo Mondo... « Oggi sono dei drammi ma portano con sé una grazia... Ritroviamo con loro l'essenziale, l'essenziale della speranza della redenzione fra le disperazioni più gravi dell'universo. »

In Argentina lo aspetta José Balista. Sono ormai otto anni che questo gesuita dona il suo tempo e la sua vita a tutti gli esclusi, ai « mostri » di Buenos Aires. Quando, nel 1958, Henry era in convalescenza in Svizzera, era accorso, gli aveva detto: « Bisogna che veniate... »

Oggi, il reverendo, al suo fianco, scopre questo continente della miseria: la constatazione è terribile.

« Noi abbiamo occhi soltanto per lo scontro dei due grandi, l'urto dei due blocchi, la denuncia, in nome della Libertà, della tirannia politica. Ma che cos'è la Libertà senza i mezzi di vita? Dio dona la libertà solo per l'Amore. Abbiamo lasciato che la libertà si adeguasse a vivere senza Amore... No, la tirannia della miseria, della fame, dell'ignoranza, della mancanza di cure e di lavoro non è meno omicida della tirannia politica. Questi popoli abbandonati alla disperazione vedono bene, loro, compiersi rivolgimenti e avanzare l'immenso progresso della scienza. Sanno, perché l'eco di questa trasformazione che arricchisce una parte del mondo e che li lascia da parte arriva anche ai più isolati fra loro. Aspettano, perché la radio è la compagna consolatrice dei più sfortunati fra gli uomini. L'antico fatalismo che avevano ereditato dai loro antenati indietreggia. Oggi, quei popoli sono pronti a giudicare. Pronti a sconvolgere ciò che noi chiamiamo stupidamente l'equilibrio del mondo. Hanno fame. Stanno iniziando, andranno molto in fretta... »

Alla povertà materiale si aggiunge la miseria psicologica: coloro che vivono in questa miseria degradante sanno bene che esiste ormai il modo di fare indietreggiare il peso della loro sofferenza. Quale potere sarà capace di stroncare questa nuova coscienza? Nessuna dottrina, nessun esercito la potrà contenere a lungo.

Per colmare il fossato, si può forse rispondere con la beneficenza?... « Ma questo è insufficiente perché ci lascia, noi ricchi, come assenti, estranei. » Il vero dovere dell'amore esige che si partecipi. L'amore, se è fatto solo di beneficenza, si trasforma in maledizione: « La nostra piccola beneficenza che impedisce di morire, moltiplica però il dolore e le disperazioni, le rivolte... Perché coloro che donano hanno donato troppo poco, perché hanno rifiutato di donare se stessi... »

Nelle *favelas* di Rio, davanti ai senzatetto di Lima, ai miserabili di Bogotà, Henry si fa avvocato. Perora contro l'assurdo, la buona coscienza dei paesi ricchi, i privilegi che non si ripercuotono nel bene collettivo. Se i giovani dell'America Latina, i giovani del mondo intero si mobilitassero al servizio dei più sofferenti!... « Saremmo capaci, noi, dopo aver compiuto per la patria il dovere del servizio militare, di voler liberamente, gratuitamente donare lo stesso tempo della nostra giovinezza per un servizio che sappia servire veramente a qualche cosa? »

Dappertutto si raggruppano volontari per avere questo privilegio di andare, disinteressatamente, là dove manca tutto.

Se c'è da costruire una nuova chiesa, più grande, più bella, che tutti i cristiani, prima di terminarla e di renderla bella e maestosa come la sognano, siano sicuri che non ci sia più, su tutto il territorio della parrocchia, una sola famiglia senza lavoro, senza casa, senza risorse! Altrimenti, che vadano a pregare nella casa di Dio, povera e nuda come il presepe della Natività...

Bisogna che da Londra, da Parigi, da Stoccolma ragazzi e ragazze, volontari d'Emmaus, partano e si mettano al servizio dell'umanità, preparino la sua rivincita contro le forze materialiste!

Laggiù, a Rio, a Lima, li aspettano i gruppi che li accoglieranno, che li porteranno in mezzo alla sofferenza più nera delle bidonville, delle strade lebbrose. Laggiù creeranno, tutti insieme, asili, centri di accoglienza, di formazione, di cura...

« Il mondo soffre della miseria e la gioventù del mio paese soffre innanzitutto di mancanza di ideali. Ma che le si proponga un sacrificio preciso, utile, concretamente creativo, e non dubito che darà l'esempio e, per contagio, vendicando l'uomo, vendicherà Dio, amando... »

A Rio, Dom Helder Camara, il futuro arcivescovo di Recife, è ancora vescovo ausiliario. Figura esile ma volontà forgiata al bisogno di assoluto, apostolo dei poveri, vescovo delle *favelas* « rosso » per i detrattori. In America Latina è la figura di punta di una Chiesa che difende gli oppressi: « Ho avuto l'impressione di incontrare il curato di Ars, diventato vescovo e capace di esserlo ».

Con Jean-Yves, il Jean-Yves della Pépinière, ha appena aperto un centro di accoglienza per i giovani sbandati. Jean-Yves ha lasciato Pontaut-Combault e la miseria della Francia per battersi contro quella del Brasile.

Dom Helder, fratello di lotta di Henry, lo guida nella sua città gigantesca e sovrappopolata, che concentra e simboleggia tutti i mali di cui soffre il paese. Di riunione in riunione, traduce, infaticabile, il messaggio di Henry per i miseri, riuniti a decine di migliaia, per i responsabili politici, per i vescovi e i preti: « Il vostro paese lo conosco molto poco, l'ho percorso in automobile, in aereo, ho visto le popolazioni in montagna, in campagna, in città, mi scuso di dirvelo brutalmente, ma lo posso dire per tutti gli errori analoghi del mio paese, non mi è possibile non gridarvelo: la città, questa città, questa capitale è una menzogna formidabile, abominevole e che non è possibile che duri ancora per molto tempo!

« Come potete immaginare che possa durare ancora a lungo ciò che merita di essere chiamato una commedia: l'eleganza, il lusso di un gruppo di esseri umani che pretendono di rappresentare una nazione, mentre il 70% della popolazione della nazione non è niente, non è più umano, è abbandonato nella disperazione!

« Si sente dire: 'Sono buoni! Sono dolci! Vedete come sono gentili!' Non avete il diritto di credere che resteranno a lungo in questa dolcezza e in questa gentilezza. Verrà un giorno in cui, legittimamente, penseranno che, essendo abbastanza numerosi per imporsi, avranno il diritto di rivoltarsi perché i loro bambini non soffrano più come li vedono soffrire adesso...

« Un giorno, uno dei miei miserabili straccivendoli mi ha detto: 'Padre, viviamo nell'infallibile!' Gli ho chiesto: 'Che cosa vuol dire? E lui mi ha risposto: 'Come? Non capisce? Se si è uomini attivi, militanti, che si sia di destra o di sinistra, a meno di essere stupidi, ci sono per forza dei momenti in cui si dubita, in cui si dice che, forse, ci si sta sbagliando su quello e su questo. Ma da noi, quando si è passata la giornata a costruire case per madri che non ne hanno, si è sicuri che non ci si è potuti sbagliare!'

« Sareste capaci di offrirvi per questo volontariato?

« Sarete capaci, tra fidanzati, di dirvi: 'Senti, aspettami un anno, due anni, è la guerra, mi arruolo. È la guerra alla miseria'? »

Il giorno stesso in cui Henry lascia Rio, Dom Helder ritrasmette alla televisione il suo appello al volontariato. È un successo immediato. I giovani accorrono in massa: « Faranno degli errori, andranno per tentativi, brancoleranno, ma qualcosa si muove... »

La sera in cui ha lanciato il suo grido d'allarme, Henry si è ritrovato solo al convento dei domenicani in cui è ospite. Di fronte a lui, l'immensa calma della baia di Rio. Nel cuore della notte, è uscito, ha camminato lungo la magnifica spiaggia. Senza fine, ha camminato e pianto.

Non era più l'apostolo dei diseredati, né l'interlocutore dei presidenti, ma Henry Grouès adolescente folle d'amore, il frate cappuccino, il prete. Un uomo solo, dopo una conferenza esaltata. Orribilmente stanco e solo, un uomo che piangeva e pregava e che non riusciva a prendere sonno...

In due anni (1959-1960), l'uomo condannato dai medici ha viaggiato in trentacinque paesi e ha partecipato a centinaia di riunioni e di conferenze. Dopo l'Europa, l'America del Sud, l'Asia, è l'Africa a richiederlo. Capi di Stato o governi, comunità recentemente insediate, innumerevoli buone volontà, Henry non sa dire di no. Risponde a tutti.

A cinquant'anni, ne dimostra sessanta, a quanto dicono coloro che incrociano il suo cammino. Le tracce della malattia sono visibili sul suo corpo, sul suo viso scavato. Rughe profonde gli solcano la fronte, i capelli e la barba ingrigiscono. Perché acconsenta a rallentare il ritmo gli ci vogliono degli avvertimenti severi: un rapido dimagrimento, accessi di febbre, mali che i bruschi cambiamenti di latitudine e di clima aggravano. Eppure recupera vita. Il fuoco interiore doma la debolezza del corpo.

I mass-media, dall'inverno del 1954, non smettono di perseguitarlo, in Francia come altrove. La stampa accumula le formule-choc. Predicare, spiegare non gli basta, deve spiegarsi, giustificarsi, specificare i propri orari, i propri menù, raccontare della propria salute, della propria vita giorno per giorno, dispute, rifiuti, amicizie e inimicizie... Nella loro caccia allo scoop, i reporter privilegiano i gesti della carità a scapito della forza interiore.

Ciò che lo ferisce profondamente è che lo abbiano sospettato, a volte, di non essere sincero o di agire per ambizione. «Credo, in modo assoluto, di non aver mai portato testimonianza di cose di cui non nutrivo in me una salda convinzione... »

In questi anni di intensa attività internazionale, la relazione con i media e il problema dell'immagine non sapranno mascherare altre questioni essenziali, in quanto vanno al nocciolo stesso della sua missione e di quella di Emmaus.

Da Lambaréné, nel Gabon, il dottor Schweitzer gli scrive nel 1960 una fraterna lettera di messa in guardia:

« È allettante l'idea di lanciare un appello agli uomini in quanto tali nel mondo intero. Ma bisogna anche saper vedere il pericolo che ciò comporta. Ho sempre diffidato di tutto ciò che ha un aspetto quasi internazionale... »

Secondo Schweitzer, bisogna tenere innanzitutto in conto la regione del pianeta nella quale si vuole agire. Non si tende la mano nello stesso modo in Africa, in Europa, in India. La realtà della miseria e della sofferenza non è uniforme. Le soluzioni sono da trovare caso per caso. Generalizzando un messaggio lo si indebolisce: « Andate a domandare ai dirigenti dell'India le difficoltà che crea loro la nazione quando ciò che intraprendono per migliorare la situazione dei senzatetto viene considerato soltanto come del materialismo che si infiltra nella spiritualità!

« La sua missione è di far capire ai francesi il problema: 'Lui è il mio prossimo, che cosa posso fare per lui?' Là lei è nel suo elemento, è un fiume che fertilizza la terra. Se lei si dà all'internazionalismo, diventa acqua stagnante, che ricopre con un sottile strato la terra. Restando fiume, porta beneficio con la sua corrente. Dandosi all'internazionalismo, si impantana! »

Schweitzer denuncia il pericolo che, secondo lui, minaccia l'azione mondiale e rischia di irrigidirla in dottrina astratta:

> Lei ha, caro abbé Pierre, l'enorme privilegio di predicare con l'attività. Le parole sono soltanto l'accompagnamento in sordina! Mantenga questo privilegio! Accolga, organizzi, risvegli, lei ha la parola facile, ha sollevato l'entusia-

smo. Ma per il momento, si tratta di mantenere vivo l'entusiasmo, di guidarlo, di renderlo produttivo... Ciò che il mondo si aspetta sono idee operanti. Lo Spirito alle prese con la realtà, e che la trasforma. Lasciate ad altri il compito di diffondere, con la parola o con lo scritto, le idee evangeliche in quanto tali. Il suo compito è di rendere efficiente sul campo ciò che le viene assegnato. Che Dio le doni la saggezza e l'energia di portare un raggio della luce del Vangelo nelle tenebre di questo mondo. Meno parla, meno scrive, più sarà se stesso...

Appena ha ricevuto questa lettera, Henry si è recato a Lambaréné.

Albert Schweitzer e l'abbé Pierre sono seduti, stretti l'uno contro l'altro, su degli scalini di legno. Il sole equatoriale viene inghiottito all'improvviso dalla fitta foresta e li fa passare, quasi senza crepuscolo, dal giorno alla notte.

« Mi rimproverano, padre, queste capanne, questo 'villaggio negro', mentre mi si offriva denaro sufficiente per costruire in modo moderno. Ma, se avessi ceduto, sarei stato doppiamente crudele. Innanzitutto, avrei immerso l'ammalato che arriva in 'comodità' che gli sono sconosciute. Poi, l'avrei reso, una volta guarito, alla sua foresta, privo di ciò a cui, forse, aveva incominciato a prendere gusto... No, questo non è un ospedale, è un villaggio in cui si cura, in cui si guarisce. So bene che non è 'moderno', che non permette di farsene un vanto... Ma non è forse meglio, dal momento che solo così è veramente umano? »

« Sa, dottore, che cosa mi ha detto recentemente un amico africano diventato ministro? 'Vedi, ora che devo governare, scopro che il "vecchio" non è poi così folle... Ma non andare a riferire queste parole ai miei compatrioti "evoluti", mi criticherebbe più di uno...' »

Schweitzer l'ha guardato e ha mormorato, commosso: « Mi dà una grande gioia prima di morire ».

No, il progresso, da solo, non saprebbe garantire l'umanità.

« Il mondo avrà modo di constatare », scrive Albert Schweitzer nel 1964, « che abbiamo la stessa umanità, lo stesso idealismo, la stessa pietà... »

Fra l'abbé Pierre e Albert Schweitzer si instaura una calorosa relazione e, fino alla morte del dottore, intratterranno una regolare corrispondenza.

Questa amicizia, quantunque lontana e lucidamente critica, tocca profondamente Henry: « Ciò di cui si ha bisogno quando si è nella realtà drammatica della vita, non è dell'ammirazione, ma dell'amicizia, quella che si prova insieme quando si sono fatte cose belle e difficili ».

Così si esprimeva davanti ai giovani di Lima, nell'agosto 1959. Ed ecco che la messa in guardia del medico di Lambaréné troverà in Francia un'eco particolarmente viva. Fra i dirigenti, alcuni hanno sempre sofferto della celebrità di Henry. Incomprensione, gelosia, divergenza di opinione. Il rispetto dei grandi di questo mondo, la lotta profetica contro la miseria, l'appello della gioventù... Emmaus si è nutrita della « gloria » di Henry e a volte l'ha lasciato solo.

Durante i lunghi mesi della sua malattia, è stato tenuto lontano dallo sviluppo del Movimento. Ha trovato un « conforto d'immensa speranza » nel fatto che, senza di lui, il Movimento ha conosciuto la sua più grande espansione nel mondo: « Aveva in sé la propria ragione di esistere ».

Eppure, ciò che gli ha dato forza e gli ha donato lo slancio iniziale, contiene il germe della sua debolezza: l'indipendenza delle comunità, la diversità degli individui e, soprattutto, quella delle situazioni, suscitano scelte concrete che non possono essere unanimi, visto che il Movimento, tutto preso dall'avventura e dalla propria preoccupazione di rispondere colpo su colpo sul campo, si astiene per lungo tempo da organizzarsi in istituzione. Comunità d'accoglienza, comunità specializzate, gruppi di volontari, amici di Emmaus... coesistono in una calorosa anarchia. Il Movimento si espande un po' dappertutto, sulla base dei tre principi impliciti: lavoro, comunità, servizio.

L'unità, in questo periodo di passaggio, si realizza ancora una volta nella persona dell'abbé Pierre. È nello stesso tempo la guida, la sorgente e l'emblema. Se non ha inventato niente, come dice lui stesso, l'ha realizzato. Paradosso vuole che nel movimento in cui il Movimento manifesta la propria vitalità, in sua assenza, lui rimane per tutti il punto di riferimento obbligato, ben presto assoluto. E diventa, suo malgrado, per la forza congiunta degli avvenimenti e della sua notorierà, « il vangelo » dei compagni. Inizia allora il tempo di nuove ferite...

Un'assistente sociale denuncia il modo in cui alcuni sventurati sono ricevuti o respinti in un centro di accoglienza che usurpa il nome dell'abbé Pierre. Cosa più grave ancora, il responsabile di una comunità a cui piace l'attacco cattivo, irritato da quella che chiama « l'idolatria e il culto della personalità », dice: « Di questa grande organizzazione, lei è l'unico legame vivente. I migliori responsabili di Emmaus si rifanno costantemente a lei, ma sono rari quelli che osano conversare con lei da uomo a uomo. La si ascolta e non la si contraddice ».

Forse che Henry governerebbe le sue comunità da tiranno? In realtà è il contrario. La sua fragile salute lo obbliga a ritirarsi due settimane al mese lontano da ogni agitazione: i viaggi l'hanno spossato. Ma non c'è dubbio che lo sbandamento « idolatra » denunciato in quel periodo si rinforza maggiormente con questa assenza, di quanto si rinforzerebbe con un'ingerenza autoritaria sul Movimento...

Appare anche un altro fermento di disunione, molto più grave: l'ordine delle priorità da dare all'azione sul campo. Tutto è emergenza, quando la miseria grida, ma l'emergenza è multiforme e gli uomini che tendono la mano al povero sono così diversi... Fra loro, emerge la figura di padre Joseph Wrezinski. Padre Joseph non è, come Henry, un « figlio di papà » è nato povero. Da bambino ha conosciuto la peggiore miseria. « A casa », racconterà a Gilles Anouil, « papà gridava in continuazione. Picchiava mio fratello maggiore, con disperazione di mia madre, perché era sempre sulla testa che dava le botte... Vivevamo costantemente nella paura. »

Joseph è diventato un prete fuori del comune, una personalità d'eccezione.

Apprendista, poi operaio, prete di campagna nell'Aisne, « prete della gentaglia », è allontanato dalla sua diocesi e raggiunge l'abbé Pierre fin dal 1956 a Noisy-Grand, dove gli straccivendoli di Emmaus hanno creato, all'inizio degli anni Cinquanta, un campo di senzatetto.

Nell'intenzione di Henry, questi villaggi di transito dovevano essere soltanto provvisori. Ma il provvisorio dura, si perpetua. Il campo di Noisy merita il suo nome su qualche ettaro, degli « igloo »; rudimentali costruzioni in fibrocemento, col pavimento di terra battuta, senza acqua né elettricità. Duecentocinquanta famiglie ci si ammassano, venute, in occasione dell'esplosione dell'inverno del 1954, dalla provincia, dalle città e dai paesi, dove, di già, mancavano di tutto. I meno poveri fra loro non accetteranno di vivere a Noisy, in condizioni peggio che miserabili, degradanti. Ma la maggior parte vi rimarrà, facendo di Noisy ciò che Henry non aveva potuto prevedere: la terra di accoglienza delle famiglie più miserabili di Francia, il Quarto Mondo alle porte di Parigi... Per quindici anni!

1959. Noisy-le-Grand. Henry Gault, giornalista di *Paris-Press*, vi si è recato, sulle tracce di padre Joseph:

> All'entrata, ai lati della strada piatta che attraversa gli orti dell'est di Parigi, campeggiava un cartello sul quale si poteva ancora leggere, benché la pioggia avesse scolorito le parole e una mano rabbiosa avesse divelto un'asse: « Questo villaggio di miseria è in onore di coloro che, con il loro lavoro e con i loro doni, hanno permesso di impiantarlo a onta di una società incapace di alloggiare degnamente i propri lavoratori. Abbé Pierre ».

Pioveva. Ma nessuno sembrava prestarvi attenzione. Alcune donne, perlopiù in stracci, passavano insultandosi. Anche quando si scambiavano soltanto qualche parola anodina, le loro voci roche erano quelle dell'odio e della follia. Un nugolo di bambini trasandati sguazzava nei rigagnoli in cui si sfiatava a spingere ciò che restava di un monopattino... Una ragazza mi attraversò la strada. Poteva avere quindici anni. I seni le spuntavano acerbi sotto una dubbia polo, aveva lo sguardo insolente e vivace...

« L'abbé Pierre? »

« Oh! Lui sogna, il filosofo, si fa infinocchiare, fa la commedia. Costruire qui, grazie ai doni ricevuti nel 1954, un campo modello, era troppo semplice per il suo spirito chimerico e complicato... Lui sogna, parla, macina chiacchiere, e noi continuiamo a non avere acqua corrente. Si crede nel Medioevo. San Vincenzo di Paola o che cosa! Paternalismo e demagogia! Nel XX secolo non funziona più! » La pioggia cadeva sulla veste di padre Joseph. C'era una tale disperazione nella sua violenza...

No, non poteva più « funzionare » fra Henry e padre Joseph...

« Molti, anche fra i miei amici, mi rimproverano di essere un sognatore, di trascurare le realtà immediate... Padre Joseph? Non gliene voglio. È un brav'uomo, immensamente devoto, ma forse che vede più lontano della sofferenza del suo 'villaggio'? È accecato da ciò che manca di fondamentale nel suo campo, il comfort, la salute dello spirito, la speranza. Allora dimentica che cento milioni sono stati dedicati a Noisy ancora prima che lui arrivasse, tre anni fa. Che trecento famiglie vi sono alloggiate, indubbiamente male, ma meglio che sotto le tende dove prima, per mesi, si sono accampate, alla porta di Vanves o nella foresta di Pomponne, in capanne...

« Ha dimenticato anche che un centinaio delle famiglie ospitate in questo campo hanno potuto, da allora, ottenere dei veri e propri alloggi. Sono subito state rimpiazzate da altre, naturalmente... Dimentica, infine, che questo villaggio è stato soltanto un punto di partenza, e che Emmaus, grazie ai milioni ricevuti e alla fatica di questi straccivendoli, ha potuto costruire con i prestiti dello Stato finalmente risvegliato, milleottocentoventicinque alloggi popolari e quattrocentocinquanta padiglioni d'accesso alla proprietà, ad Aulnay, a Blanc-Mesnil, a Saint-Ouen-l'Aumône, a Vitry, a Châtillon, a Pontault, alla Garenne eccetera. »

L'abbé Pierre si snerva nel giustificare Emmaus. Il sudore gli cola, la testa si muove a scatti, la mano si contrae sul bastone.

« Noisy », riprende, « è quanto di più doloroso ci sia, lo so. Ma è anche la dimostrazione di ciò che bisogna fare e di ciò che non bisogna fare. Ciò che bisogna fare, in quanto è il rifugio di primaria necessità. Ciò che non si sarebbe mai dovuto fare, in quanto trecento coppie riunite in quelle condizioni sono troppo dolore esacerbato radunato insieme. Ci vorrebbero cento Noisy, dieci volte più piccole, ai margini delle nostre grandi città. La società vorrebbe che ciò rimanesse nascosto, naturalmente, che non se ne parlasse affatto... È per questo che mi muove tanti rimproveri. Ma che mi mostrino ciò che hanno fatto loro, i satolli, i beati. E, se non hanno fatto niente, che la smettano! »

Henry non ignorava nulla dei casi sociali, di quella miseria urlante. Gli faceva male altrettanto che a padre Joseph. L'abbé Pierre e padre Joseph avevano una reciproca stima, che però non è stata sufficiente ad attutire l'impatto delle loro eccezionali personalità.

« Non c'era soluzione », dichiara Henry. Bisognava o separarsi da padre Joseph o dirgli: « Prenda questo settore e faccia secondo le sue idee ». È ciò che è accaduto con la creazione di « Aiuto a ogni miseria ». Dal momento in cui ha potuto fare a suo modo, ha mostrato una specie di genio organizzativo. ATD è nato dalla stessa ispirazione di Emmaus, specializzandosi in una categoria di problemi che noi avevamo affrontato agli inizi, ma che avevamo progressivamente abbandonato, e cioè quelli dei quartieri in cui le famiglie erano sovraccariche di difficoltà... » ATD-Quarto Mondo avrebbe seguito la sua strada, mentre si placava il conflitto fra i due uomini. *I poveri sono la Chiesa*. È il titolo della raccolta di interviste pubblicate poco tempo prima della morte di padre Joseph. Su una copia, questa dedica: «All'abbé Pierre, al quale devo di essere il prete che sono. Deo Gratias».

«Quando, nel 1958, ho ripreso una vita normale, dopo dieci mesi trascorsi in clinica... ho constatato che Emmaus era andata avanti benissimo senza di me. Lo slancio era dunque vivace. Mi si diceva, molto subdolamente: 'Sa, un tale è fuggito con tutti i soldi della comunità. Si è fidato di gente disonesta'. Ma io avevo una risposta pronta: 'Voi non mi dite il nome di coloro che non sono fuggiti con i soldi. Eppure ce ne sono, penso, no? E tuttavia, più di uno aveva un passato pesante. Forse, costoro hanno ritrovato in Emmaus la loro dignità... E poi, ricordatevi che nella vita è meglio essere imbrogliati che imbroglioni!'»

Per continuare infaticabilmente, ha bisogno di forze. Sarà nel deserto che le andrà a cercare. Proprio prima della sua partenza, un vecchio straccivendolo gli ha detto queste parole commoventi: «Padre, sia prudente, perché noi abbiamo bisogno di lei...»

Beni Abbès, Sahara. L'eremo di padre de Foucauld. Il silenzio, la pace e il riposo del deserto. Padre Touco l'ha invitato fin dai primi giorni del 1961. Ci resterà tre mesi e passerà lunghi periodi in compagnia di monsignor Mercier, vescovo del Sahara.

Prima di questo ritiro, non hanno smesso di circolare voci: si è sostenuto che la sua salute malferma poteva mettergli in pericolo l'integrità mentale! Pazzo... Sarebbe diventato pazzo!

La verità è che i lunghi viaggi l'hanno spossato. Dimagrito, con le spalle curve, non ha più forze e si rimette difficilmente dalle febbrili riunioni e dagli obblighi stremanti che si impone. Malgrado frequenti e brevi soggiorni in montagna, in un sanatorio, la sua fragilità persiste. Questa cura del riposo nell'immensità del deserto è una parentesi salutare.

Ma anche a Beni Abbès, il mondo esterno riesce a raggiungerlo. Viene invitato a recarsi in Egitto. Accetta di tenervi parecchie conferenze, prima ad Alessandria e poi al Cairo, ma solamente in giugno.

Per il momento, recupera e medita. Ha presto sposato il costume e le maniere della gente del deserto di cui ama seguire, ogni tanto, le carovane. Dopo quelle lunghe spossanti giornate di cammino, di cui ignora, per molto tempo, dove porteranno, prova sempre la stessa gioia di «ritrovarsi, improvvisamente, in pieno oceano di dune, di fronte a una sorgente. Incomprensibile! Incredibile! C'è dell'acqua. Ed esce, non si ferma!»

A due giornalisti francesi che viaggiano con un geologo e un entomologo, un giorno si impantana la macchina dalle parti di Foum Sala, alle porte del «paese della sete». Più tardi, racconteranno la loro avventura a *Match*. Disperano di riuscire mai a ritrovare la strada, quando appaiono all'orizzonte due uomini in *gandoura*, che li aiutano a liberare il loro veicolo e a ripartire nella direzione giusta. Uno di loro parla francese. Con loro grande sorpresa, si tratta dell'abbé Pierre che dice loro di «essere in cura» a Beni Abbès.

La luce è così bella, così rara che Henry fotografa il cielo. Con lunghissimi tempi di posa, fissa sulla pellicola la traccia delle stelle, lo straordinario luccichio stellare al di sopra dell'eremo. E in mezzo a esse, capta il folgorante passaggio del primo satellite americano!

Disegna anche, e illustra il suo breviario, come ha fatto durante i lunghi mesi di inattività imposta dalla malattia.

Fin dal primo giorno, fin dal primo passo nella sabbia, lo ossessiona un viso, una voce. Non è solo, l'anima di Garbit aleggia sopra le dune.

Sono passati vent'anni da quando è morto, falciato nei pressi di Damasco da una raffica di mitra. Le sue lettere venivano da qui. Henry le ha devotamente conservate...

« Nel deserto il vento soffia quasi in continuazione, immensità nell'immensità, ora terribile e ora pieno di dolcezza. Regna sovrano sulle sabbie dell'Erg che solleva in mulinelli, e sulle pietre di Hamadas che erode, usura, modella.

Il vento, quaggiù, trasforma tutto.

Lava tutto, prima di rivestire tutto di un nuovo completo, pronto a seppellire tutto.

Marca in realtà gli animi ben più della terra. »

Le parole di François l'hanno aiutato a scegliere e a vivere. Decide di raccogliere le sue lettere e di pubblicarle. *Vers le plus grand Amour* mostrerà ad altri il cammino. Ha dedicato questa raccolta « a tutti gli adolescenti di questo mondo tormentato, ragazzi e ragazze, di fronte al giorno che nasce sulla loro vita e fra le loro mani ».

Ritornano le forze. Egitto, Africa, Vienna, di nuovo l'India, dove Henry passa un mese nel cuore delle bidonville, con i gruppi dei volontari e i giovani indiani, tutti insieme.

L'unità... Le dispute, i dissensi e le scissioni all'interno del Movimento sono forse relegate in secondo piano? No, indubbiamente. L'ecumenismo verrà più tardi. Ma un evento tragico e imprevedibile, nel luglio 1963, sconvolgerà il corso delle cose, e lo accelererà bruscamente. Dopo la Conferenza internazionale contro la fame, a Roma, Henry riparte per l'America del Sud. L'11 luglio, nella notte, il piroscafo *Ciudad de Asuncion* fa naufragio sul Rio de la Plata. Quaranta morti, ventidue dispersi. Fra le vittime presunte, l'abbé Pierre...

Che cosa è successo? Il 10 luglio è a Las Flores, a un centinaio di chilometri da Montevideo, in Uruguay, prima tappa di un nuovo viaggio in America Latina. Fa freddo, « più o meno come in gennaio in Francia », a quella latitudine. Las Flores! Un amico ebreo ha fatto dono a Emmaus di un vasto appezzamento di buona terra di cui si è deciso di fare una colonia di vacanza per i *niños* più infelici di Montevideo. Poveri e studenti si sono messi al lavoro insieme, sotto la direzione di padre Sierra, fondatore di Emmaus-Uruguay.

Henry li lascia. È atteso a Buenos Aires.

Ma, all'aeroporto, viene a sapere che gli aerei non partono a causa della nebbia, frequente sopra l'immenso estuario. Henry avverte per telegramma gli amici argentini: « Arriverò domani con il battello della notte ». Il caso vuole che don Audinet, che insegna catechismo in Uruguay, sia il suo compagno di viaggio. La partenza è fissata alle nove di sera. L'imbarco è difficile: la cancellazione dei voli ha ingrossato la folla dei passeggeri, è il caos. Ci si precipita alla cassa, ci si contendono i biglietti. La *Ciudad de Asuncion* salpa con a bordo quattrocentoventinove passeggeri, di cui qualche decina, in mancanza di cuccette disponibili, deve accontentarsi delle poltrone dei saloni.

Henry è sul ponte. Molte persone l'hanno riconosciuto... Hanno senz'altro partecipato ad alcune riunioni in Uruguay o in Argentina. « Benedica mio figlio, padre », chiedono alcune donne. Si intrattiene un po' con loro, poi, sentendosi stanco, si ritira.

« Tenga, padre », gli dice don Audinet. « Ecco il biglietto per una cabina. »

« E lei? »

« Non si preoccupi, troverò un posto nel salone. »

Henry si sdraia, ma il sonno tarda a venire, malgrado i sonniferi. Esce per fare da solo il giro del battello. Sogna... Ritorna in cuccetta e riesce finalmente ad addormentarsi, ma verso le quattro del mattino don Audinet, bussando alla porta, lo sveglia.

« Il battello è immobilizzato in mezzo al fiume, la consegna è di uscire sul ponte... Metta questo! »

Gli tende un giubbotto di salvataggio. Escono alla svelta. Per fortuna, ci sono più giubbotti di salvataggio che passeggeri. Tutti possono quindi attrezzarsi ma, per mancanza di istruzioni precise, molti, in particolare i bambini, lo infilano al contrario: « Anch'io mi sono messo il giubbotto al contrario, ma il Buon Dio ha voluto che non morissi! »

È allora che inizia il dramma. Una breve confusione seguita da un blocco totale d'elettricità. Si sentono le prime urla d'angoscia, i primi nomi gridati. Ma sul ponte regna ancora la calma. La nebbia è molto spessa, ma la luna piena diffonde un chiarore lattiginoso e questa sorgente di luce permette di evitare il panico. Ben presto, la folla si accalca sul ponte superiore; si crede ancora a un guasto. Nell'estuario i banchi di sabbia sono numerosi e il battello esce dal canale più profondo. I minuti passano. Sui visi si legge ora la paura.

I passeggeri si stringono gli uni agli altri, si fa fatica a respirare. L'angoscia aumenta. Henry e don Audinet parlano fra loro; una conversazione breve, indimenticabile... La voce di Henry, sorda: « Che mistero, nell'ordine della fede, questa immensa sofferenza che colpisce tanta brava gente, certamente non esente da qualche colpa, come tutti noi esseri umani... ma della brava gente! Perché? E, soprattutto, perché tanta sofferenza che si riversa su persone così poco preparate a darle un senso? »

Don Audinet lo guarda. Hanno avvertito nello stesso istante la stessa cosa: loro sono là per prendere su di sé tutta quella sofferenza e trasformarla, trasfigurarla attraverso l'offerta.

In coperta l'attesa si fa eterna. « Scendete... » Tutti a poppa... « Mantenete la calma... » Nessuno sa perché un ufficiale ha appena trasmesso questo ordine con il megafono, ma si ubbidisce, con docilità, e si incomincia a scendere a precipizio le scale.

La preoccupazione cresce, ma la gente non manifesta ancora panico. Molti pregano, in silenzio, senza esaltazione, raggruppati per famiglie o piccoli gruppi. Uno di loro si avvicina ai due preti... Poi altri. « Che cosa c'è? » Si inginocchiano: « L'assoluzione, padre ».

L'urto è stato debole. Nessuno l'ha veramente sentito. La *Ciudad de Asuncion* ha urtato un relitto, nella parte anteriore si è aperta una falla. L'acqua invade il fondo della nave. Poi divampa l'incendio, provocato dall'esplosione della caldaia. Dal davanti sale improvvisamente una spessa nube di fumo nero e, velocissime, spuntano enormi fiamme, che coprono tutta la larghezza del battello. Henry pensa ai marinai, prega per loro. La stampa, più tardi, li accuserà di essersi fatti vedere ben poco durante il dramma. E a ragione: l'equipaggio si dà da fare nella stiva, a contenere l'acqua, a chiudere i compartimenti stagni, a combattere il fuoco che attecchisce. I marinai fanno il loro dovere, ma sono troppo pochi.

Adesso il panico s'impossessa dei passeggeri. Si prega, si piange, uomini incompetenti, resi ancora più maldestri dalla paura, mettono in mare le quattro baleniere che costituiscono le uniche lance di salvataggio. La loro capacità? Da centocinquanta a centosessanta persone al massimo. Quando si tratta di prendervi posto, scoppia la violenza. In un *si salvi chi può*, alcuni uomini spingono donne e bambini, li picchiano per riuscire a imbarcarsi per primi con i loro bagagli. Henry, lui, è rimasto a poppa, circondato da persone che gli chiedono l'assoluzione in ginocchio. Il fuoco avanza, la nave si solleva sempre più in alto; la parte posteriore, dove si sono ammassati i passeggeri, si trova ben presto a sette-otto metri dall'acqua, mentre la prua si inabissa. Da ogni lato, la gente si butta in acqua. Bisogna innanzitutto aiutarli a scendere sul ponte inferiore. Le scale sono in preda alle fiamme, si improvvisano cime. La pellegrina di Henry servirà a questo scopo, come tanti altri indumenti. Ben presto, tutti sono in acqua, eccetto una trentina di irriducibili. Costoro usciranno indenni dalla catastrofe perché la nave non affonderà. Fra loro, il comandante, che sarà subissato di critiche.

Henry e don Audinet hanno lasciato dietro di sé coloro che si rifiutano di fuggire.

« Padre, mi dia l'assoluzione », chiede don Audinet in ginocchio.

Henry la riceve a sua volta. Poi si buttano in acqua, dopo aver lanciato nel fiume tutto ciò che stimano in grado di galleggiare. Le direttive sono arrivate troppo tardi, non c'è più tempo di scegliere: il minimo frammento di cassa funge da ancora di salvezza. Tutt'intorno al relitto in fiamme, si manifesta « il bisogno così profondamente umano di non essere soli », l'istintivo bisogno di stare insieme, che fa in modo che due, tre, cinque persone si raggruppino, si aggrappino al minimo pezzo di legno.

La corrente trascina tutto, uomini e oggetti, verso il vicino Atlantico. Henry nuota con tutte le sue forze. Non è mai stato un buon nuotatore e la cassa alla quale si aggrappa don Audinet gli appare così lontana... Non ce la farà mai a raggiungerla... « Di angoscia ne ho provata... ma non era una grande angoscia. Veramente, fin dal primo istante in cui mi sono trovato nel fiume, perduto al cento per cento, mi sono sentito in un'atmosfera di straordinaria serenità. Un abbandono infantile... »

Henry riesce ad afferrare la cassa alla quale si aggrappano otto persone, con la testa fuori dall'acqua, « come attorno a un tavolo, con tutti che lottano per non essere separati dagli altri ». È interamente sott'acqua e le mani scivolano sulla sola parete orizzontale.

Le onde si ingrossano, dei cavalloni di un metro. I naufraghi vanno alla deriva lontano dalla nave, il freddo anestetizza i corpi e i visi si scavano, man mano che la resistenza diminuisce, che ogni soccorso resta assente dall'orizzonte. Prima perdita di conoscenza. Il dolore non è niente paragonato all'impotenza... Henry si scuote dal torpore. Al suo fianco, a sinistra, il viso di un uomo anziano. È livido.

Battono tutti le gambe per allontanare la cassa dalla nave... « Se il petrolio si spande, il fiume diventerà un braciere », ha urlato uno di loro. La gamba di Henry, a ogni movimento, batte sul coperchio della cassa e sui suoi ferramenti: « Avevo l'impressione che si aprisse una piaga e che presto mi si sarebbe spappolata la gamba. Ma l'acqua produce una specie di anestesia... Soffrivo ma non era terribile. E poi non c'era nient'altro da fare ».

Finalmente, le luci di un primo battello bucano la nebbia. I naufraghi urlano, in cima alle onde che li sballottano. Tempo perso, sono troppo lontani, il freddo li paralizza, i cavalloni minacciano a ogni istante di inghiottirli.

L'acqua non è gelida: 10° o 12° circa. « Se avevo freddo, non era il freddo dell'acqua, ma quello della stanchezza... Provavo dei brividi lungo la spina dorsale ogni volta che le ondate, scivolandomi sotto i vestiti, mi risalivano fino alla nuca. Allora, avevo veramente l'impressione di una stilettata di acqua ghiacciata. »

Due navi-scorta da guerra argentine hanno captato l'SOS

del comandante alle quattro del mattino. Nella nebbia densissima, il loro avvicinamento è per forza lento: si fermano continuamente per individuare i naufraghi e per poi raccoglierli, a uno a uno o a piccoli gruppi, quattrocento persone sparpagliate nell'estuario del Rio de la Plata. Una volta riempite le barche, i soccorritori devono raggiungere la nave da guerra per depositare il loro «carico» e ripartire... Ci vorranno delle ore!

Henry vede spuntare una seconda luce, quella dell'altra nave-scorta... Poi svanisce. Un grande buco nero...

Verso le nove, dopo più di quattro ore trascorse nell'acqua, lo ripescano e lo mettono con i morti, fra ventotto corpi allineati. Soltanto dopo, quando distendono dei nuovi annegati vicino a lui, Henry sente: «Ma quello è vivo!» Riprende conoscenza soltanto verso le undici, sulla nave-scorta da guerra. È su un materasso. Alcuni marinai lo frizionano vigorosamente, fino a scorticarlo...

«La prima immagine che ho avuto davanti agli occhi è stato il viso buono, il sorriso di quei marinai argentini. Hanno dovuto lottare a lungo, ho saputo dopo, per riportarmi in vita... Erano così felici quando mi sono salite alle labbra le prime parole: 'Buongiorno... grazie a tutti!' Giravo gli occhi a destra e a sinistra; corpi dappertutto, sulle cuccette, sul pavimento, su letti improvvisati... 'Allora, va meglio?' Mi chiedevano i marinai con un sorriso. Finalmente, eccomi lucidissimo: mi sono avvolto in una coperta, batto i denti, sono scosso da grandi brividi. A tratti, piango. Ma mi sento così calmo... Fin da quando ero piccolo, ho sempre avuto il desiderio delle 'grandi vacanze', come dicevo scherzando. Penso: 'Ecco che questo appuntamento tanto desiderato e tante volte rinviato, è ancora una volta rimandato a più tardi'.»

Henry chiede notizie di tutti quelli che conosce.

«Il reverendo è vivo?»

«Sì, don Audinet è fra i sopravvissuti, padre...»

«Allora iniziò il momento più terribile. Mentre, di tanto in tanto, piangevo piano piano, in quella distensione di nervi che fa tanto bene dopo momenti come quello, ecco che un uomo dal viso contratto, devastato, che non parlava e che camminava mezzo nudo in lungo e in largo in mezzo all'equipaggio, improvvisamente riconobbe il mio viso. E io riconobbi uno di coloro ai quali, la sera prima, avevo parlato e che mi aveva fatto benedire i suoi figlioli. Scorgendomi, quest'uomo si precipitò direttamente verso di me, cadde in ginocchio, al mio fianco, singhiozzando con la testa sul mio petto. Mi spiegò, con qualche parola di francese mescolata al suo spagnolo, che avevano appena tirato fuori dall'acqua suo figlio di nove anni, morto. Non sapevo parlare in spagnolo, non potevo quindi dirgli niente e, tuttavia, ci dicevamo molte cose l'uno nelle braccia dell'altro. Rimase a lungo a piangere così, come un bambino.

« Nelle ore che seguirono, ciò si è rinnovato non so quante volte. È stato veramente il momento più terribile. »

Henry ha perduto tutto, bagagli e oggetti, ma riconoscerà più tardi il suo giubbotto fra le cose sparse ripescate dal fiume, e recupererà il suo breviario e la sua agenda. Riprende vita, lentamente; pensa alle sue carte, agli indirizzi, ai taccuini di appunti perduti, tutte cose preziose per il Movimento...

È nudo. Gli hanno fatto infilare una tuta grigia da meccanico; un marinaio gli ha dato delle scarpe, troppo strette. È così, con una coperta sulle spalle, che sbarca, l'11 luglio, alle cinque del pomeriggio, alla base militare di La Plata, nel freddo, davanti a una folla di fotografi, di giornalisti, di brave persone accorse con coperte e indumenti. Mentre lo tempestano di domande, le sue prime parole sono: « Occupatevi prima di tutto degli uomini e delle donne che piangono coloro che amavano e che sono morti... »

Poi, riprendendo subito il controllo della realtà, apostrofa i giornalisti: « Siete di una gentilezza meravigliosa... ma gridatelo: nella città di La Plata, nella città di Buenos Aires, in tutte le città del mondo, tanto in quelle di Francia quanto in quelle dell'America del Sud, non una volta all'anno, ma tutti i giorni, tutte le notti, accade una catastrofe accidentale... decine e centinaia di migliaia di papà e di mamme che si trovano in una situazione simile alla nostra e per cui nessuno si agita, per i quali nessuno si mobilita come voi state facendo per noi oggi...

« Pensate a ciò che chiamate qui le *villa miseria*, le città della miseria, queste folle che, questa sera, sotto la pioggia, non hanno modo di mettere al riparo la culla del neonato, coi materassi che marciscono nell'umidità perché non hanno una casa, non hanno lavoro, non hanno nulla. E per loro non si tratta di una catastrofe di un giorno o di una notte. È la vita intera, da quando sono nati, e senza speranza che questo cambi prima che muoiano, che, per loro, è un naufragio, che fa di loro degli annegati di tutti i giorni. »

Henry è sfuggito alla folla dei reporter. Vuole rispondere alla preghiera di una donna che ha perduto il marito nel fiume e che gli chiede di ritrovarlo. Il giorno prima, sulla *Ciudad de Asuncion* tutti e due gli avevano detto: « Padre, ci benedica... Eravamo separati... È il nostro secondo viaggio di nozze! » Accompagnato da padre Balista e dagli amici di Emmaus, fa il giro dei luoghi in cui sono state trasportate le vittime, i sopravvissuti, i feriti. Viene ritrovato il cognato di quella donna, ma ancora nessuna traccia del marito. Quella vana ricerca termina all'ospedale marittimo.

« Padre », gli dice il medico, « si fermi un attimo, mangi un boccone e faccia un bagno. Dopo si vedrà. »

Solamente allora scopre la ferita alla gamba, non una ferita aperta, « ma un ematoma completamente nero ». Da quando si muove, da quando ha più caldo, le sensazioni diventano più vive, più dolorose. Padre Balista lo porta in una clinica diretta da suore irlandesi, e si abbandona finalmente al riposo.

Un medico, l'indomani, diagnostica un inizio di congestione polmonare: « È un miracolo che non abbia niente di più grave! » gli dice. I messaggi affluiscono. Telegrafa alla signorina Coutaz: « Va tutto bene. Li rassicuri! »

Terzo giorno dopo il naufragio, una domenica.

Vuole celebrare, in una chiesa della città, una messa dedicata alle vittime. Il medico rifiuta di lasciarlo uscire. Henry insiste. Il medico cede, come sempre.

« Fu veramente commovente. Davanti a una folla immensa, ripetei ciò che dico sempre: nella morte ci sono molti più incontri che separazioni... C'è l'immenso incontro con il Signore, innanzitutto, poi l'incontro intimo con coloro che vivono ancora e che colui che è ormai in Dio conosce in loro stessi, all'interno di loro stessi. E poi, l'incontro con tutti coloro che ci hanno preceduto, tutti gli esseri umani salvati! Tutto è simultaneamente presente, nell'istante in cui si accumulano le grazie, attorno a un'anima che dica 'sì' all'Amore...

« Sì, nel momento della morte si pensa a una sola cosa: ho la mano del Buon Dio nella mia, nella misura in cui ho messo l'altra mia mano, in vita, in quella dei poveri... »

Due giorni di riposo; Henry è spossato ma non riesce a stare fermo. Il medico consiglia ancora riposo, ma lui decide di lasciare la clinica.

Ritorna al solito lavoro; « strema il suo seguito », José Balista compreso, con un incessante viavai attraverso tutta l'Argentina. Vuole vedere le realizzazioni in corso e visitare i poveri: la minima parola, per loro, significa un istante di felicità.

L'« offerta »... Indubbiamente Henry Grouès non è mai stato cosí vicino a offrire la propria vita. Un compagno esprime così il sollievo di tutti: « Bisogna continuare, dopo essere stati così vicini alle 'grandi vacanze' ma, egoisticamente, ringrazio il Signore di averla lasciata fra noi... »

Fra le catacombe e la «vaticanizzazione»

La «morte mancata» del 1963 produce in seno al Movimento Emmaus un'onda di sconvolgimento. Al di là delle immediate testimonianze di simpatia e di incoraggiamento, è una preoccupazione retrospettiva che viene espressa dai responsabili e dai compagni nel mondo intero. La scomparsa del fondatore equivarrebbe, infatti, a quella della memoria e della storia di Emmaus.

Dappertutto, non appena lo si sa vivo, gli si scrive, dal Giappone, dalla Finlandia, dal Perù. Si è felici, ma si ci domanda che cosa sarebbe successo del Movimento se fosse morto nel fiume.

Lui è l'unico legame; da solo ha fatto due o tre volte il giro del mondo, conosce le persone, i terreni, le difficoltà, le tendenzc... SOLO. Eccetto la fedele, ma ormai anziana, signorina Coutaz, che ha sufficiente padronanza degli arcani di Emmaus per sperare di far sopravvivere il Movimento a Henry. È ormai tempo, dopo quindici anni, di dotarsi di un minimo di organizzazione e di strutture.

Nel 1963 ci si mette all'opera creando un Consiglio incaricato di preparare un'Assemblea. Il lavoro durerà sei anni! Come filo conduttore, si prende il progetto del Manifesto universale elaborato dall'abbé Pierre durante un ritiro in Italia. A partire dall'inventario completo delle forze di Emmaus, ha steso una carta alla quale tutti potranno aderire.

Sei anni di discussioni, di emendamenti, di concertazione per sfociare, a Berna, nella Pentecoste del 1969, nella prima Assemblea generale del Movimento. Quel giorno, sessanta organizzazioni in rappresentanza di venti nazioni si riuniscono al Palazzo federale. Ecco il maggiore santuario politico della patria delle banche diventare per un giorno il «Parlamento dei poveri del mondo»! Il *Manifeste universel* vi è approvato all'unanimità, viene creata una segreteria generale del Movimento, che ha per sede Montreal. L'anno seguente, viene pubblicato un Repertorio generale di Emmaus.

Nel luglio del 1971, un nuovo incontro a Montreal, in una comunità di straccivendoli, questa volta... un ritorno alle origini! Una seconda Assemblea generale approva gli statuti che fondano l'associazione Emmaus Internazionale. Vi si stabilisce un Consiglio mondiale, incaricato dell'amministrazione del Movimento, e un Comitato esecutivo. Nel 1974, a Charenton, la terza Assemblea dota la segreteria generale di un Servizio di informazioni di Emmaus Internazionale, che pubblica una *lettera* di informazione trimestrale.

Quando si tiene a Verona, nel settembre 1988, la sesta Assemblea mondiale, Emmaus Internazionale riunisce e coordina trecentodiciassette gruppi, membri aderenti e associati, impiantati in ventinove paesi.

È stato in una notte senza sonno, ospite di monsignor Bettazzi, vescovo di Ivrea, che Henry ha «scarabocchiato» quel famoso *Manifeste Universel*, un testo piuttosto preciso per definire una filosofia di vita, ma abbastanza morbido, per poter essere compreso dai giapponesi come dai parigini.

Nel 1958, sulle sponde del lago di Ginevra, aveva tentato di redigere un altro testo: *A Emmaüs, que cherchent-ils*? (A Emmaus, che cosa cercano?) Gli avevano detto, allora: «Padre, è scandaloso. Perché 'loro'? Perché non 'che cosa cerchiamo'? Perché lei si presenta come diverso da loro?» Henry, che vive insieme a loro, come un padre in mezzo ai suoi figli, sa bene, lui, dove si ferma l'analogia: «Il mio primo compagno aveva ucciso il padre. Il cammino che aveva percorso dal tempo del crimine era maggiore di quello di un altro che sembrava una persona ammirevole... Io ho avuto molto meno cammino da fare. Quindi, in realtà, anche se la gente mi ammira, sono molto meno ammirevole nell'assoluto di Dio di un uomo che può ancora, di tanto in tanto, andare a ubriacarsi, commettere grossi sbagli, ma che ha percorso un cammino immenso perché veniva da lontano...

« Allora, come fare perché il giorno in cui dirò: 'Ecco il programma, ecco le linee fondamentali', nessuno si senta in diritto di estromettere gli altri? Bisogna ottenere il rispetto e la stima reciproci nella diversità, a partire dai valori fondamentali che sono nel manifesto, necessariamente molto ampio perché deve essere vissuto da africani, da giapponesi... »

Nessun dubbio che questo sforzo di organizzazione abbia permesso di evitare i tre scogli maggiori che minacciavano Emmaus alla fine del grande periodo di edificazione. La legge assoluta del Movimento, tale e quale la definisce il *Manifeste universel* del 1969 « Fare in modo che siano ovunque serviti per primi coloro che soffrono di più », ha evitato la dissoluzione dei principi. Gli statuti dell'associazione internazionale, adottati nel 1971, hanno evitato il rischio della dispersione delle azioni. Il Centro di informazione, infine, creato nel 1974, ha parato il rischio dell'isolamento dei gruppi.

Tuttavia, nascono altri problemi, nell'azione in sé, sulle situazioni particolari vissute in ciascun paese, sui differenti continenti. La scelta dei mezzi è estranea a ogni legge statutaria.

Come può l'unità non essere rimessa in discussione sul terreno politico? Ai tre comandamenti di base, « lavoro, servizio, comunione », si aggiunge, sull'onda delle lotte per la decolonizzazione e la liberazione degli oppressi in Africa e in America Latina, un quarto comandamento: la lotta. Lotta contro la miseria, l'isolamento, la disperazione, naturalmente. Lotta contro l'oppressione, contro la dittatura anche, per forza.

Lotta contro regimi, in America del Sud, soprattutto, che poggiano più visibilmente che altrove il proprio potere sullo sfruttamento dei poveri.

Quale comunione di azione può esistere, allora, fra i compagni dell'America Latina che rivendicano per gli oppressi il diritto all'insurrezione e i compagni che, altrove, si ritirano in isolamento, nella meditazione e nel lavoro artigianale o rurale? A tutti, Henry dice che l'adorazione e la protesta non si escludono. L'unico « dogma » politico da ammettersi è la necessità di combattere le cause della miseria. Se non bisogna disprezzare l'azione politica, non bisogna nemmeno legarsi a un'organizzazione o a un partito. L'umiltà consiste nel limitarsi ai preliminari della politica. Forza di vigile attenzione, di sfida, di provocazione, Emmaus non è specializzata nelle tecniche o nelle tattiche dell'azione politica più di quanto non sia una Chiesa. La sua funzione è profetica... « La pulce che stuzzica le coscienze... »

In Cile, nei giorni che seguono il colpo di Stato militare del settembre 1973 e la morte di Allende, la comunità Emmaus-Temuco ha dei fastidi. Perquisizioni, arresti, interrogatori. Due compagni vengono incarcerati, sotto l'accusa di detenzione e ricettazione di esplosivi, e torturati. Emmaus si mobilita, affluiscono telegrammi dal mondo intero. La pressione è così forte che i prigionieri riescono a scampare da una sommaria esecuzione. Henry, arrivando dal Vietnam, salta sul primo aereo per Santiago e negozia: i due amici sono salvi. Liberati, lasciano il paese.

Dal momento che la sua vocazione l'ha portato ad accogliere innanzitutto i più diseredati, i « feriti dalla vita », Emmaus è stata sospettata a volte di favoreggiamento della delinquenza, dell'alcolismo, della depravazione dei costumi. I suoi responsabili, Henry per primo, hanno sempre fatto giustizia di queste accuse.

Per tutti, sempre, il richiamo alla medesima esigenza fondamentale, nel rispetto delle differenze, e della necessità costante di provocare.

In che modo l'abbé Pierre ha saputo « allentare la briglia » e lasciare libere di esprimersi le buone volontà? Si potrebbe citare una quantità di esempi... Gli itinerari di José Balista, in Argentina, di padre Vallade, in Giappone, e la storia di Gatagarra, nel Ruanda, illustrano perfettamente la diversità di Emmaus e la specificità di ogni singolo impegno.

José Balista, fin dal 1952, combatte la miseria nelle bidonville argentine di Buenos Aires. Con due amici, un architetto e uno studente, mette in allarme i dirigenti, scuote l'opinione pubblica. In due mesi ha riunito cinquantamila persone che, insieme, nelle *villa miseria*, si sforzano di trovare dei rifugi ai senzatetto. In Argentina, si è vagamente sentito parlare di Neuilly-Plaisance e di un prete-straccivendolo che costruisce. José Balista e la sua cerchia sono venuti così a sapere che a Rio un certo Dom Helder Camara compie gli stessi gesti d'amore. Gli fanno visita e al ritorno si costituiscono in un'associazione che battezzano Emmaus. Dal 1955 al 1957, duemila volontari si uniscono a loro e si mettono all'opera in settanta bidonville, in cinque città.

Nel 1958 padre Balista si reca in Francia, incontra Henry e confronta le proprie idee e la propria esperienza con quelle del fondatore. Volontariato, *traperia* (commercio di stracci), informazione e programma di sviluppo comunitario urbano: tali sono le caratteristiche del lavoro intrapreso spontaneamente dagli argentini. Così, in maniera del tutto naturale, hanno preso iniziative fondamentalmente simili a quelle dei compagni europei. Il governo del loro paese, informato della natura del loro impegno, chiede loro di collaborare a un piano di eliminazione delle bidonville su tutto il territorio. I gruppi accettano di partecipare a questo progetto ufficiale, nel 1967, e vigilano perché ne venga conservata l'autenticità. José Balista diventerà, prima di morire, vicepresidente di Emmaus Internazionale.

Alla fine del 1954, mentre è in clinica, Henry riceve da Amazaki, in Giappone, una lettera di un giovane religioso delle missioni straniere di Parigi.

... Si trattava della « zona » di Shinkawa, quartiere tristemente celebre, situato vicino al porto, in cui i più diseredati della città e tutti i naufraghi della vita trascinano miseramente un'esistenza atroce. Accampato in una stanza piccolissima, ho vissuto la vita di diciassette famiglie stipate in un vero e proprio tugurio. Come loro, ho conosciuto il caldo soffocante sotto un tetto di carta catramata, il freddo glaciale nelle capanne dalle assi sconnesse, la promiscuità, la sgradevole compagnia dei topi, delle cimici, delle zanzare, gli odori più ributtanti, le lunghe notti di insonnia riempite dei rumori più diversi: l'infernale cozzare metallico delle acciaierie, il fischio continuo dei treni, l'abbaiare dei cani, i pianti interminabili dei bambini, i bisticci coniugali, le risse e le liti provocate da storie di soldi, di donne, di droga... Un giorno ho trovato uno di questi disgraziati irrigidito dalla morte, accoccolato come un cane da guardia nella cassa dove dormiva...

Immerso nel cuore della miseria che imperversa in questo insieme urbano, padre Vallade vuole battersi e chiede l'aiuto dell'abbé Pierre.

L'indomani del giorno in cui riceve questa lettera, Henry ne parla agli straccivendoli di Bordes, una comunità che vive nella discarica a est di Parigi, venuto a fargli visita. Si trovano immediatamente d'accordo a inviare a padre Vallade il frutto del proprio lavoro, duecentomila franchi: « Ma non perché dia da mangiare ai suoi poveri. Perché compri un camion o dei carretti... »

È così che padre Vallade fonda Emmaus-Giappone sulle sponde del fiume che periodicamente porta quel po' di bene ai poveri di Kobé.

Ha imparato il giapponese, per la strada, nei tuguri, a contatto con i barboni e le prostitute. Solo, senza mezzi, senza aiuto né sostegno, ha resistito nell'inferno del Giappone del dopoguerra. Ha comprato un piccolo terreno e ci ha costruito un capannone, per custodirvi la merce recuperata. Nasce così Gyoko-Kai, l'associazione « La luce del mattino ». Più tardi, impianta a Osaka, nei tuguri dove sopravvivono cinquecentomila miserabili, una seconda comunità. Subito dopo verrà una casa per gli anziani a Mino, un asilo a Osaka. Padre Vallade diventerà il responsabile di Emmaus per tutto l'Oriente.

Gatagarra, nel Ruanda, è una collina spoglia in mezzo a migliaia di altre, nell'Africa orientale. Là dove non c'era niente, sorgono adesso una casa che ospita centinaia di bambini handicappati e, attorno a essa, un villaggio di giovani infermi, con il suo ospedale, le sue scuole, le sue fattorie, i suoi laboratori e la sua chiesa. Là si è insediata, perché il bisogno è immenso e la speranza nulla, una comunità animata da un gruppo di giovani, africani ed europei. Hanno ideato un centro di rieducazione completa che provvede all'istruzione, alla formazione professionale e al reinserimento dei giovani handicappati. Gatagarra è diventata per tutto il Ruanda un nodo di sviluppo socio-economico: ci si forma il personale africano, vi si sono creati laboratori e piccole industrie, vi si accolgono e vi si curano gli ammalati e gli anziani.

A partire dalla comunità di Gatagarra, è tutto un modello di sviluppo adattato all'Africa che si è costruito, dal 1960, grazie al concorso disinteressato di parecchie decine di volontari, e alla generosità di migliaia di donatori e di organizzazioni di carità. Un esempio perfettamente riuscito di assistenza e di innovazione sociale.

Si capisce meglio, vedendo queste realizzazioni, la maniera in cui Henry avanza, al di là dei conflitti e dei particolarismi. Più che un metodo ha una convinzione, ed essa impregna tutta la storia di Emmaus. Non «prescrive», non dice mai: «Fa' come Tizio o come Caio» o «agisci in questo senso». Dal momento in cui l'essenziale, cioè la comunione, è vissuto, incoraggia: «Fai come puoi e come sai».

Un modo e uno stato d'animo fatti di fiducia e di umiltà, di realismo e di tolleranza, che illuminano l'enigma di Emmaus e spiegano il suo successo e la sua longevità, «ragionevolmente imprevedibile». L'enigma di Emmaus si spiega là...

Henry racconta, con spirito, che tutti i responsabili francesi dei gruppi Emmaus si sono incontrati per la prima volta soltanto all'Assemblea generale di Montreal, nel 1971: più di vent'anni dopo la nascita del Movimento! Può sorriderne: sa che i rami, anche se divergenti, anche se all'oscuro gli uni degli altri, fanno la forza del medesimo albero.

Se gli può dispiacere di avere indubbiamente privilegiato il soccorso rispetto all'evangelizzazione, ha anche coscienza di non avere niente di un Ignazio di Loyola, e di avere fatto meglio e di più per la Chiesa e la fede che se avesse voluto dare un credo preciso a Emmaus. Di questo, d'altra parte, la Chiesa gli è grata.

L'istituzionalizzazione? Non è mai una garanzia sufficiente sulla durata. Le istituzioni, per quanto poco rigide possano essere, non sono mai al riparo dall'usura del tempo. Il vento le spazza via come foglie morte. Allora, rimane il messaggio: BISOGNA DIVIDERE.

Voglio come armi unicamente quelle dell'amore

VENERDÌ 7 maggio 1982 è venuto il medico, come ogni giorno, a visitare la signorina Coutaz. Non ha nascosto a Henry la gravità del suo stato: il cuore è alla fine, la morte è vicina. « Suvvia, ho ben visto che il dottore ha trovato che non gira bene. Mi dia l'assoluzione... »

Ha subìto due operazioni a breve distanza l'una dall'altra, la prima per prevenire un rischio di scoppio dell'aorta. « Parliamo, lei e io, della morte come di lettere da scrivere l'indomani mattina... » Dal momento che, per tutta la vita, aveva comandato a degli uomini, aveva vissuto in mezzo a loro, non avrebbe sopportato di essere assistita da un'infermiera. « L'ho curata come ho potuto, aiutato da un amico. »

« Signorina », chiede il padre, « c'è una faccenda che non abbiamo mai affrontato in questi trentanove anni trascorsi a lavorare insieme... Per caso, lei ha da qualche parte un testamento? »

« Un testamento? E per che cosa? Non ho niente. Regalerà i miei vestiti... non sarà difficile. »

« So che lei ha detto agli amici, in questi giorni, che sarebbe un peccato se non fossi presente al suo ultimo istante. È così vero! Non dovrei, forse, annullare l'impegno che ho a Roma per sabato e domenica?»

«Questo, glielo impedisco!» Il tono imperioso si è raddolcito. «Non le ho parlato spesso in questo modo. Ma lei stesso ci ha insegnato che ci sono persone che hanno come missione quella di lavorare là dove si trovano, e altre che lo devono fare per la strada, là dove le si chiama. La mia missione ora, è di essere nel mio letto e la vostra è quella di essere domani a Roma!»

Vicino alla basilica di San Pietro, Henry parla di fronte a venticinquemila giovani... Annulla la riunione del pomeriggio e prende il primo aereo: dalla mattina, lei non riesce più a parlare. Arriva di notte. Lei non sta dormendo.

«Le porto la benedizione personale del papa. Adesso è un po' troppo! Questo è il quarto papa che si occupa di lei!»

In realtà, era stato su richiesta di monsignor Roncalli, il futuro Giovanni XXIII, e con la mediazione di monsignor Montini, il futuro Paolo VI, che aveva avuto il privilegio di un'udienza privata con papa Pio XII, che l'avrebbe confermata nella sua decisione di seguire l'abbé Pierre.

Il martedì, una riunione di giovani e di membri del Parlamento europeo lo chiama alla cattedrale di Strasburgo...

«Devo annullare, signorina?»

«Muta, mi guardò intensamente, e con la mano destra che rimaneva valida, mi fece il gesto: 'deve andarci'.

«La domenica 16 avevo promesso di tenere, in mattinata, una riunione a Esteville, vicino a Rouen, per un gruppo di lavoratori sociali. Mi alzai alle cinque del mattino e, verso le sei, dato che avevo ancora qualche minuto... andai a sedermi vicino al suo letto, tenendole le mani e pregando. È così che, piano piano, sentii le sue pulsazioni diminuire e poi cessare... Era uscita dall'ombra... Era il 16 maggio...»

Esteville: per Lucie, il termine del viaggio. Il corteo funebre attraversa sotto un cielo da temporale il paese di Caux, la prateria della Normandia che lei, la savoiarda, aveva imparato ad amare. La signorina Coutaz raggiunge Georges e i vecchi compagni che l'hanno preceduta nel piccolo cimitero a fianco della chiesa, all'ombra delle braccia aperte di un immenso crocifisso.

Quel grande Cristo in ghisa ha una storia. Collocato da poco a un incrocio, è stato ritrovato in una cassa di legno, in mezzo ai rifiuti: « Sarebbe bello per un cimitero, invece di mettere il Cristo in croce, metterlo con le braccia stese sulle tombe ». Lei aveva acconsentito, e quel cimitero era diventato da diciotto anni la casa dei compagni morti...

Così termina la vita terrestre di questo « sì » pronunciato un giorno del 1945 e vissuto nell'ombra attraverso la straordinaria avventura.

« Lulu il Terrore », « la Torre di controllo » è morta, e tutti si sentono orfani di madre.

Tutto è iniziato in piena Resistenza. Da allora, la signorina Coutaz è stata la consigliera, l'ispiratrice, la discrezione, l'onnipresenza. Non ha smesso un attimo di vegliare su Emmaus e sul padre. Lui è il profeta, lei era l'organizzatrice. Polso energico e cuore d'oro. Henry l'ha sempre ascoltata? « Senza di lei, Emmaus non sarebbe esistita. Per chiunque abbia conosciuto il suo temperamento e le sue doti di capo, è evidente che le ci voleva un vero e proprio eroismo quotidiano per agire sempre solo nell'ombra di un'altra persona, per trent'anni e fino alla fatica degli ultimi giorni della sua vita. »

Il ruolo di cinghia di trasmissione che lei aveva, fra Henry e il Movimento, era ancora necessario? Nel 1979, al congresso mondiale di Aalen, in Danimarca, Henry si è rivolto ai gruppi in questo modo: « Per la prima volta provo il sentimento che voi siete adulti e che potrei benissimo sparire da un giorno all'altro senza che il Movimento, che è nato senza che io l'abbia voluto, di cui sono stato lo strumento involontario, sparisca... »

La morte della co-fondatrice rompe il cordone ombelicale.

E le dispute? I dissensi? Il padre risponde con un sorriso: « Penso all'ordine francescano, con le sue perpetue divisioni di coloro che chiedevano di essere dispensati dalla regola, poi di essere dispensati... dalle dispense, per ritornare all'osservanza primitiva. Si dice che la perfezione dei Gesuiti derivi dal fatto che non hanno mai fatto riforme, e la perfezione dei figli di san Francesco, dal fatto che non si sono mai avuti cinquant'anni senza una riforma... Emmaus ha conosciuto le stesse crisi, con delle persone molto devote, ma per niente mistiche, per le quali è sufficiente fare bene il proprio mestiere e accogliere bene gli infelici; e altre per le quali è una rivoluzione, un cambiamento di relazioni umane, l'abbozzo di piccole cellule di un'altra umanità... Il mio ruolo, lo so bene, comporta oggi un periodo di deserto, di isolamento... Testimoniare... Ecco ciò che sento essere ormai la mia missione ».

Testimoniare... Profetizzare... Ha forse cessato un istante di farlo, nel corso di questi vent'anni, per una gioventù nauseata, nata dai « Trenta Gloriosi » e dal maggio '68? « Vivere per imparare ad Amare ». Una cosa semplicissima.

I grandi miti unificatori stanno crollando. La guerra del Vietnam, il Gulag, la decomposizione dello stalinismo significano, da New York a Mosca, da Pechino a Phnom Penh, la fine delle ideologie che cementavano « l'equilibrio del mondo ». Davanti a questa *tabula rasa*, che mette a nudo le piaghe umane, si ergono i testimoni, i provocatori di coscienza. Henry Grouès è uno di loro, una di queste autorità morali di cui la società disorientata, privata delle sue guide intellettuali, scopre l'utilità.

Il suo destino, trent'anni dopo la fondazione di Emmaus, accede a un'altra dimensione, acquisisce in qualche modo la sua piena misura. I diritti dell'uomo sono il terreno in cui la sua personalità, il suo carisma, il suo genio accusatore trovano naturalmente di che esprimersi. Più che mai « uomo-sfida », non nell'oblio di Emmaus, ma, al contrario, nel suo prolungamento, nella fedeltà alla sua vocazione.

I diritti dell'uomo beffeggiati sono un'offesa a Dio. Per tutta la sua vita, Henry Grouès ha forse fatto altro che difenderli? Nel concerto di voci, così spesso contraffatte, che li « scoprono », la sua suona giusta e in modo diverso, perché non ha aspettato la sua ora, né selezionato il suo auditorium. È sempre stata là, e ha mantenuto il proprio posto, e ha scelto il proprio tono. Non mente e, per questa ragione, la si ascolta.

Negli « anni di piombo » del terrorismo italiano, il padre è pronto a rischiare la vita.

In un salone parigino, il cocktail volge alla fine. I bicchieri tintinnano gli uni contro gli altri. I benpensanti brindano e si stupiscono: l'abbé Pierre sostiene Vanni Mulinaris, quest'uomo accusato di essere il cervello dell'estremismo italiano e il coordinatore del terrorismo internazionale.

Ma i benpensanti si sbagliano. Henry Grouès non è il giocattolo di un oscuro imbroglio. È sincero. Ancora e sempre. Non ha deviato di un millimetro.

Henry conosce Mulinaris, amico di sua nipote, da lunga data. Sei anni fa, nel 1976, l'ometto pelato dai grossi occhiali tondi era venuto a trovarlo. D'aspetto riservato, aveva sorpreso per la sua spontaneità, la sua sensibilità, il suo calore. Si era presentato come il direttore di una nuova scuola: « *Hypérion* è stata fondata da una trentina di intellettuali italiani, al fine di stabilire dei rapporti diversi fra gli uomini e le culture ».

Henry era stato sensibile all'autenticità del personaggio. Aveva profondamente avvertito la sua volontà di rifiutare l'ipocrisia, il suo desiderio di far nascere e di mantenere il dialogo e la sua preoccupazione di bandire radicalmente ogni forma di violenza. Era stato avvertito che il loro incontro sarebbe stato breve, ma alla fine avevano trascorso un lungo pomeriggio a riflettere insieme. Il tempo necessario perché nascesse un'amicizia reciproca e duratura.

Nel febbraio 1982, Vanni Mulinaris, in visita da alcuni parenti a Udine, viene prelevato in piena strada da una pattuglia di quei poliziotti senza i quali la giustizia speciale non sarebbe se stessa.

Quaranta giorni di sequestro illegale prima che piovano su di lui mandati che lo accusano indistintamente di ogni complicità criminale immaginabile. Si è già stabilito che Hypérion era la piattaforma girevole e la base, all'estero, delle Brigate Rosse; sarà sufficiente trovare, a posteriori, i pentiti che convalideranno il castello di carte poliziesco. E che cosa importa se non conoscono Mulinaris, né alcun membro di Hypérion...

Mulinaris trascorrerà tre anni in prigione, senza giudizio. Non potendo chiudere, in quel termine, un'istruttoria così evidentemente solida, lo si metterà agli arresti domiciliari! Farà due scioperi della fame e conoscerà le condizioni di detenzione proprie dei prigionieri di massima sicurezza...

Henry, oggi, pensa al loro incontro, agli scambi che sono seguiti, ai confronti. Ma non riesce ancora ad afferrare completamente la portata dell'accusa: *Mulinaris-traffico d'armi-costituzione di banda armata-terrorismo*. La gira e la rigira nella sua testa. All'angolo di rue Saint-Antoine, si appoggia contro un cancello, poi riprende il cammino. Conosce lo spirito di Mulinaris, la sua dirittura morale. Vuole saperne di più.

Allora indaga, interroga, si informa. Dossier, testimonianze e documenti si accumulano. Si accorge velocemente che non c'è alcun elemento concreto che sostenga l'accusa. « Non ho prove », ha dichiarato, laconico, il giudice Mastelloni di Venezia. « Ma spero di averne fra sei mesi... » ha aggiunto. Henry capisce che Mulinaris è vittima di una giustizia speciale che, con il pretesto di difendere la democrazia, è giunta a negarne uno dei fondamenti elementari: « Un uomo deve essere presunto innocente finché non venga riconosciuto colpevole ». Ora, Vanni Mulinaris è stato condannato senza prove. Di fronte all'orrore del terrorismo, lo Stato italiano si è fatto beffe del diritto dell'uomo per antonomasia: la libertà. Mulinaris è il capro espiatorio dell'ondata di violenza e di attentati che sommerge l'Europa.

Henry si rende conto, anche, che l'incarcerazione del suo amico riposa sull'accusa di coloro che in Italia si dicono « pentiti ». Dei condannati che « sanno che i favori di condono di pena e di libertà di cui possono essere oggetto sono proporzionali all'importanza delle denunce che fanno ». Si è lontani dal concetto cristiano di pentimento. Qui il pentito è un delatore.

Lontano dalle voci correnti, Henry Grouès si è fatto la propria opinione. Ha letto, visto, sentito, la sua convinzione è salda: Mulinaris è innocente.

Ma la giustizia non vuole arrendersi all'evidenza: allora il reverendo moltiplica gli interventi. All'inizio dell'83, incontra Christian Bonnet e ottiene dal ministro dell'Interno di condurre un'inchiesta sull'affare Hypérion. Il 26 maggio, un giudice di Venezia, che mette a parte della propria indignazione, lo minaccia di arresto immediato: « Imprigionatemi », ribatte Henry senza esitazione. Il giudice ritratta, ma cerca di estorcere una firma al reverendo, da fargli apporre in calce a un documento in cui riconosce di aver prestato falsa testimonianza. Henry è disgustato da questo modo di agire. Il vecchio lottatore si sente rinascere la rabbia, insorge.

« L'abbé Pierre è un gran mentitore », titola l'indomani la stampa italiana. Henry tende le due mani, ma meno volentieri l'altra guancia; contrattacca, querela per diffamazione. Un mese dopo, a Roma, convoca i giornalisti. Con il petto ornato da tutte le sue decorazioni, dà inizio alla conferenza stampa. « Le ho messe soltanto quando sono andato a negoziare con Pinochet per ottenere la liberazione di alcuni detenuti politici; le metto oggi, in Italia, per trarre profitto dall'autorità che mi conferiscono e per difendere la mia verità. »

In novembre, vengono sottoscritte centomila carte di appoggio a Mulinaris. Messaggi e telegrammi di sostegno si succedono. Vengono da associazioni, da leghe, da personalità, da ambasciate... Alla fine dell'anno, Henry apre la campagna internazionale sui diritti dell'uomo con lo slogan: « Libertà, prima di Natale per Mulinaris ». Qualche giorno dopo, si rivolge direttamente a François Mitterrand: « Non mi lasci solo, presidente ». Ottiene ben presto dai deputati francesi una pubblicazione sul *Giornale ufficiale*, che certifica che « le affermazioni italiane al riguardo di Hypérion sono senza fondamento ». Terremoto nell'opinione pubblica italiana. Non potendo ottenere la liberazione di Vanni Mulinaris, l'abbé Pierre ha svegliato le coscienze e ha provocato la collera. Ma Henry non può esserne soddisfatto, vuole la giustizia completa.

Quella mattina, una lettera di Mulinaris fra la sua posta:

Udine, 23 maggio 1984

Caro padre,

benché completamente estraneo ai fatti di cui mi si accusa, sono in prigione da più di due anni e aspetto ancora la chiusura della mia istruttoria. (...)

Ho disgraziatamente avuto l'occasione di convincermi che non si tratta di giustizia, ma di una sorta di avanspettacolo volgare e grossolano. Non mi sono trovato di fronte a prove, a obiettività e competenza, ma di fronte all'arbitrio, ai capricci e ai pressapochismi. Sì, come è evidente, non posso fare niente per la mia libertà, diventata ormai un giocattolo, ma non ho intenzione di vedere la mia dignità conoscere la stessa sorte. (...)

Sono oggi convinto che, indipendentemente dalle mie parole, dal mio comportamento e dalle mie intenzioni, servo solo a fare la replica di un copione già scritto. Non ho dunque più intenzione di avere rapporti con le « autorità giudiziarie »... Finché il loro comportamento nei confronti della mia persona e della ricerca della verità in questa storia assurda non cambierà.

Preferisco il silenzio alla farsa. Per poter testimoniare di questo stato d'animo e della mia fede, malgrado tutto, nella dignità della persona umana, mi sono trovato costretto a intraprendere, dal 20 di maggio, un digiuno totale e illimitato.

Conto sulla sua comprensione e spero nel suo perdono per il mio gesto.

La abbraccio fraternamente.

Vanni

Henry piega la lettera, la infila nel portafoglio e mette il portafoglio sotto la veste: la lettera resterà lì, vicino al suo cuore, per più di venti giorni.

Orly, mezzogiorno. Il volo dell'Alitalia con destinazione Torino è in orario. L'aereo ha addirittura decollato con qualche minuto d'anticipo. Come se il mondo avesse avvertito l'urgenza dell'intervento del reverendo. Ma il caso, ha già notato Henry, a volte si mette al servizio della necessità.

A Torino ha convocato amici, giornalisti e autorità. Luogo della riunione: la cattedrale. Obiettivo: parlare, convincere, influenzare? No. Non è più tempo di discorsi. Bisogna agire. Il mondo deve riflettere, il mondo deve commuoversi.

L'abbé Pierre, settantadue anni, malato e fragile, digiunerà. Grave e ultima risorsa, unico modo ormai di essere solidale ed efficace. Henry che sostiene, sinceramente, di non essere nulla, sa altrettanto bene che cosa la sua persona rappresenta. Per otto giorni, assumerà solamente dell'acqua, tre litri al giorno: la fede, «potente ragione spirituale nel profondo di se stessi», lo sostiene. Lotta contro l'incarcerazione di un uomo che ha imparato ad amare e della cui innocenza non ha alcun dubbio. Vuole che il suo sciopero della fame sia utile. L'ha quindi orchestrato in maniera intelligente. Una buona parte della Chiesa è con lui: l'arcivescovo di Udine e i cardinali di Torino, Milano, Parigi, Marsiglia. Stampa, radio e televisione fanno il resoconto, ora per ora, di quel percorso che il pubblico non tarda ad assimilare a un martirio. Perché Henry, che lo voglia o no, ha messo la propria vita sulla bilancia. Egli stesso ne ha coscienza. Prima di raggiungere la capitale piemontese ha, come sempre ogni volta che si avvicina alla morte, fatto un'aggiunta al proprio testamento.

Il mondo ha paura per l'abbé Pierre. Allora il mondo riflette e reagisce. Ben presto, i carcerati di Udine, sull'esempio di Vanni Mulinaris, iniziano uno sciopero della fame. Nella sua scia, Henry, trascina tutti coloro che si occupano attivamente dei diritti dell'uomo. La sensibilità del grande pubblico aumenta l'efficacia di tutti i suoi interventi. Il potere si è messo in moto. Cerca una via d'uscita, spinge la giustizia a studiare seriamente la questione e promette una soluzione: è allo studio un testo che deve annullare, in parte, gli eccessi delle leggi speciali. Il detenuto lascia la prigione di Udine, è ormai agli arresti domiciliari.

All'inizio di ottobre, la legge promessa entra in vigore. L'affare Mulinaris è sulla buona strada.

È la stessa collera testarda, la stessa fede che lo fa associare alle iniziative di pace fra israeliani e palestinesi, che gli fa lanciare, insieme a centoquaranta personalità, nel febbraio 1987, un appello ad Albin Chalandon, ministro della Giustizia, perché si metta fine all'isolamento carcerario dei detenuti di *Action directe*...

Si è forse lontani da Emmaus, dalla guerra alla miseria? Questa lotta per la giustizia e per il rispetto dei diritti dell'uomo è quella, in realtà, che ha sempre combattuto.

La voce profetica di Henry Grouès, mentre sostiene Vanni Mulinaris vittima della ragione di Stato, ritroverà, durante l'inverno dell'84, i suoi accenti del '54, « al servizio innanzitutto di coloro che soffrono di più »...

Novembre '84. L'inverno, quest'anno, è arrivato presto. La miseria urbana straripa. La città non riesce più a dissimularla. A contatto col freddo, la disoccupazione si fa più presente. La povertà si mostra e si scopre ogni giorno un po' di più.

Henry ci si immischia. Il 1984 ha visto l'emergere di Le Pen e del suo slogan: «La Francia ai francesi». Fortunatamente, vedrà riapparire l'abbé Pierre e il suo immutabile messaggio: «Questa terra appartiene a tutti... sappiatela dividere».

Tutto è iniziato due mesi prima, per un incidente. Quel giorno l'abbé Pierre, invitato da una sezione periferica, risponde in modo vivace ai sindacati che preconizzano, per sostenere la difesa del loro potere d'acquisto, uno sciopero generale della funzione pubblica:

«Mi sembra un'idiozia», dice. «Battersi per l'aumento dell'1 o del 2%, quando due milioni di disoccupati hanno soltanto cinquanta franchi al giorno per vivere, è indecente. Sarebbe del tutto comprensibile che un disoccupato venisse alle mani di fronte a un funzionario in sciopero.»

È sufficiente che un giornale sindacale dichiari due giorni dopo: «Il nuovo vangelo secondo l'abbé Pierre: spaccatevi la testa gli uni con gli altri», perché Henry ritorni al suo posto di combattimento. Dal suo ritiro di Saint-Wandrille, esplode e rimprovera. Parte in quarta.

«Pronto!» L'abbé Pierre chiede un colloquio con un primo ministro! Qualche giorno dopo, nell'ufficio di Laurent Fabius, parla senza peli sulla lingua. Per interposto ministro, si arrabbia. Batte i pugni e strapazza tutta la nazione: «Ogni misura di Stato, ogni iniziativa privata saranno vane, finché l'opinione pubblica resterà presa in quest'illusione mortale che consiste nel pensare che la crisi è un brutto momento che passerà. Durerà una generazione».

Non bisogna affatto esser grandi esperti per sapere che la crisi energetica del 1973-1975 segna la fine dei «Trenta Gloriosi», della crescita che si credeva eterna e delle illusioni fondate sulla prosperità. Dopo la crisi petrolifera, arriva la crisi *tout court*, quella che produce la disoccupazione e che nessun piano di austerità, temporaneo e forzatamente impopolare, è sufficiente per arrestare. L'abbé Pierre lo sa bene.

Che cos'è la « nuova povertà? » di cui si riempiono la bocca i mass-media agli inizi degli anni Ottanta? È la povertà di sempre, quella del dopoguerra, quella dell'inverno 1954, che viene a colpire coloro che se ne credevano definitivamente al riparo.

Si scopre la miseria urbana. Non ha niente di nuovo, è la società attorno a lei che è cambiata.

L'essenziale è detto, ma resta tutto da fare. Con l'energia che lo caratterizza, Henry si mette al lavoro. Ma il problema si ripone, sempre identico: perché le azioni progettate siano efficaci bisogna che i mezzi affluiscano. Pensa a Emmaus, ma la sua organizzazione non può sostenere un'operazione del calibro di quella a cui sta pensando. Per riempire le casse, moltiplica le conferenze e gli interventi.

Una sera, a Liegi, una donna anziana e impacciata lo aborda all'uscita di una presentazione: « Tenga, reverendo, ho qualcosa per lei ». Gli tende un vecchio sacco. Lui lo afferra senza riflettere. La donna aggiunge: « Attenzione, è pesante ». Si distrae un attimo e, quando si gira, l'anziana signora è sparita.

23 novembre 1984. Parigi si accalca al Palazzo dei Congressi. Per Chantal Goya, nome in cartellone, è giorno di riposo. Henry si è insinuato nello spazio lasciato libero: grazie agli ottanta luigi d'oro che ha scoperto nel sacco della generosa sconosciuta, si è offerto uno dei più bei palcoscenici della città.

La sala è piena zeppa. Radio, stampa e televisione si accalcano. Sui palchi, ufficiali e patronesse si spintonano. In platea, gli ammiratori e gli straccivendoli si ammassano e si entusiasmano.

Henry entra in scena, hanno pagato per vederlo. Si è preparato. Camicia da operaio, maglione frusto e scarponi da prete. Con la schiena curva, arcuata, da solo, assicurerà lo spettacolo. Quella sera, Henry Grouès indossa il costume dell'abbé Pierre. Mai quanto al Palazzo dei Congressi, reciterà la propria immagine. Bergès l'ha capito, e il giorno seguente scriverà su *Paris-Match*: « Porta dei pantaloni troppo corti, alla maniera di monsieur Hulot. Il san Vincenzo dei tempi moderni si veste da Tati ». Quando gli si rimprovera di essere in rappresentazione, Henry sorride. La maschera? Non gli importa. Ha coscienza del fatto che la propria autenticità gli impedisce di perdere la propria identità.

È chiaro e preciso: conta soltanto il risultato. « Alla popolarità », commenta, « non attribuisco nessuna importanza. O, piuttosto, sì, ha un vantaggio: quando la gente mi riconosce, apre il portafoglio. »

Ha mille volte ragione. La prova: al termine di un *one man show* di quasi tre ore, l'anziano uomo ha mobilitato la Francia intera: « Aprite gli occhi... È la guerra », ha dichiarato in sostanza a tutti « i felici dalle gioie vuote »...

L'appoggio arriva. È concreto. Il denaro piove. Comune di Parigi, ministero dell'Agricoltura, esercito, imprese di trasporto, agenzie di pubblicità, stampa e televisione gli propongono di seguirlo. La « banca alimentare », di cui ha appena proposto il lancio, vedrà, grazie a loro, la luce. Questa banca, formata dall'Esercito della salvezza, da Emmaus, dal Soccorso cattolico e da altri, sarà incaricata di raccogliere i viveri presso le imprese agroalimentari e di ridistribuirle ai bisognosi tramite associazioni di commercio.

Il grande raduno al Palazzo dei Congressi sta alla campagna contro la povertà dell'inverno 1984-1985 come l'interpellanza al ministro degli Alloggi è stata all'« insurrezione » del 1954.

A seguito della conferenza, *France-Soir* decide di patrocinare una vasta campagna di pubblicità. Verranno programmati gala di varietà, saranno organizzate raccolte di viveri. Verranno raccolti sei milioni di franchi. Duecentomila tonnellate di merce saranno spedite da tutta la Francia, grazie ai duecento camion prestati dall'esercito.

Che serata! Che successo! L'operazione « Natale per l'abbé Pierre » è bella e ben lanciata. Lo slogan di Henry, « Non buttate il vostro cuore nella spazzatura », è stato perfettamente recepito.

Le dieci di sera. L'uomo è seduto. Soffre, si inarca un po' di più. È sconvolto. Il pubblico è là per applaudire il divo. Lui rifiuta: « Vi chiedo di rendermi un servizio: mi aiuterete non facendolo ».

Henry propone una vera solidarietà. Condivisione dell'impiego e delle entrate; alloggio decente per tutti; riconoscimento dei diritti dei lavoratori immigrati. Vuole lottare contro l'ozio. Ci tiene che il tempo libero sia utilizzato a fini culturali o umanitari.

L'abbé Pierre conosce ormai soltanto una parola: condivisione. Ripete: condivisione... condivisione... condivisione.

Dopo tanti anni passati sul terreno della povertà, si è offerto il lusso di poter parlare senza tatto. È stato ascoltato, ma verrà capito?

Domani la stampa non eviterà la trappola della spettacolarità e del divismo. Lo sa. Ciò non ha nessuna importanza. Ma essa non sfuggirà nemmeno, e questo è più grave, alla trappola della semplificazione. Il suo messaggio verrà tagliato. Gli toglieranno la sostanza. Avrà troppa carità. Non gli resterà quasi nulla della condivisione.

« Che le azioni umane cessino e che la fame continui » rimane, per Henry, la cosa più intollerabile. Anche se il mondo oggi ha coscienza del lavoro da compiere, sa che fra tre mesi, fra sei mesi, fra un anno, si riaddormenterà senza che si sia mosso granché: « Grazie per il vostro denaro, ma resta tutto da fare ».

Ai « decisori » del decreto del piano di emergenza, dice: « Il debito del Terzo Mondo, sul quale vi sedete e credete di poter prosperare eternamente, questo debito gigantesco che rende ai paesi ricchi più di quanto non costi loro ogni politica di aiuto allo sviluppo, è un vulcano che può precipitare l'economia mondiale nella rovina da un giorno all'altro, nel giorno in cui il Messico o il Brasile dichiareranno: 'Non dobbiamo più nulla!' E, comunque, la sovrapproduzione agricola dei nostri paesi, che minaccia di fallimento i nostri agricoltori, non smette di crescere, mentre la fame rimane il premio dei più, nel mondo. Alla vostra sempiterna politica agricola comune, è tempo di sostituire, finalmente, una politica alimentare, innanzitutto europea, poi mondiale... »

Si può valutare, se ci si prende la briga di ascoltare, ciò che l'indignazione, la collera di Henry Grouès portano in sé di profondamente innovatore, di sovversivo per l'ordine di un mondo che corre oggi alla perdizione.

Che cosa importano allora le decorazioni, la riconoscenza ufficiale, il *who's who* e l'ammirazione delle folle? Ciò che importa è di altra natura. Se la condivisione è la strada, l'incontro è lo scopo.

Forte dei suoi quarant'anni di storia, delle sue realizzazioni concrete, della sua fedeltà agli ideali che incarna, il Movimento viene percepito meglio. Comunità, lavoro, servizio, i tre comandamenti di base degli straccivendoli, provocano la loro piena eco nell'ora in cui la disoccupazione, la dissoluzione del tessuto sociale, la fuga in avanti di una società che venera il profitto e la riuscita individuale, sono delle realtà angoscianti e inaccettabili come tali.

Impresa redditizia, che non costa niente alla collettività e che produce, Emmaus, precursore in materia di recupero, di riciclaggio e di risparmio di energia, è un modello di impresa ecologica. Accogliente, la comunità di Emmaus rende la sua dignità all'uomo. Al servizio del più sofferente, dà, attraverso la condivisione sperimentata, vissuta, l'esempio di un altro modo di vivere insieme.

L'assise nazionale delle comunità, delle associazioni e dei comitati collegati in Francia all'opera di Emmaus si tiene a Parigi il 20 novembre 1985 e dà vita a Emmaus-Francia. Mostra nello stesso tempo il ritorno di quel vigore del Movimento nel paese e la preoccupazione unitaria che presiede, dal 1969, ai destini internazionali di Emmaus. Senza dubbio, c'è voluta la campagna dell'inverno 1984 e il ritorno alla ribalta del fondatore per provocare, quindici anni dopo, questa unione, per definire istituzioni e statuti che faranno ben presto in modo che Emmaus-Francia sia riconosciuto di pubblica utilità allo Stato. Così, si realizza l'evoluzione ecumenica auspicata dall'abbé Pierre negli anni Settanta.

Affaticato dall'eccesso di visite, di sollecitazioni di ogni tipo, non è fra i suoi « figli » in quel giorno di novembre. Ricoverato, ha rivolto a tutti coloro « sui quali riposa tutta l'azione di Emmaus in Francia, ora e per l'avvenire » un messaggio di fedele affezione, rallegrandosi che la loro « unione di mutuo sostegno continui a permettere di dare nuove risposte alle sofferenze che si aggravano ». Firmato: « Vostro padre ». A settantatré anni Henry Grouès può finalmente passare il testimone.

Tuttavia, è ancora presente, a Verona, alla fine del 1988, quando l'Assemblea generale di Emmaus, la sesta Assemblea mondiale, definisce i propri orientamenti, le proprie proposte e i propri problemi. Quelli che rispettivamente vengono messi in luce, per le priorità che denotano, sono molto significativi dell'evoluzione dell'insieme del Movimento. Conoscere e sostenere, nel mondo, « progetti alternativi » alla società capitalistica liberale o totalitaria... Aiutare i poveri a recuperare la loro coscienza di attori nella storia dei loro paesi... tendere all'autosufficienza degli emarginati... privilegiare le realizzazioni concrete che combattono le « cause strutturali » della miseria...Che Emmaus Internazionale prenda posizione sui problemi del mondo riguardanti i diritti dell'uomo, che ogni gruppo sostenga queste posizioni e che si faccia promotore di azioni che saranno riprese dall'insieme del Movimento... Come e con chi dobbiamo realizzare alleanze, collaborazioni, contatti, in una strategia di liberazione dell'uomo? Che risposte dare ai giovani, in maggioranza nelle comunità di oggi?...

Qui si misura tutto il cammino, il percorso... e la portata del lavoro da compiere. All'alba del quarantesimo anniversario di Emmaus, della celebrazione del bicentenario della Dichiarazione dei diritti dell'uomo e del cittadino, Emmaus non è più nell'abbé Pierre, costui non è più in Emmaus.

Il padre e i suoi figli vivono ciascuno il proprio destino. Rimane, inalterabile, questa comunione, carnale e spirituale.

Il rally Parigi-Dakar? È un'infamia: « Potete anche mangiare del buon arrosto, non è privandovene che sparirà la fame nel mondo. Non avete quindi ragione di non mangiarne. Ma siete dei farabutti se andate a mangiarlo sotto gli occhi di coloro che non hanno pane da dare ai propri figli ».

In quell'inverno 1987, i motori rombano, gli spiriti si scaldano e la benzina brucia. La Francia ama la Parigi-Dakar. Ci si riconosce. Si fraternizza. Sardou saluta Pescarolo. Brasseur sta a fianco di Jackie Ickx. Carolina di Monaco rincontra il figlio della Thatcher. Lo show-business sposa infine lo sport da competizione.

Prima della partenza del rally automobilistico più popolare, si grida all'unisono: « Viva la Parigi-Dakar! » Fra il panettone di Natale e il fegato d'oca di Capodanno, si dà il via. Primo gennaio: in piazza della Concordia si fanno scoppiettare i motori con sbruffoneria. Il 2 si è a Marsiglia. Il 3 ad Algeri: « Sahara, tieniti forte, eccoci qua! »

In mezzo al concerto di lodi e di approvazioni, si leva un'unica voce a mettere in discussione lo spirito della corsa. Questa voce è quella dell'abbé Pierre: lui è PA'DAK.* Ostile allo sport, all'exploit? Per niente, ma indignato da quella caricatura dei rapporti Nord-Sud, disgustato da quell'abbondanza di ricchezza che l'Occidente ostenta sotto gli occhi dei popoli del continente più povero.

Henry denuncia lo sperpero dell'impresa: « Il denaro speso in quest'avventura raggiunge cifre folli ». È vero che l'ingaggio di una semplice vettura oltrepassa i cinquecentomila franchi, l'equivalente delle entrate annuali di più di ottocento abitanti del Ciad o del Mali. « Vorrei che un giorno Emmaus finanziasse la stima dei danni provocati dalla Parigi-Dakar. Penso ai ponti resi pericolanti, alle piste sfondate... »

Insorge contro la stupidità della corsa: « Divertitevi finché

* Gioco di parole su *Paris-Dakar* e *pas d'accord* (« non sono d'accordo ») che nell'abbreviazione hanno lo stesso suono. (*N.d.T.*)

volete, a condizione di rispettare la dignità dei popoli che hanno altrettanta fame di considerazione che di pane... Sono venuto a sapere da alcuni amici che, più di una volta, il convoglio è stato preso a sassate. La popolazione è esasperata». Sottolinea le disuguaglianze che una tale corsa mette in luce: «Quando un divo si smarrisce, è una vera e propria mobilitazione: esercito, aviazione, ambulanze intervengono immediatamente. Ma qualora una bambina nella savana avesse bisogno di essere trasportata all'ospedale, si farebbe una fatica immensa a trovare un veicolo».

Per Henry, quando il Sahara si riempie di bolidi, si svuota della sua anima. Non può ammettere che un deserto divenga un immenso terreno di gioco, di scontro e di competizione. Il deserto è la sua adolescenza, un simbolo di purezza che non è permesso toccare. Il deserto è l'incarnazione di François Garbit, per il quale il Sahara era l'assoluto.

Si ricorda di Einstein che temeva, innanzitutto, l'esplosione della conoscenza; urla la propria disapprovazione e fonda Pa'Dak: un'organizzazione che denuncia la cecità di coloro che partecipano a quella spedizione, e che mostra i desideri che una tale corsa fa nascere ed eccita sul piano locale.

Non riuscirà né ad arrestarla né a farle fare soltanto mezzo giro: nonostante le voci che tentano di farlo ragionare, continua a non essere d'accordo. Non vuole sentir parlare dei pozzi scavati qui, dei medicinali offerti là, di quella vernice umanitaria che si ostenta e il cui unico effetto è di far brillare un po' di più quella vetrina ambulante di denaro e di assurdità.

La gioventù? Mai, forse, le è stato più vicino di quel giorno...

Davanti alla chiesa di Montrouge, alla periferia di Parigi, una folla di adolescenti che piangono. Ascoltano, diffusa dagli altoparlanti, la voce dolce che parla di tenerezza, di amore, di tristezza e di speranza... L'abbé Pierre celebra i funerali di Coluche.

Si erano incontrati sul campo di battaglia della fame. «È

la provvidenza che ha combinato la cosa, perché non è stata un'iniziativa di nessuno.»

Coluche, con le sue parole, le parole dei marciapiedi di Belleville, ha messo le sue battute al servizio dell'ultima lotta: quella per la dignità dell'uomo. È partito in crociata contro «uno scandalo di imbecilli»: la miseria dei «nuovi poveri»; in Francia c'era fame, e non li si aiutava. «Manica di coglioni!... È l'abbé Pierre che sta male!»

Coluche avrebbe voluto incontrare Henry, confessargli la sua angoscia; ha alzato il telefono, semplicemente. Gli avevano detto, ed era vero: «L'abbé Pierre è vecchio, è malato; ormai trascorre la maggior parte del tempo in un monastero... Aspetti un po'...»

Coluche non aveva insistito; continuava a imprecare su tutto, creando i «Ristoranti del cuore». Giornalisti, televisione, radio si erano precipitati al monastero di Saint-Wandrille: «Che cosa pensa di quello che fa il buffone, il clown, Coluche?»

«Innanzitutto, non lo conosco. In secondo luogo, è vero che in Francia c'è la fame! In terzo luogo, complimenti per ogni azione onesta che sarà compiuta perché svanisca questa sofferenza idiota. In quarto luogo: dite a Coluche che, in nome della mia esperienza, bisogna che, fin da subito subito, si circondi di persone conosciute per la loro onestà, per il loro senso dell'amministrazione, perché non ci sia il minimo sospetto, il minimo disordine, nessuna possibilità di accusa di peculato!»

«Non lo conosce per niente, padre?»

«No, non l'ho mai visto, mai sentito, mi dite che usa un vocabolario che dà fastidio alla gente che viene detta benpensante e bene educata...»

Henry si ricorda semplicemente della farsa di un uomo che ha fatto la campagna per la presidenza della Repubblica... La vera campagna di Coluche, quella dei «Ristoranti del cuore», si è conclusa con un immenso successo. Ben organizzata, non ci sono stati disguidi: il denaro è passato attraverso il miglior controllo, la fondazione di Francia...

Coluche ha ritelefonato all'abbé Pierre a Charenton. Jacques Perotti l'ha appoggiato: « Padre, non bisogna rifiutare ». Il 25 marzo 1986, Henry è nel suo appartamentino di Charenton, uno degli ottomila costruiti da Emmaus attorno a Parigi. Al decimo piano, alle tre del pomeriggio, si sdraia sul letto, sfinito.

« È qui, padre. »

Nella piccola sala da pranzo, Coluche rimane in piedi, goffo e timido come un collegiale. Anche Henry è in piedi, all'angolo del tavolo. Un lungo silenzio. Coluche ha messo la mano in tasca e posa un assegno sul tavolo.

« Ecco qua! »

Pudico, non ne ha parlato con nessuno. Chi avrebbe potuto biasimarlo?

« Ai francesi piace mangiare, reverendo. A me, questo fa male perché ne conosco troppi che non possono farlo. Allora, mi sto organizzando perché ciò continui anche l'inverno prossimo; nell'attesa, le consegno questo. »

« Coluche, con il denaro che ho ricevuto il Natale scorso abbiamo comprato uno stabile, a Quai de Valmy, uno spazio industriale. Con una sovvenzione del ministero degli Affari sociali lo stiamo trasformando. Prima dell'autunno, prima dell'inverno, tutto sarà adattato perché, su due piani, si possano ospitare le persone che, anche in pieno inverno, sono condannate a dormire all'aperto. Al pianoterra ci sarà un ristorante per trecento pasti. Non sapevamo come finanziarlo. Grazie di questo dono. I suoi centocinquanta milioni in centesimi li metteremo in banca. Ci permetteranno di servire le prime minestre, l'inverno prossimo. »

L'avevano messo in guardia: « Rischia di prendersi qualche battutaccia... Non rispetta niente... » La gente si sbagliava. Sugli argomenti seri, quando erano in gioco delle vite umane, Coluche era serio.

« Coluche, ho una cosa che amo molto. Ecco, le regalo la riproduzione. L'originale lo tengo nel libro delle preghiere; una miniatura... un arcobaleno... Conosce il *Cantico delle creature* di san Francesco d'Assisi, 'Laudato sii, o mio Signore, per fratello sole, per sorella luna, e le stelle...'? »

« È bello. »

« Questa strofa, l'ho aggiunta in una notte molto dura per me. Dovevo prendere i voti nell'Ordine di san Francesco. Stavo male. Me lo volevano impedire. Ma io lo volevo... Non ho dormito. Allora ho dipinto le nuvole che si squarciavano, la pioggia e il sole, e ho scritto: 'Laudato sii, o mio Signore, per le nuvole che si squarciano, per il tuo sorriso attraverso le lacrime, per la tua gioia sulla croce...' »

Coluche, commosso, non risponde. I suoi occhi si volgono al muro su cui è appeso un ingrandimento molto luminoso della miniatura.

Henry l'ha presa, l'ha arrotolata e gliel'ha messa sotto al braccio... Ancora silenzio, rotto da un amico fotografo.

« Padre, signor Coluche, stringetevi un po'. »

Su una mensola dietro di loro, la grande statua della Vergine di Banneux.

« Ha cinque minuti? »

« Certo! »

« Ascolti la storia di questa statua.

« Un giorno, nel 1951, ero deputato, un usciere mi chiama. Vado nel salone dell'Assemblea, trovo un prete, orribile, con la veste sporca, non rasato, sanguinava da graffi infetti. Mi dice: 'Padre, ho perso la testa, sono giorni che vago per le strade, ero ossessionato, volevo buttarmi nella Senna, mi sono seduto su una panchina, c'era un giornale spiegazzato, l'ho preso, vi si parlava di un prete deputato. Perciò, eccomi qua'. Gli domando se ha mangiato. 'No, ho masticato mozziconi di sigaretta.' Vado a prendergli un panino e, non appena è terminata la seduta a palazzo Bourbon, lo porto da me. È uno dei primi quindici o venti compagni di Emmaus. Non eravamo ancora straccivendoli, si mangiava con la mia indennità parlamentare; tutti insieme si costruiva, spesso illegalmente. Curiamo questo prete, guarisce. Un giorno, decide di andarsene. Viene da me e mi dice: 'Come posso dire grazie a tutti i compagni e a lei? Avevo un'unica cosa di valore, la tenevo nel tascapane quando vagavo per le strade...' Un manoscritto di centocinquanta pagine con una prefazione dell'arcivescovo di Liegi, monsignor Kerkhofs. Uno studio come li si fa adesso, rigoroso, scientifico, su ciò che dicevano due bambini di una comunità belga, a Banneux, vicino a Liegi, dei bambini ai quali era apparsa la Vergine: 'Sono la Vergine dei poveri e delle nazioni'. Ne hanno fatto delle statue. Mi hanno mandato la prima. L'ho messa nella mia camera, su una mensola. Ero sfinito. Dovevo scrivere stando in piedi, altrimenti mi addormentavo. Su questa mensola c'era la Vergine, Nostra Signora dei poveri. Nel gennaio 1954, alle tre del mattino, è stato vicino a lei, ai suoi piedi, che ho scritto al ministro degli Alloggi, scatenando la sollevazione che avrebbe fatto cambiare le leggi. »

Coluche l'ha ascoltato, commosso. La maschera si è squarciata, offre il suo vero viso: il mistero di ciascuno, il mistero dell'altro...

Lasciando Henry sul pianerottolo, ha detto semplicemente: « Bisogna che ci rivediamo ».

Due mesi dopo, Jean-Pierre Elkabbach, in lacrime, ha telefonato: « Coluche si è ammazzato in moto... »

« Dica alla sua mamma che verrò, che ci sia o no cerimonia religiosa », risponde il padre.

E Paul Lederman, il suo impresario, in tono toccante: « Non conosco le usanze della vostra chiesa. La madre di Coluche ci tiene molto che sia lei a officiare... Vorrebbe che fosse a Montrouge, dove hanno sempre vissuto. Non si irriterà il prete del quartiere? »

« No, no... si può celebrare insieme... »

Attorno alla chiesa di Montrouge, il comune ha fatto installare degli altoparlanti sugli alberi e per le strade. Dei motociclisti, i « fratelli » di Coluche, fanno scoppiettare il motore in segno di omaggio, poi fanno silenzio. L'abbé Pierre parla loro, agli adolescenti, a ragazzi e ragazze di tutti i ceti sociali, dei quartieri chic o delle bidonville...

« Alcuni anni fa, sono arrivato nella nostra comunità di Pontault-Combault un giorno in cui i compagni avevano trovato una statua della Vergine. L'avevano messa nella sala da pranzo, e uno di loro aveva scritto su un cartellino: 'Nostra Signora degli erranti, accoglici!' » Siamo tutti degli erranti...

« Siamo qui oggi, tutti insieme, uniti più che mai, attorno a uno degli innumerevoli uomini che muoiono ogni istante. Perché siamo così numerosi, ciascuno cercando di pregare come può? Non è forse perché colui che Dio ha improvvisamente richiamato a sé ha voluto essere (fino a rischiare a volte il pane), un uomo 'il cui sì sia sì e il cui no sia no', e che ha voluto che i più sofferenti fossero serviti per primi? Impegnamoci a imitarlo.

« Chi era Coluche? 'Il matto di corte', così necessario nelle antiche monarchie, che frenava la tendenza ad appiattirsi. La specie, purtroppo, è scomparsa. Sarebbe stata ben utile presso i seguaci di Hitler o di Stalin...

« Se la gioventù piange Coluche, è per ringraziarlo di aver smascherato l'ipocrisia della nostra società ben educata: era un testimone che accusa e agisce. »

Martedì 10 gennaio 1989, nel grande anfiteatro della Sorbona. Duemila lavoratori sociali dibattono delle « nuove solidarietà », che sono le stesse di una volta, sotto l'egida di una pleiade di signori. L'abbé Pierre parla... o, piuttosto, si parla attraverso di lui. Da quel momento gli appunti non servono a niente. Non ne ha. Delle cifre? Due solamente, ma che scavano delle trincee nei cuori: « Nel paese più ricco del mondo, gli Stati Uniti, trenta milioni di poveri... in Europa, da noi, quarantaquattro milioni! Sì, sono un vecchio matto, ma, come quaranta anni fa, continuo a dichiarare guerra alla miseria, e faccio appello a un nuovo patriottismo mondiale... Duecento anni fa, tutto un popolo proclamava una Dichiarazione dei diritti dell'uomo che, ormai niente, nemmeno le innumerevoli atrocità commesse, può distruggere. Non è forse il tempo in cui, tutti insieme, gente di ogni condizione, dobbiamo, lucidi e coraggiosi, fissare lo sguardo sul bene e sul male di uno dei lasciti più preziosi che abbiamo ricevuto? Il lascito del nostro inno nazionale, dalla musica così esaltante e fiera che è conosciuta nel mondo intero, ma portatrice di parole che, attraverso la catena degli eventi vissuti, da allora sono diventate impronunciabili. Dopo i crimini razzisti, e il mondo è lungi dall'essere guarito dappertutto da questa vergogna, quale maestro di scuola, quale padre, quale madre possono ancora immaginare di dover insegnare ai loro figli a 'odiare' e a sognare di abbeverare la terra con un 'sangue impuro'? »

Parla di cambiare le parole di odio della *Marsigliese* in parole d'amore. Il pubblico si è alzato d'istinto, e applaude senza fine.

Saint-Wandrille. L'imponente monastero benedettino, il luogo privilegiato della sua adorazione. Gli alberi stormiscono al vento, piove. Parla di Garbit e pensa al Grande Meaulnes nella foresta di Angillon.

La « sosta » è bella e necessaria, ma non ferma la corsa: Henry rimane nomade, come la miseria.

Non c'è « statua », né « santo », né « mito vivente »: il solo mistero di Henry Grouès resta l'adorazione che, di per sé, è un mistero. Senza di Lei, come continuare senza spezzare quella via di rottura assoluta, quella strada ai bordi del baratro?

L'abbé Pierre è un uomo, nient'altro che un uomo, ed è proprio questo che rende il suo destino straordinario. « L'Eterno è l'Assoluto fatto Amore »: quando si è armati di questa fede, i dubbi si placano.

Il 26 maggio, ad Assisi, alle Carceri, là dove il suo cammino si è illuminato, celebra la messa con Dom Helder Camara, davanti a Delor, Andreotti...

« Non avete capito nulla, insensati! Non è forse stato annunciato che il Messia doveva soffrire e morire per entrare nella Sua Gloria? Essere Amore, riconosciuto come Amore? L'Amore si diffonde... l'Amore è essere 'più sé fuori di sé', è donarsi, essere più, in questo dono, fuori di sé... ed ecco che in questo doppio movimento d'Amore infinito, nasce, come nel soffio di un bacio reciproco, lo Spirito... l'Adorazione. È come un abbagliamento insopportabile.»

«Rendere credibile che Dio è Amore *comunque*. Urlo e tanto meglio se, urlando, dò scandalo. Anche Nostro Signore ha dato scandalo.»

Il Libano massacrato? Urla nella grande sala della Mutualité: «Bisogna salvare l'Uomo in Libano», poi prega; con lui tre cristiani, tre buddisti, un ebreo, un musulmano.

E poi, giorno dopo giorno, la tristezza anonima, gli appelli quotidiani della gente che soffre, che riceve, che soccorre. Come al tempo delle catacombe, quando diceva a Georges: «Vieni ad aiutarmi ad aiutare gli altri». Simile in questo ai suoi fratelli nell'assoluto fatto amore: monsignor Romero, assassinato in piena Eucarestia in Salvador, come Thomas Becket a Canterbury, Martin Luther King e il suo sogno, Helder Camara con i bambini poveri delle *favelas*, e madre Teresa, che bacia i moribondi di Calcutta.

I senzatetto in Francia, sono forse storia antica? L'8 maggio 1989, trentacinque anni dopo il primo appello su *Le Figaro*, lancia una nuova messa in guardia:

> È il mondo intero che si trova in una tragedia di fronte alla povertà. E coloro che possono, i poteri come opinione pubblica, non sanno, non cercano di sapere, in verità non vogliono sapere... Delle cinque necessità materiali dell'uomo è, dopo la fame — perché dall'insoddisfazione di questo bisogno possono nascere delle difficoltà nell'educazione, nella salute, nel lavoro — la necessità di essere alloggiati la più importante per l'uomo e la propria famiglia... Negli Stati Uniti, trenta milioni di cittadini nella miseria. In Europa, quaranta milioni. In Francia, i senzatetto sono più di quattrocentomila e i malalloggiati più di due milioni!... I centri di accoglienza d'emergenza, in tutta la Francia, accolgono ogni notte trentamila persone. E gli altri? Non

ci sarà mai nessuna « cosa » in grado di permettere a una società di rispondere a una tale miseria senza una vera determinazione delle volontà... Deve diventare passione... per amare... e costituire una pressione... Dall'infanzia, dalle scuole, questa realtà deve diventare l'oggetto della più giustificata delle collere.

L'apartheid? « Una delle ferite dell'umanità... »

« Padre, abbiamo pensato a lei per il premio Nobel per la pace. »

« No, esprimo ufficialmente il desiderio che sia Mandela... L'enorme durata della prigionia di quest'uomo ha valore di simbolo della non-violenza... Resistere come resiste lui, è un esempio... È tutto il senso della mia vita... Dal momento che hanno fatto di me una 'specie di mito vivente', penso che il mio sostegno avrà un certo peso nel comitato... »

26 agosto 1989, le sei e mezzo del pomeriggio.

Fende la folla dei giornalisti, dei fotografi, delle star e delle mezze star della politica, dello show-business e dei diritti dell'uomo... La gioventù è riunita ai piedi dell'arco della fraternità, nel cuore della difesa. Ecco che arrivano, intatte dopo duecento anni, quelle parole meravigliose: « Gli uomini nascono e rimangono liberi e uguali nei diritti... »

François Mitterrand si avvicina all'abbé Pierre: « Come va? »

« Come un vecchio! »

Il « vecchio » si è rannicchiato su una sedia in un palco e, silenzioso, concentrato su se stesso, altrove, attende... Barbara Hendricks salmodia le parole di Martin Luther King: « Ho fatto un sogno... »

Attorno a lui, a circondarlo, ad abbracciarlo, Wole Soyinka, Isabel Allende, Perez Esquivel, Harlem Desir e uno studente cinese.

Deve leggere l'articolo 10 della Dichiarazione dei diritti dell'uomo, relativo alla libertà religiosa.

«Padre, per la gioventù che attende, qualche parola, la prego.»

«Ho il cuore troppo pieno di l''Eterno è Amore'. Voglio che lo abbiano anche altri.»

Scarabocchia qualche parola su un pezzo di carta, poi si rifugia di nuovo nel silenzio, fino al momento di apparire, minuscola figura, ai piedi dell'Arco immenso. Il vento gonfia la leggendaria pellegrina.

«Sapremo noi, a tempo debito, guardarla in faccia? Noi siamo in guerra, la terra intera, tutta la terra insieme, aggredita dalla miseria scatenata dappertutto. Fino a quando, scandalosamente, continueremo a sopportare la sofferenza degli altri? Siamo decisi a mobilitare tutto per la vittoria, insieme, contro di lei? La vittoria in questa 'altra guerra', per una volta guerra che si può, che si deve chiamare bella?»

In quell'istante, il «vecchio» non ha più età. È l'amore che attraversa il tempo.

Cammina a Saint-Wandrille sotto la pioggerella.

«Che cosa ci fai qui?» gli chiede un ometto di dieci o dodici anni...

«Ci vorrebbe del tempo per spiegartelo. Quando ritornerai, te lo dirò.»

Le colonne della chiesa in rovina si stagliano nel cielo spazzato dal vento... Un silenzio sacro rotto dal suono delle campane che chiamano alla preghiera, sette volte al giorno. L'eterno ritorno al «deserto», nella cella di tre metri e sessanta per tre metri e trenta, resa più minuscola ancora dai tesori ammucchiati sulle mensole in «stile Luigi Cassa»: cartoni, carte, libri. Al di sopra del piccolo lavabo pieno di medicine, veglia il viso calmo di Lucie Coutaz.

Due telefoni lo tengono legato al mondo e suonano senza posa. Saint-Wandrille: l'ultimo rifugio dell'insorto di Dio, il cammino del ritorno alle radici, il monastero dei suoi diciannove anni... «A voi, i monaci, grazie di esistere. Sapete bene che non siete necessariamente migliori di tanti altri. Ma siete necessari a tutti! Come l'apparente inutilità delle vette bianche dei nostri ghiacciai... Che gli affamati possano sempre venire a voi. »

« La vita dai cappuccini era dura. Dormire vestito sull'asse con un sacco di foglie di mais per materasso, alzarsi ogni notte da mezzanotte alle due del mattino... »

« Perché non ha fondato l'ordine dei monaci della miseria? »

« Non ne sono stato capace. »

La chiesa del monastero, sobria come il presepe della Natività. In ginocchio, nell'ombra, prega, mentre i quaranta monaci e i dodici novizi salmodiano canti della liturgia gregoriana... è infelice di non saper cantare e così felice di essere come fuso ai suoi fratelli.

« Senza i sette anni di adorazione al convento di Crest, non avrei resistito nel turbinio della mia vita... Mi è sempre rimasto il desiderio, se Dio l'avesse reso possibile, di ritrovare un giorno tutto questo, prima di finire il mio cammino nelle ombre del tempo. Due volte, in cinquant'anni, sono andato a domandare ai monaci della Grande Certosa se non dovessi lasciare perdere tutto... E, una volta, sono andato a trovare Marthe Robin, la stigmatizzata di Chateauneuf-de-Galaure. Tutti mi hanno detto: 'Più tardi'. Poi la signorina Coutaz è morta ed è arrivato padre Jacques... devo a lui l'aver reso possibile il mio ritorno nella solitudine della preghiera. Duecentonovanta gruppi in trenta paesi, ottantaquattro comunità in Francia, con quattromila persone alloggiate: Emmaus vive la sua vita. Mi piace dire: i miei figli sono sistemati. Sono soltanto il nonno. »

Nei mesi che seguirono la liberazione di Vanni Mulinaris, « nostra sorella la morte », ancora una volta, è venuta ad accarezzargli il viso « Facevo fatica ad allineare le parole. La mano mi tremava e, improvvisamente, sbarravo la pagina intera... » Ineluttabile sintomo del morbo di Parkinson. La medicina oggi ne blocca l'evoluzione, a prezzo di una terapia meticolosamente dosata. Henry gioca con la morte, lei va e viene, vecchia compagna che attende... l'Incontro.

Deve arrestare il turbinio di attività, cessare di dire «sì» quando, per sopravvivere, si impone il «no»... Henry non sa dire di no... Prima di scegliere Saint-Wandrille come luogo di solitudine e di silenziosa preghiera, ha pensato all'abbazia di Aiguebelle, «luogo molto caro» in cui, nel 1938, ha potuto maturare la decisione di lasciare il convento di Crest...

Il convento di trappisti di Tamié? Anche quest'idea lo alletta: due amici lo aspettano...

«No», gli dicono gli amici. «Sia l'uno che l'altro sono troppo lontani da Parigi... Se viene un responsabile della Corea, del Perù, della Finlandia e deve vederla, non possiamo infliggerle un giorno di viaggio supplementare.»

Saint-Wandrille? Su richiesta dell'abate, ci si è recato due volte per parlare ai monaci: «Il mio soggiorno, padre, rischia di turbare la vita comunitaria... le andate e i ritorni...»

L'abate gli risponde semplicemente: «Grazie di aver pensato a noi».

«Che cosa fai tu qui?» ha chiesto l'ometto...

Prima e dopo l'Eucarestia del mattino, prima e dopo i Vespri della sera, legge, risponde alle troppe lettere, smista, classifica, scrive, ricerca soprattutto, avidamente. Il padre lavora a modo suo, smisuratamente, sulle questioni essenziali poste ai teologi, ai sapienti, sull'uomo, sulla fede, per l'approfondimento dei misteri. . «La Fede in questo Eterno che è Amore e che troppi dolori dell'Umanità mettono continuamente in discussione.» A quel mistero risponde l'adorazione.

Lo sforzo è da rinnovare ogni giorno. Henry completa e conclude il cammino intravisto a quindici anni quando, improvvisamente, all'unisono, le campane di tutti i campanili si misero a suonare. Continua a Saint-Wandrille un'«altra azione, necessaria all'approccio con le folle e fino nel cuore di queste». Il monastero è simile al ghiacciaio: «apparentemente immobile... in realtà, nel profondo, come galleggiante sulle acque che, ghiaccio che si fonde nascente in lui, fanno zampillare da lontano sorgenti e torrenti senza i quali non sarebbe possibile vita alcuna... E, sulle vette, ogni giorno di nuvole e di temporali, il ghiacciaio non smette di ricostituirsi con i vapori che salgono dalla valle e ricadono su di lui sotto forma di neve immacolata... La pace silenziosa di un monastero, credetemi, può essere anche attiva!»

Se Saint-Wandrille è un luogo di serietà, lo è anche di sorriso... «È forse nella regola di san Benedetto sorridersi quando ci si incontra?» ha domandato il padre, stupito, all'inizio...

5 maggio 1987: «Che cosa era, dunque, quel dolore che mi accompagnava sulla strada del ritorno da Saint-Wandrille?... So che bisogna avvertire tutti, senza il minimo ritardo, quando è il cuore stesso di Emmaus a essere in discussione... Quando qualcuno di questi infelici, materialmente o moralmente, viene a chiedere se può trovare riparo e lavoro da noi, e se, perché non c'è più posto, gli si deve dire di no, che considerazione avrà avuto da noi?

«Alcuni fra di noi hanno vissuto ciò prima che, finalmente, un giorno, una comunità potesse dire: 'sì, vieni'.

«Che non si ricordino soltanto della stanchezza, del freddo, della fame, forse, dell'angoscia di non sapere dove avrebbero dormito la notte seguente dove andare a lavarsi... e con la vergogna inconfessata della biancheria sporca... Coloro fra di noi che hanno vissuto ciò, che non abbiano mai la disgrazia di dimenticarlo! E coloro che mai hanno avuto l'umiliazione di vivere tutto ciò, che si impongano lo sforzo di immaginarsi realmente in quella situazione...

«So bene che tutti noi, anche i più attaccati agli ideali di Emmaus, abbiamo i nostri momenti 'no', siamo stanchi, irritati... Ma se è grave rimanere indifferenti di fronte al dolore di un altro, a maggior ragione lo è il lasciarlo ripartire offeso, con la sua fame e la sua biancheria sporca...»

Amore e libertà sono una *sola* cosa. A Danielle Mitterrand che gli ha chiesto una definizione della parola libertà, risponde: « La parola libertà è una parola meravigliosa. Ma può essere anche una delle parole più ipocrite del mondo... Ho voglia di dire ai saggi: 'Avete riflettuto, avete il coraggio di guardare in faccia ciò che sostenete di darci come fondamento della morale, della legge naturale? Siete pazzi! Che cos'è la legge naturale? È il forte che mangia il debole'. Allora la libertà diventa terrore. Non è vero che siamo liberi di amare o di non amare, la libertà ha un unico senso: è quel qualcosa che si trova in noi esseri umani, questi cinquanta o ottanta chili di materia del tutto provvisoriamente capaci di essere portatori di pensieri... Non siamo liberi di amare o di non amare. Siamo liberi *per* essere capaci di amare. Un giorno, una bambina ha detto alla sua mamma: 'Mamma, ma con tutto quello che mi spieghi del catechismo, non riesco a impedirmi di pensare: ha preso una bella cantonata il Buon Dio, quando ha dato la libertà agli uomini! Se non ci fosse la libertà, se gli uomini fossero sottomessi a una legge che si impone loro, non ci sarebbero tanti crimini'. È stato necessario che la sua mamma le abbia fatto comprendere: 'Sì, figlia mia, non ci sarebbe, forse, il male, ma tu non avresti una mamma che ti ama e tu non saresti capace di amare la tua mamma'. »

Lambert Wilson incarna l'abbé Pierre nel film *Hiver 54 - L'abbé Pierre* di Denis Amar. Con la tonaca e la barba, il giovane attore recita bene... la somiglianza del cuore.

Lambert l'ha incontrato: « Parla di più dell'amore che della propria azione. È il suo messaggio ultimo: non solamente donare ai poveri, ma amare ». Denis Amar, Christian Ardan, tutti si sono « bruciati fino a carbonizzarsi » a forza di volere, con Henry, ripopolare di emozioni un mondo la cui bellezza, da qualche tempo, si offusca.

« Come può sperare di vivere a lungo, sana e in pace, una

società in cui la gioventù si trova senza risposta alla domanda che ogni ragazzo porta in sé: 'Vivere, per che cosa?' La gioventù sarà la più felice o la più infelice che mai sia esistita, a seconda che saprà o meno rispondere a questa domanda: 'Che cosa hai fatto per rendere credibile la fede nella vita?...' »

« Che cosa rende attiva la vostra vecchiaia? », gli aveva domandato Yves Mourousi.

« È il bisogno di dire che la vita è un po' di tempo donato a delle libertà per imparare, se vuoi, tu, ciascuno, ad Amare per l'Incontro con l'Eterno, che è Amore nel Sempre dell'Aldilà del Tempo. E Amare è dividere, stare male perché si fatica, insieme, per guarire quel male diventato il mio, per la mia gioia nella tua e per la tua gioia nella mia. »

Ci fu un silenzio. Poi, una voce, come l'eco accusatrice e dolorosa di una vecchia ferita: « Perché non mi hanno detto tutto questo quand'ero bambino?... »

Era Maurice Pialat.

A frequentare quest'uomo, ci si può scottare.